Jack Higgins

Ohne Gnade

Dunkler Fremder

Jack Higgins

Ohne Gnade

Dunkler Fremder

Romane

CARL HABEL VERLAG

Ohne Gnade
Genehmigte, ungekürzte Sonderausgabe für
den Carl Habel Verlag

Aus dem Englischen von Tony Westermayr
Titel der Originalausgabe:
The Graveyard Shift

Dunkler Fremder
Genehmigte, ungekürzte Sonderausgabe für
den Carl Habel Verlag

Aus dem Englischen übertragen
von Egon Lothar Wensk
Titel der Originalausgabe:
Comes the Dark Stranger
Originalverlag: Hutchinson Publishing Group,
London, Melbourne, Sydney, Auckland
Satz: Compusatz, München
Einbandfoto: Mall, Stuttgart
Einbandgestaltung: Wilfried Forster, München
Gesamtherstellung: Carl Habel GmbH,
Darmstadt
Chemnitzer Verlag und Druck GmbH, Werk Zwickau
Printed in West Germany

ISBN 3-87179-177-6

Inhalt

Jack Higgins

Ohne Gnade

Roman

1

Nebel, gelb und bedrohlich, stieg von der Themse auf, ließ sich vom Morgenwind treiben und hüllte die Stadt in ein fahles Leichentuch. Als der diensthabende Beamte im Gefängnis Wandsworth die kleine Pforte öffnete und das halbe Dutzend wartender Männer passieren ließ, traten sie in eine fremdartige Welt hinaus.

Ben Garvald war der letzte in der Reihe, ein großer, gefährlich aussehender Mann mit breiten Schultern, die den billigen Regenmantel zu sprengen drohten. Er zögerte, schlug den Mantelkragen hoch und schaute zum Himmel hinauf. Der Beamte gab ihm einen Stoß.

»Können sich wohl nicht losreißen, was?«

Garvald drehte sich um und sah ihn ruhig an.

»Saukerl.«

Der Beamte trat unwillkürlich einen Schritt zurück, während ihm das Blut ins Gesicht schoß.

»Unverschämt bis zur letzten Minute. Machen Sie, daß Sie rauskommen, Garvald.«

Garvald trat hinaus. Die Pforte fiel hinter ihm ins Schloß. Das Geräusch hatte etwas Endgültiges an sich, das ihn auf seltsame Weise tröstete. Er schlug die Richtung zur Hauptstraße ein und ging an einer langen Reihe geparkter Autos vorbei. Der Mann am Steuer des alten, blauen Lieferwagens sah seinen Begleiter an und nickte.

Garvald blieb an der Ecke stehen, beobachtete den wegen des Nebels langsam dahinrollenden Verkehr, wartete den richtigen Augenblick ab und überquerte die Straße zu dem kleinen Café auf der anderen Seite.

Zwei von den anderen standen schon an der Theke. Eine verwaschene Blondine mit schläfrigen Augen hantierte an der Teemaschine.

Garvald setzte sich auf einen Hocker, schaute zum Fenster hinaus und wartete. Nach ein paar Minuten rollte der blaue Lieferwagen über die Straße und hielt am Randstein. Zwei

Männer stiegen aus und betraten das Café. Der eine war klein und schlecht rasiert, der andere baumlang, mit hartem, kantigen Gesicht und großen Händen.

Er lehnte sich an die Theke. Als das Mädchen Garvald bedienen wollte, sagte er mit irischem Akzent: »Zweimal Tee, Kleine.«

Er wartete mit spöttischem Lächeln auf Garvalds Reaktion, die aber ausblieb. Garvald schaute in den Nebel hinaus. Regen klatschte ans Fenster.

Der Ire bezahlte den Tee und setzte sich zu seinem Begleiter an einen Ecktisch. Der kleine Mann sah verstohlen zu Garvald hinüber.

»Was meinst du, Terry?«

»Vielleicht war er früher mal ein dicker Brummer, aber das haben ihm die da drüben schon ausgetrieben.« Der Ire grinste. »So leicht haben wir es schon lange nicht mehr gehabt.«

Das Mädchen hinter der Theke gähnte, während sie Garvalds Tasse füllte und ihn von der Seite her beobachtete. An Männer wie ihn war sie gewöhnt. Fast jeden Morgen kam einer von drüben. Sie sahen alle gleich aus. Aber der hier wirkte irgendwie anders. Sie konnte nicht so recht sagen, woran es lag.

Sie schob ihm die Tasse hin und strich ihr Haar zurück.

»Sonst noch was?«

»Was haben Sie noch zu bieten?« fragte er anzüglich.

Seine Augen waren grau wie Rauch an einem Herbsttag, und sie verrieten Kraft, eine ruhelose, animalische Gewalt, die beinahe körperlich zu spüren war.

»So früh am Tag? Ihr Männer seid doch alle gleich.«

»Was haben Sie erwartet? Die Zeit war lang.« Er schob ihr eine Münze hin. »Geben Sie mir Zigaretten. Ohne Filter. Die schmeckt man wenigstens.«

Er zündete sich eine Zigarette an und hielt ihr das Päckchen hin. Die beiden Männer in der Ecke beobachteten ihn im Spiegel. Garvald beachtete sie nicht und gab dem Mädchen Feuer.

»Lange weggewesen?« fragte sie und blies den Rauch in die Luft.

»Lang genug.« Er schaute zum Fenster hinaus. »Wird sich allerhand verändert haben.«

»Fast alles«, sagte sie.

Garvald grinste. Als er die Hand ausstreckte und ihr plötzlich durchs Haar fuhr, stockte ihr Atem.

»Manches bleibt sich gleich.«

Mit einemmal stieg die Angst in ihr hoch. Ihre Kehle war wie ausgetrocknet, und sie kam sich völlig hilflos vor, mitgerissen von einer unwiderstehlichen Strömung. Er beugte sich schnell über die Theke und küßte sie auf den Mund.

»Auf ein andermal.« Er glitt vom Hocker und hatte mit wenigen Schritten das Freie erreicht.

Die beiden Männer in der Ecke eilten ihm nach, aber als sie auf die Straße kamen, war er schon im Nebel verschwunden. Der Ire begann zu laufen. Sekunden später sah er Garvald mit schnellen Schritten um die Ecke in eine schmale Gasse biegen. Er grinste und stieß seinen Begleiter mit dem Ellbogen an.

»Der bedient sich auch noch selber.«

Sie bogen um die Ecke und schritten auf dem unebenen Pflaster zwischen baufälligen viktorianischen Häusern dahin, die von eisernen Gittern umgeben waren. Der Ire blieb stehen und hielt seinen Begleiter am Ärmel fest, aber man hörte nur den gedämpften Verkehrslärm von der Hauptstraße herüber.

Er zog die Brauen zusammen und trat einen Schritt vor. Hinter ihm schnellte Garvald von der tieferliegenden Treppe hoch, wo er gewartet hatte, riß den kleinen Mann herum, und sein Knie zuckte hoch.

Ächzend sank der kleine Mann zu Boden. Der Ire fuhr herum. Garvald stand neben der sich windenden Gestalt, die Hände in den Manteltaschen. Er lächelte schwach.

»Suchen Sie jemand?«

Der Ire sprang ihn mit ausgestreckten Händen an, griff aber in die Luft und verlor den Halt, als ihm die Beine weggerissen wurden.

Er fiel auf das nasse Pflaster und raffte sich fluchend auf. Im selben Augenblick packte Garvald mit beiden Händen sein rechtes Handgelenk und drehte ihm den Arm brutal auf den Rücken.

Der Ire schrie auf. Garvald lief los und rammte ihn mit voller Wucht gegen das Eisengeländer.

Der kleine Mann hatte sich schwankend erhoben. Er lehnte am Geländer und krümmte sich. Garvald stieg über den Iren hinweg und kam auf ihn zu. Das Gesicht des kleinen Mannes verzerrte sich angstvoll.

»Nein, um Himmels willen, nein! Lassen Sie mich in Ruhe!« stammelte er.

»Schon besser«, sagte Garvald. »Viel besser. Wer hat euch auf mich gehetzt?«

»Ein gewisser Rosco – Sam Rosco. Terry und er waren vor ein paar Jahren miteinander im Knast. Vorige Woche hat er Terry aus dem Kaff im Norden geschrieben, wo er wohnt. Er meinte, daß Sie unbeliebt sind und keiner Sie mehr sehen will.«

»Und davon hättet ihr mich überzeugen sollen?« meinte Garvald belustigt. »Wieviel habt ihr für den Job bekommen?«

Der kleine Mann befeuchtete seine Lippen.

»Hundert – für uns beide«, fügte er hastig hinzu.

Garvald ließ sich neben dem Iren auf ein Knie nieder, drehte ihn um und durchsuchte ihn. Dabei pfiff er ein seltsames, trauriges Lied vor sich hin. Er fand eine Brieftasche und entnahm ihr ein Bündel Fünf-Pfund-Noten.

»Ist das alles?«

»Ja. Terry hat noch nicht geteilt.«

Garvald zählte das Geld und schob es in seine Jackettasche.

»Hat sich gelohnt, der Vormittag.«

Der kleine Mann kauerte neben dem Iren nieder. Er berührte vorsichtig sein Gesicht und zuckte zurück.

»Mensch, sein Kiefer ist gebrochen!«

»Dann würd' ich ihm einen Arzt besorgen.« Garvald drehte sich um und tauchte im Nebel unter.

Sein Pfeifen war noch ein paar Augenblicke zu hören, dann verklang es auf gespenstische Weise. Der kleine Mann kauerte immer noch neben dem bewußtlosen Iren, vom Regen völlig durchnäßt.

Das Lied – diese verdammte Melodie.

Er schien sie nicht loswerden zu können. Plötzlich, ohne daß er später dafür einen Grund angeben konnte, begann er zu weinen, hilflos wie ein kleines Kind.

2

Und dann kam jene Nacht, in der eisiger Ostwind von der Nordsee durch die Straßen der grauen Stadt im Norden fegte, der durch die tiefen Häuserschluchten der neuen Wohnsiedlungen pfiff. Und als der Regen kam, war es der kalte, peitschende Regen des Winters, der wie Schrotkörner gegen die Fensterscheiben prasselte.

Jean Fleming saß in einem Büro der Kriminalpolizei auf einem harten Holzstuhl und wartete. Es war kurz nach neun Uhr, und der Raum machte einen verlassenen Eindruck. Von den Ecken drängten sich Schatten heran, fielen über lange, schmale Schreibtische und erzeugten in ihr ein unbestimmtes, grundloses Unbehagen.

Durch die Mattglasscheibe des Büros nebenan nahm sie undeutliche Bewegungen wahr, hörte leise Stimmen. Nach einiger Zeit öffnete sich die Tür. Ein massiger, grauhaariger Mann Mitte Vierzig winkte ihr.

»Chefinspektor Grant ist jetzt frei, Miß Fleming.«

Sie stand auf und betrat mit schnellen Schritten das Zimmer. Es lag halb im Dunkeln. Nur eine Lampe mit grünem Schirm auf dem Schreibtisch gab Licht. Ein paar Karteischränke und eine große Stadtkarte an der Wand vervollständigten die Einrichtung.

Grant war längst darüber hinaus, Müdigkeit bewußt spüren zu können, aber unablässiger Schmerz hinter einem Auge und ein schwaches, nicht zu unterdrückendes Frösteln schienen anzukündigen, daß auch ihn die asiatische Grippe erwischt hatte, durch die fast ein Fünftel aller Beamten auf die Krankenliste geraten war.

Er zog eine Schublade heraus, nahm zwei Schmerztabletten aus einer Schachtel und schluckte sie mit Wasser. Dann zündete er sich eine Zigarette an und betrachtete seine Besucherin.

Sieben- oder achtundzwanzig, schwarzhaarig, hübsch. Der Wildledermantel hatte mindestens vierzig Pfund gekostet, und die knielangen Stiefel schienen aus echtem Leder zu sein.

Sie setzte sich auf den Stuhl, den Brady gebracht hatte, und schlug die Beine übereinander, bevor sie ihn anlächelte.

»Sie erinnern sich nicht an mich, Mr. Grant?«

»Sollte ich das?«

Er runzelte die Stirn. Fleming – Jean Fleming. Er schüttelte den Kopf und erwiderte ihr Lächeln. »Wahrscheinlich werde ich alt.«

»Ich bin Bella Garvalds Schwester.«

Das Stichwort genügte. Ben Garvald und der Raubüberfall auf das Stahlwerk. Acht, nein, neun Jahre lag das zurück. Sein erster großer Fall als Chefinspektor. Er erinnerte sich wieder an das Haus in der Khyber Street, an Bella Garvald und ihre junge Schwester.

»Sie haben sich verändert«, sagte er. »Damals gingen Sie doch noch auf die höhere Schule und wollten studieren. Was wollten Sie werden – Lehrerin, nicht wahr?«

»Das bin ich auch geworden«, erwiderte sie.

»Hier in der Stadt?«

Sie nickte.

»Privatschule Oakdene.«

»Miß Van Heflins alte Schule? Sie lag in meinem Revier, als ich bei der Polizei anfing. Ist sie denn immer noch im Beruf? Sie muß doch mindestens siebzig sein.«

»Vor zwei Jahren hat sie sich zur Ruhe gesetzt«, erklärte Jean Fleming. »Die Schule gehört jetzt mir.«

Sie brachte es nicht fertig, den Stolz ganz aus ihrer Stimme zu verbannen.

»Ein weiter Weg von der Khyber Street«, meinte Grant. »Und was macht Bella?«

»Sie ließ sich von Ben kurz nach seiner Verurteilung scheiden. Voriges Jahr hat sie wieder geheiratet.«

»Jetzt fällt es mir wieder ein, Harry Faulkner. Gute Partie.«

»Stimmt«, sagte Jean Fleming. »Und ich möchte vermeiden, daß ihr das verdorben wird.«

»Wieso?«

»Ben«, sagte sie nur. »Er ist gestern entlassen worden.«

»Sind Sie sicher?«

»Er hätte eigentlich schon voriges Jahr auf Bewährung freikommen müssen, war aber vor einigen Jahren an einem Fluchtversuch beteiligt.«

»Sie glauben, daß er Schwierigkeiten machen wird?«

»Er wollte schon die Scheidung nicht hinnehmen. Deshalb unternahm er ja den Ausbruchversuch. Er erklärte Bella, er werde sie niemals einem anderen Mann überlassen.«

»Hat sie ihn nie besucht?«

Jean Fleming schüttelte den Kopf.

»Es hätte keinen Sinn gehabt. Ich war im vergangenen Jahr bei ihm, als sie sich mit Harry einig geworden war. Ich erklärte Ben, daß sie wieder heiraten würde und es nutzlos sei, sie noch einmal zu belästigen.«

Wie reagierte er?«

»Er war außer sich. Ich sollte ihm sagen, wer der Glückliche sei, aber ich weigerte mich. Er schwor, sie nach seiner Entlassung aufzusuchen.«

»Weiß Faulkner etwas davon?«

Sie nickte.

»Ja, aber er macht sich keine Gedanken. Nach seiner Meinung wird es Ben nicht wagen, sich hier noch einmal zu zeigen.«

»Wahrscheinlich hat er recht.«

Sie schüttelte den Kopf.

»Vor ein paar Tagen bekam Bella einen Brief. Eigentlich war es nur ein Zettel. Die Nachricht war ganz kurz: ›Auf bald – Ben.‹«

»Hat sie ihn ihrem Mann gezeigt?«

»Nein. Ich weiß, daß es albern klingt, aber er hat Geburtstag, und sie geben heute abend eine Party. Dauert die ganze Nacht. Tanz, Vorführungen, alles, was man sich vorstellen kann. Ich gucke dann auch vorbei, wenn ich hier wegfahre. Bella hat sich große Mühe mit den Vorbereitungen gemacht. Sie möchte nicht, daß ihr Ben alles verdirbt.«

»Verstehe«, sagte Grant. »Was sollen wir tun? Er hat seine Strafe abgesessen. Solange er sich nichts Neues zuschulden kommen läßt, kann er tun, was ihm paßt.«

»Sie könnten mit ihm sprechen«, meinte sie. »Verlangen Sie, daß er fortbleibt. Das ist doch nicht zuviel verlangt, oder?«

Grant drehte sich mit seinem Sessel, stand auf und trat ans Fenster. Er schaute einige Zeit auf die Lichter der Stadt hinunter.

»Sehen Sie sich das an«, sagte er schließlich. »Siebzig Quadratmeilen Straßen, eine halbe Million Menschen und achthunderteinundzwanzig Beamte einschließlich des Innendienstes. Zu einer halbwegs vernünftigen Arbeit müßten wir sofort mindestens zweihundertfünfzig Leute mehr haben.«

»Und warum bekommen Sie die nicht?«

»Sie würden sich wundern, wenn Sie wüßten, wie wenige Männer es reizt, den Rest ihres Lebens in einem Drei-Schichten-System zu verbringen, bei dem sie nur alle sieben Wochen einmal ein freies Wochenende mit ihren Familien verbringen können. Die Gehälter sind auch nicht gerade berükkend, vor allem, wenn man sich überlegt, was man dafür zu leisten hat. Wenn Sie mir nicht glauben, gehen Sie mal Samstag abend um elf Uhr auf die Straßen, wenn sich die Kneipen leeren. Da hat ein guter Beamter in der Stunde so viel Arbeit wie andere Leute in der ganzen Woche.«

»Was heißen soll, daß Sie mir nicht helfen können.«

»Ich habe zweiundfünfzig Kriminalbeamte. Zur Zeit sind siebzehn davon grippekrank, und die anderen arbeiten in der Woche achtzig Stunden. Vielleicht ist Ihnen aufgefallen, wie ruhig es bei uns ist. Das liegt daran, daß Brady und ich im Augenblick als einzige im Innendienst tätig sind. Selbst im besten Fall haben wir zwischen zehn und sechs Uhr nur ein paar Leute hier. Heute ist es nur besonders kraß.«

»Aber es muß doch irgend jemand zur Verfügung stehen.«

Er lachte rauh und kehrte an seinen Schreibtisch zurück.

»Meistens ist das auch der Fall.«

Sie erhob sich.

»Dann geht das also in Ordnung? Sie kümmern sich darum?«

»Wir erkundigen uns«, erwiderte er. »Wenn er in der Stadt ist, wird er nicht schwer zu finden sein. Viel kann ich Ihnen nicht versprechen, aber wir werden tun, was wir können.«

Sie kramte in ihrer Handtasche und zog eine Karte heraus.

»Ich bin für eine oder zwei Stunden in Bellas Haus, St. Martin's Wood. Anschließend fahre ich nach Hause. Ich habe mich in Miß Van Heflins Wohnung in der Schule häuslich eingerichtet. Hier steht die Rufnummer.«

Sie ging zur Tür. Als Brady sie für sie öffnete, sagte Grant: »Das eine verstehe ich nicht. Warum Sie? Warum nicht Bella?«

Jean Fleming drehte sich langsam um.

»Sie erinnern sich nicht mehr genau an sie, wie? Sie hat sich nie zu etwas aufraffen können. Wenn man es ihr überließe, würde sie so tun, als gäbe es Ben Garvald nicht, und das Beste hoffen. Aber diesmal genügt das nicht, weil ich praktisch mehr zu verlieren habe als sie. Ein Skandal könnte mich ruinieren, Mr. Grant, er könnte alles zerstören, was ich mir aufgebaut habe. Wir haben von der Khyber Street aus einen weiten Weg zurückgelegt, das sagten Sie selbst. Zu weit, um uns jetzt noch zurückholen zu lassen.«

Als sie durch den Büroraum hastete, stellte sie fest, daß sie zitterte. Statt auf den Lift zu warten, hastete sie die drei Treppen hinunter und eilte durch die Drehtür hinaus ins Freie.

Sie lehnte sich an eine der hohen Säulen des Rathauses. Der Wind jagte ihr den eiskalten Regen ins Gesicht. Die Angst in ihr ließ sich nicht länger eindämmen.

Fahr doch zum Teufel, Ben! dachte sie und stürmte die Stufen hinunter.

»Die weiß, was sie will«, sagte Brady.

Grant nickte.

»Kann man wohl sagen. Ist auch nicht anders möglich, wenn man die Khyber Street überstehen will.«

»Glauben Sie, daß etwas an der Sache ist?«

»Möglich. Ben Garvald war seinerzeit wirklich mit Abstand der gefährlichste Bursche weit und breit. Neun Jahre hinter Gittern haben ihn sicher nicht zu einem friedlichen Bürger gemacht.«

»Persönlich kannte ich ihn nicht«, sagte Brady. »Damals bin ich in einer anderen Gegend Streife gegangen. Hat er viele Freunde gehabt?«

»Eigentlich nicht. Er war immer ein Einzelgänger. Die meisten Leute hatten Angst vor ihm.«

»Ein Berserker?«

Grand schüttelte den Kopf.

»Das war nicht Garvalds Stil. Kontrollierte Gewalt – aber nur, wenn nötig, das war sein Motto. In Korea kämpfte er bei einer Kommandotruppe. Wegen einer Beinverwundung kam er zurück. Er hinkt immer noch ein bißchen.«

»Soll ich die Unterlagen über ihn holen?«

»Zuerst brauchen wir jemand, der sich mit ihm befaßt.« Grant zog eine Akte zu sich heran, schlug sie auf und fuhr mit dem Finger an einer Liste entlang. »Graham bearbeitet noch die Vergewaltigung in Moorend. Varley ist vor einer Stunde zur Maske Lane gefahren. Einbruch in eine Fabrik. Gregory, krank. Lawrence, krank. Forbes, als Zeuge in Manchester.«

»Und Garner?«

»Hilft bei der Abteilung ›C‹ aus. Die haben nicht einen brauchbaren Kriminalbeamten zur Zeit.«

»Und jeder muß mindestens seine dreißig Fälle aufarbeiten«, meinte Brady.

Grant stand auf, ging zum Fenster und starrte in den Regen hinaus.

»Ich möchte wissen, was die Herren Zivilisten sagen würden, wenn sie wüßten, daß von uns noch genau fünf Mann auf den Beinen sind.«

Brady hustete.

»Da wäre immer noch Miller, Sir.«

»Miller?« sagte Grant erstaunt.

»Sergeant Miller, Sir«, ergänzte Brady, mit besonderer Betonung des Titels. »Ich habe gehört, daß er vorige Woche den Lehrgang in Bramshill abgeschlossen hat.«

Sein Tonfall war neutral, aber Grant wußte, was er meinte. Nach den neuen Bestimmungen mußte jeder Beamte, der den einjährigen Sonderlehrgang an der Polizeiakademie in Bramshill erfolgreich abschloß, nach seiner Rückkehr zu seiner Dienststelle zum Kriminalsergeant befördert werden, was bei dienstälteren Beamten, die sich langsam hochgearbeitet hatten oder immer noch auf ihre Beförderung warteten, große Bitterkeit hervorrief.

»Den hatte ich vergessen. Er hat Jura studiert, nicht wahr? Und sogar ein Examen gemacht?« fragte Grant, nicht, weil er es nicht gewußt hätte, sondern, um Bradys Reaktion zu prüfen.

»Richtig«, sagte Brady rauh und mit der Verachtung des langgedienten Polizeibeamten für ›Intellektuelle‹.

»Ich habe ihn nur einmal zu Gesicht bekommen, als ich in dem Prüfungsausschuß saß, dem seine Bewerbung für den Lehrgang vorgelegt wurde. Scheint ein tüchtiger Mann zu sein. Drei Jahre im gewöhnlichen Polizeidienst, also wird er sich auskennen. Soviel ich weiß, war er bei dem Bankraub in der Leadenhall Street als erster zur Stelle. Danach versetzte ihn der Alte zur Kriminalpolizei. Er machte ein Jahr Dienst bei Charlie Parker in der Abteilung ›E‹. Charlie meint, er habe so ungefähr alles, was ein guter Kriminalbeamter heutzutage braucht.«

»Einschließlich eines Bruders, der reich genug ist, ihm die tollsten Autos zu kaufen«, erklärte Brady. »Einmal kam er mit einem Jaguar ›E‹ zum Dienst. Wußten Sie das?«

Grant nickte.

»Ich habe auch gehört, daß er Billy McGuire mit in die Sporthalle nahm und ihn gründlich verdrosch, nachdem Billy ihm die Luft aus allen Reifen gelassen hatte. Dabei weiß ich, daß Billy bis dahin mit jedem fertig geworden ist.«

»Neumodische Tricks, Angeberei«, sagte Brady verächtlich. »Kann er Verbrecher fangen? Darauf kommt es an.«

»Charlie Parker scheint es zu glauben. Er wollte ihn wiederhaben.« Brady zog die Brauen zusammen.

»Wohin kommt er denn?«

»Zu uns«, sagte Grant. »Der Alte hat mir heute Bescheid gesagt.«

Brady atmete tief ein und schluckte seinen Ärger hinunter.

»Manche Leute haben eben immer Glück. Ich habe neunzehn Jahre gebraucht und bin immer noch Konstabler.«

»So ist das Leben, Jack«, sagte Grant ruhig. »Miller hat aber noch bis Montag Urlaub.«

»Kann ich ihn trotzdem herholen?«

»Warum nicht? Wenn er für uns arbeiten soll, kann er ruhig gleich anfangen. Seine Rufnummer steht in der Personalakte. Sagen Sie ihm, er soll sich sofort zum Dienstantritt melden. Ausreden gibt's nicht.«

Brady lächelte verkniffen und trug seinen kleinen Triumph davon. Als sich die Tür hinter ihm schloß, zündete sich Grant eine Zigarette an und trat wieder ans Fenster.

Tüchtiger Mann, Jack Brady. Solide, verläßlich, befolgte jeden Befehl buchstabengetreu. Deshalb war er immer noch Konstabler bei der Kriminalpolizei und würde es bis zur Pensionierung bleiben.

Aber bei Miller war das etwas anderes. Miller und seinesgleichen – das waren genau die Leute, die sie brauchten, verzweifelt nötig hatten, wenn sie mit einer Situation fertigwerden wollten, die von Monat zu Monat schlimmer wurde.

Grant kehrte zu seinem Sessel zurück, drückte seine Zigarette aus und vertiefte sich in die Akten.

3

Die Häuser in der Fairview Avenue waren für den wohlhabenden Stadtbewohner typisch. Groß und geräumig, von gewaltigen Rasenflächen umgeben, ohne deshalb schon herrschaftliche Villen zu sein. Die Erkenntnis, daß Nick Miller in einem dieser Häuser wohnte, trug nicht dazu bei, Jack Bradys Gereiztheit zu beschwichtigen.

›Four Winds‹ stand am Ende der Straße, eine spätviktorianische Stadtvilla mit halbkreisförmiger Einfahrt und doppeltem Eingang. Brady fuhr hinein, stellte seinen alten Wagen vor der Tür ab, stieg aus und läutete.

Nach einer Weile wurde die Tür von einem schlanken, grauhaarigen Mann geöffnet. Er war ungefähr in Bradys Alter, hatte scharf geschnittene Züge und trug eine dicke Hornbrille, die ihn gelehrtenhaft erscheinen ließ.

»Ja, bitte?« fragte er ungeduldig. Brady bemerkte, daß er Spielkarten in der Hand hielt.

»Ich komme vom Polizeipräsidium. Ich versuche schon seit geraumer Zeit, Sergeant Miller zu erreichen, bekomme aber keine Antwort. Ist Ihr Telefon defekt?«

Der andere schüttelte den Kopf.

»Nick hat über den Garagen seine eigene Wohnung und sein eigenes Telefon. Soviel ich weiß, müßte er zu Hause sein. Ich bin sein Bruder – Phil Miller. Wollen Sie etwas von ihm?«

»Das kann man sagen.«

»Komisch, ich dachte, er hat bis Montag Urlaub.«

»Das war mal. Kann ich zu ihm?«

»Bitte. Nicht zu verfehlen. Über die Feuertreppe neben der Hauptgarage.«

Brady stieg die Stufen hinunter und ging auf dem Kiesweg um das Haus herum zu einem Innenhof. Über der Hintertür brannte eine schmiedeeiserne Lampe.

Die Schiebetüren der Garage standen halb offen. Er ging hinein und knipste das Licht an. Drei Wagen standen nebeneinander. Ein Zodiac, der Jaguar ›E‹ und ein grüner Mini-Cooper.

Der Zorn, der plötzlich in Brady hochstieg, wollte sich nicht bändigen lassen. Er schaltete das Licht aus, ging hinaus und stieg die Feuertreppe hinauf.

Nick Miller erwachte durch das unablässige, schrille Klingeln der Türglocke. Eine Weile lag er da und starrte an die Decke, während er seine Gedanken zu sammeln versuchte, dann warf er die Decke zurück und stand auf. Er ging ins Wohnzimmer, knipste im Vorbeigehen eine Tischlampe an und öffnete die Tür.

Brady betrachtete den schwarzen, seidenen Schlafanzug mit den goldenen Knöpfen und dem Monogramm auf der Brusttasche, dann sah er Nick Miller ins Gesicht. Es war ein wohlgeformtes Gesicht, fast aristokratisch, mit ausgeprägtem Kinn, hohen Backenknochen und dunklen Augen, in denen alles Licht zu ertrinken schien.

Zu jeder anderen Zeit hätte er sich zurückgehalten, aber die aufgestaute Wut wollte sich Bahn schaffen.

»Sie sind Miller?« fragte er ungläubig.

»Ja.«

»Kriminal-Konstabler Brady. Das dauert ja eine Ewigkeit bei Ihnen.« Brady ging an ihm vorbei in die Wohnung. »Hat der Butler seinen freien Tag oder was ist los?«

Nick schloß die Tür und ging zum Kamin. Er öffnete eine silberne Dose auf einem Abstelltisch, nahm eine Zigarette heraus, und zündete sie mit einem Tischfeuerzeug an.

»Wenn Sie bitte zur Sache kommen würden«, sagte er geduldig. »Ich wollte mal früher schlafen gehen.«

»Das hat sich erledigt. Chefinspektor Grant braucht Sie im Präsidium. Offenbar hat er Verwendung für Ihre unschätzbaren Dienste.« Brady ging zum Telefon und legte den Hörer auf. »Kein Wunder, daß ich keine Antwort bekommen habe.« Er drehte sich zornig um. »Seit einer halben Stunde versuche ich Sie zu erreichen.«

»Sie rühren mich zu Tränen.« Miller fuhr sich mit der Hand über das Kinn. »Sie brauchen nicht zu warten. Wir sehen uns im Büro. Ich nehme meinen eigenen Wagen.«

»Was für einen, den Rolls-Royce?« Als Miller an ihm vorbeiwollte, packte ihn Brady am Arm. »Sofort, hat der Chef gesagt.«

»Er wird sich gedulden müssen«, erwiderte Nick ruhig. »Ich muß mich zuerst duschen und rasieren. Sie können ihm sagen, daß ich in einer halben Stunde da bin.«

Mit erstaunlicher Leichtigkeit machte er sich los und wandte sich wieder ab. Brady vermochte sich nicht mehr zu beherrschen. Er riß Nick herum und gab ihm einen heftigen Stoß.

»Wofür halten Sie sich eigentlich? Nach lumpigen fünf Jahren im Polizeidienst tauchen Sie mit Ihrem Juristentitel aus dem Nichts auf, schreiben Ihre Prüfung und sind sofort Sergeant. Du lieber Himmel, in dem Aufzug sehen Sie eher wie ein drittklassiger Zuhälter aus.«

Er sah sich in dem luxuriös eingerichteten Raum mit den dicken Teppichen und den teuren Möbeln um und dachte an sein kleines Reihenhaus. Drüben, auf der anderen Seite des Flusses, wo es früher nichts als Slums gegeben hatte.

Der sinnlose Zorn in ihm verschaffte sich freie Bahn.

»Man braucht sich das hier doch nur anzusehen. Wie im Wartezimmer der öffentlichen Häuser am Gascoigne Square.«

»Da kennen Sie sich wohl aus?« sagte Nick.

Sein Gesicht war bleich geworden und hatte sich völlig verändert. Die Haut war fast durchsichtig und blutleer, die Augen starrten durch Brady hindurch.

Das hätte ihn warnen sollen, aber Brady hatte längst den Punkt überschritten, wo die Vernunft noch mitzusprechen hatte. Er streckte den Arm aus, packte die schwarze Schlafanzugjacke, riß sie auseinander, und im nächsten Augenblick schoß der Schmerz wie glühende Lava durch seine Adern. Er taumelte. Ein Schrei erstickte in seiner Kehle. Sein rechter Arm war wie gelähmt.

Der Druck ließ nach. Er sank auf ein Knie, und die Schmerzen hörten beinahe schlagartig auf. Er erhob sich betäubt und rieb den rechten Arm. Nick lächelte.

»Heutzutage braucht man zu allem Verstand, auch bei einer Rauferei. Sie haben einen Fehler gemacht. Sie sind nicht der erste und werden nicht der letzte sein, aber reden Sie nicht mehr so mit mir. Beim nächstenmal werfe ich Sie die Treppe hinunter. Und jetzt raus! Das ist ein Befehl – Konstabler Brady!«

Brady drehte sich wortlos um und taumelte zur Tür. Sie fiel hinter ihm ins Schloß. Nick lauschte den verklingenden Schritten auf der Eisentreppe nach, seufzte und ging ins Badezimmer.

Er zog die zerrissene Jacke aus und starrte einige Sekunden in den Spiegel. Schließlich lachte er halblaut, öffnete die Glastür zum Duschraum und drehte das Wasser auf.

Als er fünf Minuten später herauskam und nach einem Handtuch griff, lehnte sein Bruder an der Tür und hielt die zerfetzte Jacke in der Hand.

»Was war los?«

»Eine kleine Meinungsverschiedenheit, mehr nicht. Brady gehört zu den Leuten, die schon sehr lange dabei sind. Es fällt ihm schwer, sich daran zu gewöhnen, daß Leute wie ich ein paar Sprossen überspringen.«

Phil Miller warf die Jacke in eine Ecke und schüttelte den Kopf.

»Warum machst du weiter, Nick? Ich könnte dich im Geschäft gut gebrauchen. Wir entwickeln uns ständig weiter, das weißt du. Warum gibst du dich damit ab?«

Nick ging an ihm vorbei ins Schlafzimmer, öffnete die Schiebetür des eingebauten Kleiderschranks und nahm einen dunkelblauen Anzug und ein frisches, weißes Hemd heraus. Er legte die Sachen auf das Bett und begann sich anzukleiden.

»Mein Beruf macht mir Spaß, Phil. Alle Bradys der Welt können mich nicht davon abbringen. Ich bin dabei und bleibe dabei. Je früher sie das akzeptieren, desto besser für uns alle.«

Phil setzte sich achselzuckend auf den Bettrand und schaute ihm zu.

»Ich möchte wissen, was Mutter sagen würde, wenn sie noch am Leben wäre. Ihre ganzen Pläne, ihre ganzen Hoffnungen – und du wirst Polizist.«

Nick grinste ihn durch den Spiegel an, während er seine Strickkrawatte knotete.

»Sie würde darüber lachen, Phil. Wahrscheinlich tut sie es jetzt gerade.«

»Ich dachte, du hast bis Montag Urlaub?«

Nick hob die Schultern.

»Wahrscheinlich tut sich etwas. Charlie Parker von der Abteilung ›E‹ hat heute nachmittag mit mir gesprochen. Wir bekommen einfach nicht genug Leute. Über zweihundert Planstellen sind unbesetzt. Außerdem werden ziemlich viele krank sein, wegen der Grippewelle.«

»Also braucht man Nick Miller. Aber warum gerade jetzt? Was für ein Mensch fängt um diese Zeit mit der Arbeit an?«

Nick nahm einen dunkelblauen Regenmantel aus dem Schrank.

»So geht es bei uns dauernd zu, Phil. Das müßtest du doch inzwischen wissen. Von zehn Uhr abends bis sechs Uhr früh. Friedhofsschicht.« Er grinste, als er den Gürtel zuzog. »Was würdest du tun, wenn jemand in einem deiner Geschäfte einbrechen würde, gerade jetzt?«

Sein Bruder hob abwehrend die Hand und stand auf.

»Schon gut. Der große Nick Miller tritt in die Nacht hinaus, um die Gesellschaft zu beschützen. Paß bloß auf dich auf, mehr verlange ich nicht. Heutzutage kann alles mögliche passieren.«

»Stimmt.« Nick lächelte. »Keine Sorge, Phil, ich achte schon auf mich.«

»Hoffentlich. Ich möchte keine Anrufe um vier Uhr früh erleben, die mich ins Krankenhaus rufen. Ruth und die Kinder wären entsetzt. Ich weiß nicht, warum, aber sie halten sehr viel von dir.«

»Jetzt fehlen nur noch die Geigen.« Nick setzte die dunkelblaue Sportmütze auf und drehte sich um. »In Ordnung?«

»Und ob. Ich weiß zwar nicht, wofür, aber in Ordnung.«

Nick grinste und boxte ihn in die Rippen.

»Mit ein bißchen Glück kann ich vielleicht mit dir frühstükken.«

Er ging zur Tür. Als er sie öffnete, rief Phil plötzlich: »Nick!«

»Was ist denn?«

Phil seufzte und ließ die Schultern hängen.

»Nichts. Gar nichts. Sei vorsichtig.«

»Bin ich immer.«

Er drehte sich um und lief die Treppe hinunter. Phil blieb mitten im Wohnzimmer stehen und starrte mit zusammengezogenen Brauen vor sich hin. Er hörte unten in der Garage einen Motor aufheulen. Als er die Tür öffnete, rollte der Mini-Cooper über den Hof und verschwand hinter dem Haus.

Er blieb im Regen auf der eisernen Treppe stehen und hörte das Motorengeräusch in der Ferne verklingen. Als es still wurde, kam die Angst. Zum erstenmal seit seiner Kindheit spürte er echte Angst.

4

Der Wind heulte um das Gebäude, an die Fenster prasselte Hagel.

»Da kann einem jeder leid tun, der heute draußen Dienst tun muß«, sagte Grant, als der diensthabende Inspektor den Hörer auflegte.

»Dafür bleiben die anderen auch zu Hause, Sir«, meinte der Inspektor. »Die Grippewelle hat ein Gutes. Sie greift sich die Opfer wahllos heraus. Von den Herren Gaunern liegen mindestens genauso viele darnieder wie von unseren Leuten. Man merkt es an der Zahl der Anrufe. Bis jetzt sind es erst fünf. Sonst liegen um diese Zeit schon dreißig vor.«

»Ein Glück für uns. In der ganzen Stadt sind vier Streifenwagen unterwegs.« Grant schaute auf die gläserne Karte mit ihren grünen und roten Lämpchen hinunter. Es war kurz nach zehn Uhr. Er seufzte: »Nur nicht den Tag vor dem Abend loben. Die Säufer sind noch nicht auf den Beinen. Da kann sich noch allerhand tun.«

Er ging hinaus in den Korridor, wo er auf Brady stieß, der eben vom Keller heraufkam, wo der Fernschreiber untergebracht war.

»Hat sich beim Strafregister etwas ergeben?«

»Die Bestätigung, daß er gestern früh entlassen worden ist. Das war alles.« – »Und Miller?«

»Hat sich noch nicht blicken lassen.«

Sie betraten den Bürogroßraum der Kriminalpolizei. Grant zog die Brauen hoch.

»Läßt sich aber Zeit, der Herr. Besorgen Sie inzwischen die wichtigsten Unterlagen für ihn, Jack. Wir haben schon Zeit genug vergeudet.«

»Ich bin im Archiv, wenn Sie mich brauchen«, sagte Brady und verließ den Raum.

Grant zündete sich eine Zigarette an und betrat sein eigenes Büro. Nick stand am Fenster und schaute in die Nacht hinaus. Er drehte sich um und lächelte.

»Guten Abend, Sir.«

Grant betrachtete die eleganten Schuhe, den handgenähten Mantel, den weißen Kragen und, vor allem, die Mütze.

Er atmete tief ein.

»Was haben Sie denn da auf dem Kopf?« fragte er.

Nick grinste.

»Das, Sir? Die Deutschen nennen das ›Schirmmütze‹. Sehr in Mode. Trägt bald jeder.«

»Gott bewahre«, sagte Grant und setzte sich an den Schreibtisch.

»Ist etwas nicht in Ordnung, Sir?«

»Keine Spur. Wenn Sie wie ein Dressman aussehen wollen, viel Vergnügen.«

»Genau das habe ich mir vorgenommen, Sir«, erwiderte Nick gelassen.

Grant hob ruckartig den Kopf. Es kam ihm zum Bewußtsein, daß sich der junge Mann mit seiner unerschütterlichen Selbstsicherheit über ihn lustig machte. Gleichzeitig machte er eine andere, wirklich überraschende Entdeckung. Es störte ihn nicht im geringsten.

Er begann zu lächeln, und Nick grinste sofort.

»Na schön, sagen wir eins zu null. Setzen Sie sich endlich, damit wir anfangen können.«

Nick knöpfte seinen Mantel auf, setzte sich auf den Stuhl vor dem Schreibtisch und zündete sich eine Zigarette an.

»Brady besorgt Ihnen alle Unterlagen über den Fall, aber die wesentlichen Tatsachen sind folgende: Vor neun Jahren wurde Ben Garvald, einer unserer allseits bekannten Bürger, zu zehn Jahren Gefängnis verurteilt. Gestern früh durfte er Wandsworth verlassen.«

»Und Sie erwarten ihn bei uns?«

»Seine Frau, das heißt, seine gewesene Frau. Bella Garvald. Sie ließ sich von Ben scheiden und heiratete vor einem Jahr Harry Faulkner.«

»Den Buchmacher?«

»Ins Gesicht dürfen Sie ihm das nicht sagen. Wettsportberater klingt viel besser. Seit Jahren hat er sich die Hände nicht mehr mit Wetteinsätzen schmutzig gemacht. Bei ihm stecken viele Eisen im Feuer. Er betreibt sogar seinen eigenen Fußballtoto.«

»Nicht nur«, sagte Nick. »Wenn ich mich aus meiner Zeit bei der Schutzpolizei recht erinnere, gehört ihm die Hälfte der ›öffentlichen Häuser‹ am Gascoigne Square.«

Grant schüttelte den Kopf.

»Das versuchen Sie erst mal zu beweisen. Außerdem geht uns das im Augenblick nichts an. Wir haben uns mit Ben Garvald zu befassen.«

»Ist er in der Stadt?«

»Das sollen Sie eben feststellen, und zwar möglichst schnell. Offenbar hat er seiner Frau gegenüber die gängigen Drohungen ausgestoßen, als die Scheidung ausgesprochen wurde. Sie befürchtet, er könne plötzlich auftauchen und ihr paradiesisches Dasein stören. Vor allem heute. Sie gibt für Harry in St. Martin's Wood, wo sie ihr Haus haben, eine große Gesellschaft. Er hat nämlich Geburtstag.«

»Wie rührend«, meinte Nick. »Hat sie Anzeige erstattet?«

»Ihre Schwester war hier. Jean Fleming. Sie ist Lehrerin und betreibt eine eigene Privatschule an der York Road, nahe der Stadtgrenze.«

Nick hatte Grants Schreibblock zu sich herangezogen und machte sich Notizen. Er hob den Kopf und zog die Brauen zusammen.

»Fleming – Jean und Bella Fleming. Ob das wohl dieselben sind?«

»Sie sind beide in der Khyber Street aufgewachsen, südlich vom Fluß.«

»Genau«, sagte Nick. »Meine Mutter hatte um die Ecke einen Laden, in der Hull Road. Ich lebte bis zu meinem zehnten Lebensjahr dort, dann zogen wir in eine größere Wohnung nach Brentwood.«

»Sie erinnern sich an die beiden?«

»Bella kann man nicht so leicht vergessen. Sie war im

ganzen Viertel bekannt. Die meisten Männer warteten nur darauf, daß sie vorbeiging. Muß wirklich toll gewesen sein. Ich war noch zu jung und wußte nicht, was mir da entging.«

»Und Jean?« fragte Grant.

Nick zuckte die Achseln.

»Ein Gerippe, ungefähr in meinem Alter. Wir haben uns gerade so eben gegrüßt. In unserem Geschäft kauften sie nicht ein, weil meine Mutter keinen Kredit gab.«

Die Tür ging auf, und Brady kam herein, ein paar Akten unter dem Arm. Ohne Nick zu beachten, sagte er zu Grant: »Wo soll ich sie hinbringen?«

»Nebenan.« Grant sah Nick fragend an. »Brauchen Sie Hilfe? Viel Zeit haben Sie nicht.«

»Ganz, wie Sie meinen«, sagte Nick, der Brady ebensowenig beachtete.

»Gut, Jack kann Sie eine halbe Stunde unterstützen. Wenn Sie einen Rat brauchen, kommen Sie ruhig herein.«

Er zog eine Akte an sich. Nick stand auf und ging in das große Büro. Während er seinen Regenmantel auszog und ihn an einen Garderobenständer hängte, warf Brady die Akten auf einen der Schreibtische.

»Was soll ich machen?« fragte er tonlos.

»Kommt darauf an«, erwiderte Nick. »Was haben Sie da alles,«

»Garvalds Akte und die Unterlagen über alle Personen, die ihm nahestanden.«

»Fein«, sagte Nick. »Garvald übernehme ich selbst, und Sie fertigen von den anderen Auszüge an.«

Brady erhob keine Einwendungen. Er ließ Garvalds Akte auf dem Schreibtisch liegen, raffte die übrigen zusammen, ging zu seinem eigenen Schreibtisch in der Ecke und machte sich sofort an die Arbeit.

Nick schlug Garvalds Akte auf und studierte den Ausweis. Das Gesicht auf dem Paßfoto war hart, fast brutal, aber es verriet innere Stärke und Intelligenz. Ein hochgezogener Mundwinkel deutete sogar Humor an.

Wie üblich, enthielt die Karteikarte nur knappe Einzelheiten. Erwähnt waren nur Straftat und Anklagegrund für die letzte Verurteilung Garvalds: Einbruch in eine Fabrik und Raub von 15817 Pfund, Eigentum der Steel Amalgamated Ltd., Sheffield.

Die beigefügten, vertraulichen Unterlagen erzählten eine interessantere Geschichte.

Ben Garvald hatte während des Krieges zwei Jahre bei der Marine-Kommandotruppe gedient und war 1946 ausgemustert worden. Drei Monate später trat er eine einjährige Gefängnisstrafe wegen versuchten Raubes an.

1949 hatte man eine Anklage wegen versuchten Postraubs fallen lassen, weil das Beweismaterial nicht ausgereicht hatte. 1950 war er als Reservist eingezogen und nach Korea geschickt worden. Eine Granatsplitterverletzung am Bein führte 1951 zu seiner Entlassung. Wegen der dauernden Gehbehinderung hatte er eine Kriegsbeschädigtenrente von 33⅓ Prozent erhalten.

Zwischen diesem Zeitpunkt und seiner letzten Verurteilung war er nicht weniger als siebenundzwanzigmal im Zusammenhang mit Straftaten von der Polizei vernommen worden.

Grant trat aus seinem Büro, eine Zigarette zwischen den Lippen.

»Feuer?«

Nick zündete ein Streichholz an. Der Chefinspektor setzte sich auf den Schreibtischrand.

»Wie kommen Sie voran?«

»Ein toller Bursche«, meinte Nick. »Offenbar hat man versucht, ihm so ungefähr alles anzuhängen, was es überhaupt gibt.«

»Abgesehen von Zuhälterei und dergleichen haben Sie vermutlich recht«, sagte Grant. »Seltsamer Mensch, dieser Ben Garvald. Jeder Verbrecher in der Stadt hatte Todesangst vor ihm, aber wenn es um Frauen ging, benahm er sich wie ein Romanheld. Bella behandelte er wie eine Prinzessin.«

»Das würde erklären, warum er außer sich geriet, als sie sich scheiden ließ. Ich wollte mich gerade näher mit seinem letzten Coup befassen, für den er verknackt worden ist.«

»Da kann ich Ihnen behilflich sein«, erklärte Grant. »Ich habe den Fall damals selbst bearbeitet. Garvald und drei Komplicen erleichterten das Stahlwerk in Birmingham um fünfzehntausend Pfund. Lohngelder, die am nächsten Tag ausgezahlt werden sollten. Die Leute sind ja nicht zu belehren, und damit meine ich nicht Garvald und Konsorten. Jedenfalls schlugen sie beim Nachtwächter nicht hart genug zu. Er schlug Alarm, und die Polizei in Birmingham sperrte alle Ausfallstraßen.«

»Zu spät?«

»Nicht ganz. Es waren zwei Autos. Das eine knallte gegen irgendein Hindernis, explodierte und ging in Flammen auf. Die Opfer waren ein wohlbekannter Einbrecher namens Jack Charlton und sein Fahrer.«

»Und Garvald?«

»Er und sein Begleiter walzten eine Straßensperre nieder und entkamen. Am nächsten Tag nahmen wir Garvald fest. Der Nachtwächter pickte ihn prompt bei einer Gaunerparade heraus.«

»Und das Geld?«

»Garvald behauptete, es sei im anderen Wagen gewesen.«

»Sehr glaubhaft.«

»Es klingt vielleicht seltsam, aber ich neigte dazu, ihm zu glauben. Jedenfalls fanden wir Spuren davon in den Überresten des verglühten Fahrzeugs. Mehr bekamen wir nicht heraus. Auch den zweiten Mann, Garvalds Begleiter, konnten wir nicht fassen.«

»Garvald hielt also den Mund?«

»Eisern. Er zuckte mit keiner Wimper.«

»Was den Kerl angeht, der damals bei ihm im Wagen saß, hatten Sie damals eine bestimmte Vermutung?«

»Mehr als eine, und in jedem Fall lief sie auf Fred Manton hinaus.«

»Manton?« Nick runzelte die Stirn. »Betreibt er nicht dieses Nachtlokal am Gascoigne Square – den ›Flamingo-Club‹?«

Grant nickte.

»Er und Garvald hatten zur Zeit des Raubüberfalls gemeinsam eine kleine Kneipe auf der anderen Seite vom Fluß. Das Dumme war nur, daß zu viele Gäste beschworen, Fred Manton sei die ganze Nacht im Lokal gewesen. Ein paar davon waren leider Gottes achtbare Bürger.«

»Ist Manton vorbestraft?«

Brady trat an den Schreibtisch und legte ein Blatt Papier vor ihn hin.

»Das ist ein Auszug aus seiner Akte.«

Nick überflog schnell den Text. ›Frederick Manton, 44, Spielklubbesitzer, Gascoigne Square, Manningham. Vier Vorstrafen wegen versuchten Raubes, Betrugs und unbefugten Waffenbesitzes. Die Polizei hatte bei achtzehn verschiedenen Gelegenheiten angenommen, er könne zur Aufklärung von Straftaten beitragen, aber es war Manton stets gelungen, ungeschoren davonzukommen.‹

»Nehmen wir an, daß Sie Manton zu Recht verdächtigten«, sagte er zu Grant. »Und daß das Geld aus dem Stahlwerk nicht in Rauch aufgegangen ist. Es muß allerhand Geld gekostet haben, ein Lokal wie den ›Flamingo-Club‹ rentabel zu machen. Man könnte verstehen, wenn Garvald hier auftaucht und seinen Anteil verlangt.«

»Raffiniert, aber die Sache hat einen Haken.« Grant stand auf und ging auf seine Bürotür zu. »Der ›Flamingo-Club‹ gehört Harry Faulkner. Fred Manton ist nur ein Angestellter. Versuchen Sie bloß nicht, Faulkner in diese Geschichte mit hineinzuziehen. Seine Autos sind allein Fünfzehntausend wert.«

Die Tür fiel hinter ihm zu. Nick sah Brady an.

»Und der Rest?«

»Neun Personen, alles Leute, mit denen er ziemlich speziell war«, sagte Brady. »Fünf davon sitzen irgendwo. Vier sind noch hier, meist an der Spitze.«

Er legte die Auszüge auf Nicks Schreibtisch, ging zu Grants Tür, öffnete sie und steckte den Kopf hinein.

»Kann ich jetzt Pause machen?«

Grant schaute auf die Uhr.

»In Ordnung, Jack. Bis Mitternacht dann.«

Brady schloß die Tür, nahm seinen Regenmantel vom Haken und zog ihn an, während er in den Korridor hinaustrat. Am Lift blieb er stehen und drückte mehrmals ungeduldig auf den Knopf.

Wenn Ben Garvald in der Stadt war, gab es einen Ort, den er ganz sicher aufsuchen würde, eine Person, bei der er auf jeden Fall auftauchen mußte. Das ergab sich für jeden erfahrenen Menschen ganz deutlich. Wenn er dort war, würde er – Jack Brady – ihn binnen höchstens einer Stunde ins Präsidium geschafft haben, während dieser Schlaukopf Miller durch die Straßen wanderte, um ihn aufzuspüren. Vielleicht nicht ganz uninteressant, zu sehen, was Grant dann zu sagen haben würde. Bradys Erregung wuchs, als er den Aufzug betrat.

5

Etwa zu der Zeit, als Jean Fleming bei Grant saß, sprang Garvald an einer Bushaltestelle am Nordring, der die Stadt mit der Autostraße 1 verband, von einem Lastwagen. Zehn Minuten später bestieg er den ersten Omnibus und verließ ihn eine halbe Meile vor dem Stadtzentrum, um den Rest des Weges zu Fuß zurückzulegen.

Die Fahrt von London aus hätte im bequemen Schnellzugsessel nicht länger als vier Stunden gedauert, aber unter den gegebenen Umständen wäre es zu auffällig gewesen, auf diese Weise in die Stadt zu gelangen.

Es waren Leute zu besuchen, Dinge zu erledigen, alte Rechnungen zu begleichen – vor allem mit Sammy Rosco –, aber zuerst brauchte er eine Operationsbasis.

Er fand das Geeignete ohne große Mühe, ein drittklassiges Hotel in einer Nebenstraße nahe dem Stadtzentrum. Hinter der Empfangstheke saß eine Frau im blauen Nylonkittel und las in einem Magazin. Sie mochte zwischen fünfundzwanzig und dreißig Jahre alt sein und hatte schwarzes Haar und kecke, dunkle Augen.

Garvald lehnte sich an die Theke.

»Was haben wir denn da?«

Sie klappte das Heft zu, ein Glitzern in den Augen, und ging auf seine Stimmung ein.

»Ein armes Mädel aus Irland, das sich in einem harten Land ehrlich durchbringen will.«

»Gratuliere«, sagte Garvald. »Als erstes können Sie mir ein Zimmer geben. Eins mit Bad.«

»Unsere Zimmer sind alle mit Bad«, erwiderte sie gelassen. »In jedem Stockwerk gibt's eins – am Ende des Korridors.«

Sie nahm einen Schlüssel vom Brett, hob die Tischklappe hoch und führte ihn die Treppe hinauf.

Das Zimmer war nicht besser und nicht schlechter als erwartet, mit altmodischen, schweren Möbeln und einem abgenutzten Teppich. In einer Ecke hatte man ein modernes Waschbecken angebracht und die Wand an dieser Stelle gefliest. Er stellte seine Reisetasche auf einen Stuhl, trat ans Fenster und schaute auf die Straße hinunter, während die junge Frau die Bettdecke zurückschlug.

»Haben Sie sonst noch einen Wunsch?« fragte sie.

Garvald drehte sich um.

»Kann ich etwas zu trinken bekommen?«

»Wir haben keine Ausschanklizenz. Ein paar Häuser weiter finden Sie ein Lokal.«

Er schüttelte den Kopf.

»Nicht so wichtig. Ich sollte mich sowieso mal ausschlafen.«

Sie legte den Schlüssel auf die Kommode.

»Wenn Sie etwas wollen, brauchen Sie nur zu läuten. Ich stehe die ganze Nacht zur Verfügung.«

Garvald grinste.

»Ein unwiderstehlicher Gedanke.«

Sie lächelte ihn an und verließ das Zimmer. Garvalds Grinsen verschwand. Er setzte sich auf den Bettrand, zündete sich eine Zigarette an und blätterte im Telefonbuch. Keine Eintragung unter Sammy Rosco. Er zog die Brauen zusammen, starrte vor sich hin und versuchte, sich jemand ins Gedächtnis zu rufen, dem er trauen konnte. Jemand von früher, der noch hier sein mochte.

Der Reihe nach verwarf er alle Namen, die ihm einfielen. Am Ende blieb nur Chuck Lazer, der stille Amerikaner. Er hatte als Hauspianist in dem Nachtlokal gespielt, das Garvald und Fred Manton gemeinsam betrieben hatten.

Aber Chuck war sicher nicht geblieben. Er mußte schon vor Jahren in die Staaten zurückgekehrt sein, daran gab es gar keinen Zweifel. Als Garvald aber im Telefonbuch nachschaute, sprang ihm der Name sofort entgegen. ›Chuck Lazer – Baron's Court 15.‹

Er streckte die Hand nach dem Telefon aus, zögerte, besann sich anders. Dergleichen erledigte man besser persönlich. Er setzte seinen Hut auf, verließ das Zimmer und sperrte die Tür hinter sich ab.

An der Treppe blieb er stehen, kehrte um, ging den Korridor entlang und drückte die Klinke der letzten Tür nieder. Sie öffnete sich auf eine schmale, dunkle Treppe. Er lief schnell hinunter. Durch die Dunkelheit drangen Küchengerüche herauf. Unten stand er in einem düsteren Gang vor einer Tür. Er öffnete sie und trat in den Durchgang neben dem Hotel.

Um Zeit zu sparen, nahm er am City Square ein Taxi. Lazers Wohnung war nicht weit von der Universität entfernt, in einem Bezirk mit hohen, alten Häusern, die meist zu billigen Pensionen umgebaut oder in Mietwohnungen aufgeteilt worden waren.

Garvald ging auf einem schmalen Weg durch den ungepflegten Garten und stieg ein paar Stufen zu einer großen Veranda hinauf. Er ließ den Blick über die Namensschilder unter den Klingelknöpfen gleiten. Irgendwo im Haus konnte er Gelächter und Musik hören.

Chuck Lazer hatte die Wohnung 5 im dritten Stock. Garvald öffnete die Tür und betrat das Vestibül. Als er sie hinter sich schloß, ging auf der rechten Seite eine Tür auf, Musik und Lachen fluteten heraus. Ein junger Mann mit einer Kiste voll leeren Flaschen tauchte auf. Er trug einen Bart. Seine Haare hingen wirr in die Stirn.

Garvald blieb vor der Treppe stehen.

»Chuck Lazer ist nicht zufällig bei Ihnen?«

»Guter Gott, nein«, erwiderte der junge Mann. »Schnaps und Weiber, mehr wollen wir nicht. Chuck hat einen anderen Geschmack. Wahrscheinlich finden Sie ihn in seinem Loch.«

Er verschwand am Ende des Korridors. Garvald stieg die Treppe hinauf und fragte sich, was das alles zu bedeuten hatte.

Im dritten Stock war die Musik nur noch undeutlich zu hören. Garvald betrachtete die Namenskarte an der Tür, lauschte einen Augenblick und klopfte. Nichts rührte sich. Er drückte die Klinke nieder. Die Tür ging auf.

Der Gestank war beinahe unerträglich, ein Gemisch aus Schweiß, Urin und Kochdunst, verstärkt durch einen undefinierbaren Geruch.

Er knipste das Licht an und schaute sich in dem schmutzigen, unaufgeräumten Zimmer um. In dem schmalen Bett an der Rückwand lag ein halbnackter Mann, mit dem Gesicht nach unten. Garvald öffnete ein Fenster, sog die feuchte, neblige Luft tief ein, zündete sich eine Zigarette an und wandte sich wieder dem Bett zu.

Auf dem kleinen Nachttisch lagen Gerätschaften, die deutlich Aufschluß darüber gaben, was sich hier zutrug. Eine Injektionsspritze mit mehreren Kanülen. Die meisten davon waren schmutzig und stumpf. Heroin- und Kokainfläschchen, beide leer, ein Glas halb voll Wasser, eine kleine Phiole mit geschwärzter Unterseite und eine ganze Anzahl angekohlter Streichhölzer.

Der nackte, über den Bettrand herabhängende Arm war mit Einstichpunkten übersät. Manche davon hatten sich nach einer Entzündung verschorft. Garvald atmete tief ein und drehte Lazer auf den Rücken.

Das Gesicht des Amerikaners war eingefallen, von Unterernährung gezeichnet. Ein dunkler Bart verlieh ihm das Aussehen eines ausgemergelten Heiligen. Er drehte den Kopf hin und her. Garvald schlug ihm ins Gesicht. Die Lider zuckten krampfhaft und öffneten sich. Die dunklen Augen starrten ins Leere.

»Chuck, ich bin's«, sagte Garvald. »Ben Garvald.«

Lazer sah ihn an, ohne ihn zu erkennen. Garvald steckte ihm seine Zigarette zwischen die Lippen. Lazer sog daran und begann verzweifelt zu husten. Die krampfhaften Stöße schienen seinen Körper zerreißen zu wollen. Als er endlich aufhören konnte, zitterte er am ganzen Leib, und seine Nase lief.

Garvald legte ihm eine Decke um die Schultern.

»Ich bin's Chuck, Ben Garvald«, wiederholte er.

»Hab' dich schon verstanden, Dad, klar und deutlich.« Lazer begann wieder zu zittern und wickelte die Decke fester um sich. »Mensch, ich brauche eine Ladung. Lieber Gott, ich brauche dringend eine Ladung.« Er atmete tief und ruckhaft ein, als wolle er sich mit aller Kraft zusammennehmen, dann hob er den Kopf und sah Garvald an.

»Lange nicht gesehen, Ben.«

»Vielen Dank für die Briefe.«

»Es gab ja nichts zu sagen.«

»Ach, ich weiß nicht. Was ist mit Bella?«

»Eine Dirne, Benny. Eine wunderschöne Dirne, immer für den da, der das meiste Geld hat.«

»Sie hat wieder geheiratet, wie ich höre.«

»Den großen Goldschatz, Benny. Hast du das nicht gewußt?«

»Wer ist der Glückliche?«

»Harry Faulkner.«

»Harry Faulkner?« Ben zog die Brauen zusammen. »Er muß doch an die Sechzig sein.«

»Mindestens, aber er ist ein großer Mann geworden, Ben. Ein großer Mann. Er hat so ungefähr überall die Hand im Spiel, wo etwas zu verdienen ist, und von Skrupeln wird er nicht geplagt. Er und Bella wohnen in einem Palast draußen in St. Martin's Wood, wo sich die vornehmen Leute niedergelassen haben.«

»Ist Fred Manton noch hier?«

»Ja. Er arbeitet für Harry und leitet am Gascoigne Square einen Nachtklub namens ›Flamingo‹. Ich spiele Klavier bei ihm, wenn ich mal zu mir komme.« Er stöhnte plötzlich und wurde wieder von Schauern geschüttelt. »Menschenskind, hab' ich die Ladung nötig.« Er rang nach Atem. Seine Zähne schlugen aufeinander. »Wie spät ist es?«

»Viertel nach zehn.«

Lazers Gesicht verzerrte sich.

»Zu spät für die Abendsprechstunde. Bis morgen früh kann ich also kein Rezept bekommen.«

»Du bist als Süchtiger registriert?«

Lazer nickte.

»Der einzige Grund, warum ich nicht schon vor Jahren in die Staaten zurückgegangen bin. Drüben würden sie mich einsperren. Hier kann ich wenigstens existieren, dank des Staatlichen Gesundheitsdienstes.«

»Wie lange nimmst du das Zeug schon?« fragte Garvald mit einem Blick auf die leeren Fläschchen.

Lazer bleckte die Zähne.

»Zu lange, um eine ganze Nacht ohne Spritze überstehen zu können, Benny.«

»Weißt du, wo du etwas bekommen kannst?«

»Klar, von der Apotheke am City Square, die auch nachts geöffnet ist. Da gibt es genug Süchtige, die mit ihren Rezepten anrücken, aber das kostet Geld, und ich bin pleite.«

Garvald zog die Brieftasche und zählte zehn Ein-Pfund-Noten auf den Nachttisch.

»Genug?«

»Und ob.« Lazers Augen begannen zu glänzen, als er nach den Geldscheinen griff.

Garvald bedeckte sie mit der Hand.

»Sammy Rosco, Chuck. Wo kann ich ihn finden?»

»Sammy?« sagte Lazer überrascht. »Er arbeitet für Manton in den Lokalen.«

»Im ›Flamingo‹?«

»Mit seiner Visage?« Lazer schüttelte den Kopf. »Fred führt für Faulkner noch ein paar andere Lokale, richtige Spelunken. Mieser Schnaps und noch miesere Weiber. Du kennst das. Sammy springt da ein, wo man ihn gerade braucht. Barmixer und Rausschmeißer, das sind so seine Posten. Ich glaube, daß er diese Woche im ›Club Eleven‹ ist.«

»Lebt er noch mit Wilma zusammen?«

»Ohne sie käme er nicht aus. Übrigens ist er nicht mehr wie früher, seit sie nicht mehr auf den Straßen sein dürfen. Sie ›arbeitet‹ jetzt meist vom Haus aus.« Er runzelte die Stirn, um sich konzentrieren zu können. »Carver Street. Ja, stimmt, Carver Street. Die Hausnummer weiß ich nicht, aber es ist ungefähr in der Mitte, neben einem Laden, wo das Schaufenster mit Brettern vernagelt ist. Die Häuser sollen bald abgerissen werden.«

Garvald raffte die Geldscheine zusammen und drückte sie Lazer in die Hand.

»Danke, Chuck. Wir sehen uns noch.«

»Bei welchem Begräbnis?«

Ben Garvald drehte sich an der Tür um und lächelte.

»Da bin ich mir noch nicht ganz sicher. Ich sage dir aber Bescheid. Du wärst ein guter Leichengänger.«

Die Tür fiel hinter ihm zu. Lazer kauerte eine Weile auf dem Bett, die Decke fest um sich gewickelt, die Geldscheine in der rechten Hand. Plötzlich schnellte er hoch und begann sich mit fieberhafter Eile anzukleiden.

6

Die Carver Street bestand aus baufälligen Reihenhäusern nahe dem Fluß, in einer Slumgegend, die nach Chuck Lazers Worten bald abgerissen werden sollte.

Garvald entdeckte den Laden mit dem vernagelten Schaufenster ungefähr in der Mitte der Straße. Das Haus daneben schien jeden Augenblick zusammenstürzen zu wollen. Er benützte einen schmalen Durchgang und erreichte einen Hinterhof, der mit Abfall und leeren Konservendosen übersät war.

Er stolperte vier Stufen hinauf und klopfte. Nach einer Weile näherten sich Schritte, die Tür öffnete sich wenige Zentimeter, und eine Frauenstimme fragte: »Wer ist da?«

»Ich suche Sam«, erwiderte Garvald. »Sammy Rosco. Ich bin ein alter Freund von ihm.«

»Er ist nicht da.«

Er trat näher an die Tür.

»Ich bin's, Wilma. Ben Garvald.«

Sie gab einen überraschten Laut von sich, die Kette rasselte, und die Tür ging auf. Als er in den dunklen Korridor trat, griff eine Hand nach seinem Gesicht, Arme zogen ihn näher heran.

»Ben, Liebling. Ich kann es gar nicht glauben. Bist du es wirklich?«

Sie zog ihn durch den Gang in ein Zimmer, das verhältnismäßig sauber war und über einen Teppich verfügte. An der Rückwand stand ein Doppelbett.

Sie wandte sich ihm zu, eine große, kräftige Frau, die zu altern begann, zuviel Schminke auflegte und Ansätze eines Doppelkinns zeigte. Nur das strohblonde Haar sah noch immer aus wie damals. Er lächelte.

Sie wurde rot und legte den Kopf zurück.

»Klar seh' ich älter aus. War ja auch eine lange Zeit.«

»Du hast immer noch das schönste Haar, das ich kenne.«

Ihre Augen begannen zu glänzen, und für einen Augenblick war sie wieder das junge, schlanke Mädchen, das Sammy Rosco nach dem Krieg aus Deutschland mitgebracht hatte. Sie trat zu Garvald, schlang die Arme um seinen Hals und küßte ihn auf den Mund.

»Du warst immer mehr wert als die anderen zusammengenommen.«

Garvald hielt sie einen Augenblick fest und genoß bewußt zum erstenmal nach so langer Zeit das Gefühl, eine Frau in den Armen zu halten, dann schob er sie weg.

»Das Geschäft geht vor, Wilma. Ist etwas zum Trinken im Haus?«

»Den Tag wirst du nicht erleben, wo mal nichts da ist.«

Sie ging zu einem Schrank, nahm eine Flasche Gin und zwei Gläser heraus, und Garvald setzte sich an den Tisch. Nachdem er sich prüfend umgesehen hatte, fragte er: »Immer noch im Geschäft?«

Sie setzte sich ihm gegenüber und hob die Schultern.

»Was bleibt mir sonst übrig?«

»Hast du schon mal daran gedacht, wieder heimzufahren?«

»Nach Deutschland?« Sie stand auf, ging zum Fenster, lüpfte den Teppich und zog einen weißen Umschlag heraus. Sie öffnete ihn und warf einen Paß auf den Tisch. »Ich verstecke ihn vor Sammy. Beim letztenmal, als ich ihn benützen wollte, mißhandelte er mich so, daß ich eine Woche im Krankenhaus lag.«

»Du hast ihn nicht angezeigt?«

»Mach keine Witze.« Sie zuckte die Achseln. »Seitdem habe ich nie mehr als fünf Pfund zusammenbekommen können. Dafür sorgt er. Er wartet in der Küche, bis die Kunden gehen, dann kassiert er sofort ab.«

Garvald griff nach dem Paß und schlug ihn auf.

»Er ist noch gültig, wie ich sehe.«

»Na und? Er nützt mir genausoviel wie eine Fahrkarte zum Mond.« Sie leerte ihr Glas und füllte es noch einmal.

»Warum bist du zurückgekommen, Ben? Hier gibt's nichts

mehr für dich. Daß Bella wieder geheiratet hat, weißt du sicher.«

»Ja. Wo ist Sammy?«

»Im ›Grosvenor‹, das ist eine Kneipe am Ende der Straße.«

»Erwartest du ihn zurück?«

Sie schaute auf die Uhr und nickte.

»Vor fünf Minuten haben sie zugemacht. Er schaut gewöhnlich vorbei, bevor er zur Arbeit geht.«

»Und wo ist das?«

Sie hob die Schultern.

»Ganz verschieden. Diese Woche ist er im ›Club Eleven‹, eine Spelunke, die Fred Manton für Faulkner betreibt, vielleicht eine halbe Meile von hier.«

»Wer führt die Geschäfte?«

»Molly Ryan.«

»Damen auch, wie?«

»Du weißt ja, wie es in solchen Läden zugeht. Da kann man alles kaufen. Willst du etwas Besonderes von Sammy?«

Garvald zündete sich eine Zigarette an und blies Rauch an die Stehlampe.

»Als ich gestern früh herauskam, wollten mich zwei Burschen durch den Wolf drehen, Wilma. Sie haben einen schweren Fehler gemacht.« Er grinste kurz. »Sammy auch.«

Die Haustür wurde krachend aufgerissen, Schritte näherten sich durch den Korridor. Einen Augenblick später wankte Sammy Rosco ins Zimmer. Er war ein bulliger Mann mit langen, affenartigen Armen. Sein Gesicht hatte einen mürrischen Ausdruck und war vom Whisky aufgedunsen. Er stand schwankend da, ein böses Funkeln in den Augen.

»Was geht denn hier vor?«

»Besuch für dich, Sammy«, sagte Wilma genüßlich. »Ein alter Freund.«

Garvald drehte den Kopf und sagte ruhig: »Na, Sammy, alter Gauner.«

Sein Gesicht war ausdruckslos, aber die grauen Augen sagten Rosco, was er wissen wollte. Er drehte sich um und stolperte zur Tür, aber Garvald war schneller. Er packte Rosco am Kragen und gab ihm einen Stoß, der ihn durchs ganze Zimmer schleuderte.

Rosco raffte sich vom Boden auf, aber Garvald maß kurz die Entfernung ab und ließ den Fuß hochzucken. Rosco kippte mit einem Seufzer um, fiel übers Bett und wand sich vor Schmerzen.

Wilma schaute ohne Mitleid zu. Garvald schüttete den Rest Gin in sein Glas, setzte sich auf den Stuhl und wartete. Nach einiger Zeit drehte sich Rosco auf die Seite. Sein Gesicht war aschfahl.

»Geht's dir besser, Sammy?«

»Häng dich auf, Mistkerl«, stieß Rosco hervor.

»Schon besser«, meinte Garvald. »Erheblich besser. Warum hast du mir gestern die beiden Kerle auf den Hals gehetzt?«

»Ich weiß nicht, wovon du redest.«

Garvald packte die Ginflasche und schlug ihr mit einer knappen Bewegung den Hals ab. Er beugte sich vor und hielt die mörderische, gezackte Waffe unter Roscos Kinn.

»Vielleicht hast du's vergessen, Sammy, aber auf solche Spielchen laß' ich mich nicht ein.«

Auf Roscos niederer Stirn bildeten sich kleine Schweißtröpfchen. Seine Augen weiteten sich.

»Es war Fred, Ben. Fred Manton. Er gab mir den Auftrag, dich abzuservieren. Er wollte nicht haben, daß du zurückkommst.«

Garvald zog die Brauen zusammen. Das Funkeln in seinen Augen erlosch.

»Warum, Sammy? Warum sollte Manton so etwas tun? Das ergibt keinen Sinn.«

Er stieß die Flasche brutal nach vorn, und Sammy schrie auf.

»Das ist alles, was ich weiß. Ich schwör's, Ben!«

Garvald warf die Flasche in den Kamin und zerrte Rosco hoch. Er knöpfte seine Jacke auf, zog Sammys Brieftasche heraus und öffnete sie. Fünfzig Pfund in Fünf-Pfund-Noten, alle neu. Er zählte sie schnell ab und stieß Rosco verächtlich zur Tür.

»Hau ab und komm nicht wieder.«

Rosco drehte sich unter der Tür um, schien noch etwas sagen zu wollen, besann sich aber eines Besseren. Er stolperte im Dunkeln durch den Korridor, dann fiel die Tür hinter ihm zu.

Garvald warf die fünfzig Pfund auf den Tisch.

»Mehr als genug für die Heimfahrt, Wilma. Wenn sich nicht alles geändert hat, gibt es Nachtschnellzüge nach London.«

Sie warf sich in seine Arme und preßte sich an ihn. Als sie den Kopf hob, glitzerten Tränen in ihren Augen.

»Ich vergess' dich nie, Ben Garvald. Nie.«

Er küßte sie kurz, preßte sie an sich und verließ das Zimmer. Sie hörte ihn am Haus vorbeigehen, dann verklangen seine Schritte.

Sie schaute sich im Zimmer um, plötzlich von Haß erfüllt gegen diese Umgebung, gegen Sammy Rosco, gegen die vergeudeten Jahre und das, was sie ihr angetan hatten. Hastig begann sie zu packen.

Es war beinahe Mitternacht, als sie fertig war. Sie zog den Regenmantel an, hob den Koffer auf, schaute sich zum letztenmal im Zimmer um und trat in den Korridor hinaus.

Als sie die Haustür erreichte, klopfte jemand.

»O Gott, nein! O lieber Gott, nein!« Der Schrei quoll in ihrer Kehle empor, sie fuhr herum, taumelte durch den dunklen Gang zurück ins Zimmer, während hinter ihr die Tür aufging.

Sie fiel vor dem Kamin auf die Knie und suchte in verzweifelter Hast in den Scherben. Ihre Finger umkrallten ein großes Stück Glas, gebogen wie ein Dolch und ebenso scharf. Sie bog den Kopf zurück und stieß ihn hoch, aber plötzlich schoß unerträglicher Schmerz durch ihren Arm. Aufschreiend ließ sie die Scherbe fallen. Eine Hand riß sie hoch und herum, stieß sie durchs Zimmer aufs Bett.

Sie hob den Arm, um ihr Gesicht vor dem Schlag zu

schützen, der niemals ausblieb, ließ ihn aber wimmernd sinken, denn am Tisch stand nicht Sammy Rosco. Es war ein viel jüngerer Mann, den sie noch nie gesehen hatte. Er trug einen teuren Regenmantel und hatte merkwürdige dunkle Augen, die sie zu durchbohren schienen.

7

›Charles Edward Lazer, 45, Musiker, Baron's Court 15. Amerikanischer Staatsbürger. Eintritt R.A.F. Oktober 1939, entlassen Juni 1946. Oberleutnant/Navigator. Hervorragende Beurteilung. Mai 1944 Flieger-Kriegsverdienstkreuz. Vier Vorstrafen: Versuchter Diebstahl, Betrug, Besitz von Rauschgift. Wegen Auszeichnung im Krieg und Zusammenhangs aller Straftaten mit Rauschgiftsucht nicht ausgewiesen.‹

Nick ließ sich diese Tatsachen noch einmal durch den Kopf gehen, als er in dem halbdunklen Korridor vor der Tür wartete. Auf sein Klopfen hin rührte sich nichts. Er drückte die Klinke nieder. Die Tür war unversperrt.

Das Fenster stand offen, die Vorhänge blähten sich im Wind, und Regen sprühte herein. Nick sah sich in dem verdreckten, unaufgeräumten Raum kurz um und rümpfte die Nase wegen des Gestanks, dann ging er hinaus und lief die Treppe hinunter.

Der Lärm in der Wohnung im Erdgeschoß war ohrenbetäubend, ein gleichmäßig pulsierender Rhythmus, der die Luft erzittern ließ. Nick klopfte ein paarmal an die Tür, ohne Antwort zu bekommen, öffnete sie und schaute hinein.

Mindestens dreißig oder gar vierzig Personen hatten sich in den Raum gezwängt, dem Aussehen nach meist Studenten. Sie aßen, tranken und tanzten zur Musik der dreiköpfigen Band in der Ecke. Sogar auf dem Boden lagen die Pärchen herum.

Ein junger Mann mit Wuschelhaar und Bart schob sich

durch die Menge und füllte Gläser aus einem großen Krug. Er entdeckte Nick und kam auf ihn zu.

»Tut mir leid, Freund, das ist eine private Party.«

Nick zeigte seinen Dienstausweis. Der junge Mann erschrak.

»Was haben wir denn angestellt?«

Er öffnete die Tür, und Nick folgte ihm auf den Korridor hinaus. Er schloß die Tür hinter sich, um den Lärm zu dämpfen.

»Keine Sorge«, sagte er. »Ich versuche nur einen Mann zu finden, der oben wohnt – Chuck Lazer. Bei Ihnen ist er nicht zufällig?«

Der junge Mann grinste, zog eine Zigarette hinter dem Ohr hervor und steckte sie zwischen die Lippen.

»Chuck? Ganz bestimmt nicht. Der hat seine eigenen Interessen, der arme Kerl.«

»Nimmt er noch Rauschgift?« fragte Nick.

»Soviel ich weiß, ja, aber er ist registriert.« Der junge Mann runzelte die Stirn. »Hören Sie mal, worum geht es überhaupt?«

»Kein Grund zur Aufregung, ich will ihm nichts anhängen. Ich brauche seine Hilfe bei einer Routineermittlung, das ist alles.«

»Das sagt ihr immer.«

Nick hob die Schultern.

»Wie Sie meinen.«

Er ging zur Tür. Der junge Mann sagte hastig: »Ach, Mist. Er hat verschlafen und konnte nicht mehr zur Abendsprechstunde. Vor ungefähr einer halben Stunde besuchte ihn jemand.«

»Was für ein Jemand?«

»Großer Mann, schmutziger Regenmantel, irisch aussehend.« Der junge Mann grinste: »Die Mütze ist wirklich toll. Wo bekommt man die?«

»In jedem guten Geschäft in Hamburg. Sind die beiden gemeinsam weggegangen?«

Der junge Mann schüttelte den Kopf.

»Lazer ging vor ein paar Minuten weg. Ich amüsierte mich gerade mit einem steilen Zahn hinten im Korridor, als er herunterkam.«

»Hatte er es eilig?«

»Wie immer, wenn sie eine Ladung brauchen. Ich vermute, daß er zu seinem Arzt unterwegs war, um sich ein Rezept zu holen.«

»Und wie heißt der Arzt?«

»Dr. Das, gleich um die Ecke, am Baron's Square. Er ist so ungefähr der einzige in der Stadt, der Süchtige als Patienten annimmt. Sagen Sie mal, sind Sie wirklich bei der Kripo?«

»Gewiß.«

»Mensch!« sagte der junge Mann voll Bewunderung. »Bekomme ich auch so eine Uniform, wenn ich mich melde?«

»Ich sage es gleich morgen dem Polizeidirektor. Wir sehen uns noch.«

»Gut.«

Er öffnete die Tür und kehrte zu seiner Party zurück, während Nick wieder in den Regen hinaustrat. Nebel begann aufzusteigen, träg und ätzend. Er setzte sich ans Steuer seines Mini-Cooper und fuhr zum Baron's Square.

Dr. Das wohnte im Haus Nr. 20. Ein Messingschild verkündete, daß er nicht nur Dr. med., sondern auch Angehöriger des Königlichen Ärztekollegs war, für diese Gegend und die Umstände ziemlich verwunderlich.

Nick läutete. Nach einer Weile näherten sich Schritte. Ein großer, hagerer Inder mit hohen Backenknochen und ruhigen, braunen Augen öffnete.

»Doktor Das?«

»Ja. Was kann ich für Sie tun?«

»Kriminalsergeant Miller, Sir. Ich suche einen Ihrer Patienten, einen Mr. Lazer. Ich habe ihn in seinem Haus knapp verpaßt. Einer seiner Nachbarn meinte, er könne Sie aufgesucht haben.«

»Kommen Sie bitte herein, Sergeant.«

Nick folgte ihm durch den Korridor. Der Inder öffnete eine Tür und führte ihn in ein Zimmer. Im Kamin brannte ein Feuer, in der Ecke stand ein Schreibtisch, an den Wänden reihte sich ein Bücherregal an das andere.

Doktor Das nahm eine Zigarre aus der Kiste auf dem Kaminsims, zündete sie an und drehte sich lächelnd um.

»Sie verzeihen, wenn ich Ihnen keine anbiete, Sergeant, aber sie sind schwer zu bekommen. Zigaretten finden Sie auf dem Schreibtisch.«

Nick bediente sich. Der Inder blieb mit dem Rücken zum Feuer stehen.

»Ist Mr. Lazer in Schwierigkeiten?«

Nick schüttelte den Kopf.

»Durchaus nicht. Ich versuche nur, dringend jemanden aufzuspüren, und glaube, daß mir Lazer dabei helfen könnte. Soviel ich weiß, ist er rauschgiftsüchtig und bei Ihnen als Patient registriert.«

»Das ist richtig, erwiderte Das. »Mr. Lazer ist schon seit über zwei Jahren mein Patient. Ich interessiere mich ganz besonders für Leute in diesem bedauernswerten Zustand. Das tun leider viel zuwenig Ärzte.«

»Wie weit ist Lazer schon fortgeschritten?«

Das zuckte die Achseln.

»Täglich braucht er fünfundvierzig Milligramm Heroin und achtunddreißig Milligramm Kokain. Wenn man berücksichtigt, daß die Normaldosis zur Schmerzausschaltung ein halbes Milligramm Heroin beträgt, zeigt sich das Ausmaß des Problems.«

»Kann man denn da nichts machen?«

»Bei den meisten Patienten leider nicht. Ich habe Patienten, die schon sechzehnmal oder noch öfter ›ausgetrocknet‹ wurden, wie sie das nennen. Sie werden erstaunlich schnell rückfällig. Das Problem liegt darin, daß die meisten von ihnen an schweren Persönlichkeitsdefekten leiden, die überhaupt erst zum Rauschgiftgenuß geführt haben.«

»Was Lazer angeht, ist das aber kaum zu glauben«, wandte

Nick ein. »Ich kenne seine Vergangenheit. Während des Krieges hat er sich bei der Luftwaffe ganz besonders ausgezeichnet.«

»Charles Lazer ist ein außergewöhnlich tragischer Fall. Er nahm Heroin und Kokain zum erstenmal bei einer Party vor etwa drei Jahren. Offenbar ist er damals ziemlich betrunken gewesen und wußte überhaupt nicht, was er tat.«

»Und anschließend kam er nicht mehr davon weg?«

»Leider. Er hat zwei Entziehungskuren mitgemacht. Einmal wurde er erst nach fünf Monaten rückfällig, und das ist wirklich erstaunlich.«

»Es besteht also noch Hoffnung bei ihm?«

Dr. Das lächelte schwach.

»Sie scheinen sich persönlich dafür zu interessieren.«

Nick hob die Schultern.

»Ich habe seine Unterlagen gesehen, ich finde ihn sympathisch – ganz einfach. Im Krieg hat er seinen Mann gestanden, Doktor Das. Ich bin so altmodisch, zu meinen, daß das zählt. Können Sie nichts für ihn tun – was Konkretes, meine ich?«

Der Inder nickte.

»Es gibt eine neue Methode, mit der ein Londoner Kollege im vergangenen Jahr beträchtlichen Erfolg gehabt hat. Es handelt sich dabei um die Verwendung von Apomorphin und den stufenweisen Entzug von Rauschgift über mehrere Monate hinweg.«

»Und das hat wirklich Erfolg?«

»Wenn der Patient mitarbeitet. Apomorphin ist Morphium, dem zwei Wassermoleküle fehlen. Die Injektionen zügeln die Sucht nach dem Rauschgift und verhindern das Auftreten der sonst üblichen Entziehungssymptome, die ausgesprochen qualvoll sein können.«

»Haben Sie mit Lazer schon darüber gesprochen?«

»Das wollte ich heute abend tun, aber er kam nicht in die Sprechstunde.«

»Ist es denn nicht möglich, daß er außerhalb der Sprechstunde kommt, wenn er unbedingt eine Injektion braucht?«

»Das wäre reine Zeitverschwendung bei ihm. Ich habe mir zur Regel gemacht, außerhalb der Sprechstunde keine Rezepte für Rauschgifte auszustellen. Das mag Ihnen hart erscheinen, aber ich kann Ihnen versichern, daß man mit diesen Patienten überhaupt nur zurechtkommen kann, wenn man streng und gründlich vorgeht und auf einem Mindestmaß an Disziplin besteht.«

»Lazer müßte also bis morgen vormittag warten und sehen, wie er die Nacht übersteht?«

»Sehr unwahrscheinlich. Wenn ich mich nicht sehr irre, wird er sofort zu der Tag und Nacht geöffneten Apotheke am City Square fahren. Ein paar Süchtige lassen sich da immer nachts sehen, um ihre Rezepte abzugeben, und in einer Stadt dieser Größe kennt jeder seine Genossen. Lazer wird sich ein paar Tabletten borgen oder kaufen, um die Nacht hinter sich bringen zu können.«

»Glauben Sie, daß ich ihn dort finde?«

»Ganz bestimmt.«

»Dann muß ich mich beeilen. Ich möchte ihn nicht verfehlen.«

»Vor einem möchte ich Sie warnen«, sagte der Inder, während er Nick zur Tür begleitete. »Nach der ersten Injektion werden Sie bei Lazer eine Veränderung bemerken. Manchmal nehmen solche Leute paranoische Züge an, mit einer ganz besonderen Angst vor der Polizei. Häufig plappern sie auch alles mögliche daher oder leiden unter vorübergehenden akustischen oder optischen Halluzinationen. Das ist alles recht harmlos, aber verwirrend, wenn man nicht daran gewöhnt ist.«

»Ich werde daran denken«, sagte Nick und streckte die Hand aus. »Ich stehe immer gerne zur Verfügung, Sergeant.« Der Händedruck des Inders war unerwartet kräftig. »Sie können sich jederzeit an mich wenden.«

Die Tür fiel hinter Nick ins Schloß. Er ging die Stufen hinunter, setzte sich in den Wagen und brauste durch den heftigen Regen davon.

8

Chuck Lazar biß die Zähne zusammen, als die Insekten mit unerträglicher Langsamkeit über seine Haut zu kriechen begannen und eine Muskelreaktion hervorriefen, die er nicht zu beherrschen vermochte. Er trat aus dem Eingang zur Apotheke und hob das Gesicht zum Nachthimmel. Der peitschende Regen verschaffte ihm vorübergehend Erleichterung.

Hinter ihm kam ein kleiner, runzliger Mann mit Baskenmütze und Regenmantel heraus und wickelte etwas aus einer Verpackung. Lazer drehte sich um.

»Beeil dich, Darko, verdammt noch mal. Ich halte es nicht mehr aus.«

Der kleine Mann öffnete eine Pillenschachtel und schüttete ein paar Herointabletten auf Lazers Handfläche.

»Vergiß nicht, wo sie herstammen«, meinte er. »Ich bin morgen um elf im ›Red Lizard‹ zum Frühstück. Da kannst du's mir zurückzahlen.«

Er entfernte sich schnell, und Lazer trat an den Randstein. Im gleichen Augenblick hielt vor ihm ein grüner Mini-Cooper. Die Tür ging auf, und ein junger Mann in einem auffallenden blauen Regenmantel stieg aus.

»Kriminalsergeant Miller. Ich muß mit Ihnen reden, Lazer. Wo können wir uns unterhalten?«

Lazer betrachtete den Mantel, die seltsamen dunklen Augen, die Mütze, und begann zu lachen.

»General, meinetwegen können Sie Alexander der Große und Napoleon in einem sein. Im Augenblick müssen Sie sich anstellen.«

Er lief zwischen zwei Autos über die Straße, erreichte die Mittelinsel und lief die Treppe zur Bedürfnisanstalt hinunter. Nick folgte ihm.

Er erreichte den gefliesten Raum. Er war leer bis auf Lazer, der verzweifelt an der Klinke einer Kabine herumwerkte.

Als Nick auf ihn zutrat, konnte der Amerikaner die Tür endlich öffnen. Er taumelte hinein, klappte den Sitzdeckel herunter. Ohne Nick zu beachten, sank er auf ein Knie, griff in die Tasche und holte mehrere Gegenstände heraus.

Er zog Regenmantel und Jackett aus, krempelte den Hemdärmel hoch und knotete mit aller Kraft einen braunen Schnürsenkel um den Oberarm, bis die Vene hervortrat. Er füllte eine kleine Flasche mit Wasser, warf zwei Tabletten hinein, zündete zitternd ein Streichholz an und hielt es darunter.

Er drehte den Kopf, bleckte die Zähne und starrte Nick mit leeren Augen an.

»Ein feines Leben, General, wenn man nicht aufgibt.«

Er griff nach einem zweiten Streichholz, stieß die Schachtel auf den Boden, daß der Inhalt herausfiel, und stöhnte wie ein Tier. Nick zog ein Feuerzeug aus der Tasche, ließ es aufschnappen und hielt es ihm wortlos hin.

Lazer hielt die Flamme ein paar Minuten unter die Flasche, ließ das Feuerzeug fallen und füllte seine Injektionsspritze.

Vier Jahre als Polizeibeamter in einer der größten Industriestädte Nordenglands hatten Nick Miller abgehärtet, aber als diese schmutzige, stumpfe Kanüle in Lazers Arm drang, traf sie auch ihn. Blut rann aus der Einstichstelle, Lazer lockerte die Aderpresse, schloß die Augen und ließ den Kopf zurücksinken.

Nach wenigen Sekunden schüttelten Krämpfe seinen Körper. Er stieß einen Schrei aus, versuchte sich an der Wand festzukrallen und prallte mit Nick zusammen, der vor ihm kauerte.

Der Amerikaner blieb eine Weile zusammengekrümmt liegen, dann hob er langsam den Kopf und brachte ein schreckliches Lächeln zustande.

»Der Augenblick der Wahrheit, General. Was wollten Sie wissen?«

9

Der Nachtklub befand sich gleich um die Ecke in einer Seitenstraße und gehörte zu der Sorte, die in den letzten Jahren überall wie die Pilze emporgeschossen waren. Nick konnte sich aus seiner Zeit bei der Schutzpolizei noch gut daran erinnern. Der breitschultrige Farbige am Eingang grinste, als sie die schmale Treppe herunterkamen.

»Hallo, Chuck. Wie geht's? Spielen Sie heute für uns?«

»Geht nicht, Charlie«, erwiderte Lazer, während er sich ins Gästebuch eintrug. »Ich bin woanders verabredet. Vielleicht fällt mir noch ein, wo.«

Der Farbige wandte sich Nick zu. Seine Augen verengten sich. Nick hob hastig die Hand.

»Nur zum Vergnügen, Charlie. Wie geht das Geschäft?«

»Ausgezeichnet, Mr. Miller. Können nicht klagen. Lange nicht gesehen. Hab' gehört, daß Sie nicht mehr bei der Polizei sind.«

»Nur Gerüchte, Charlie. Ich bin jetzt Sergeant bei der Kriminalpolizei. Sie werden mich jetzt öfter zu Gesicht bekommen.

Charlie grinste.

»Hoffentlich nicht.«

In der Bar hielten sich nicht mehr als fünf oder sechs Personen auf, alles Farbige. Lazer grüßte den Barmixer mit erhobener Hand und setzte sich an das Klavier auf dem Podest. Nick zündete sich eine Zigarette an, zog einen Stuhl heran und setzte sich neben ihn.

Die Hände des Amerikaners glitten über die Tasten, schlugen ein Thema an, untermalten es mit pulsierendem, kompliziertem Rhythmus, der die Nacht und die Großstadt in den halbdunklen Raum trug.

Nick wartete auf die rechte Gelegenheit, dann begann er mit der Rechten zu spielen, geschickt das Thema improvisierend. Der Amerikaner drehte den Kopf und grinste anerkennend.

»Alle Achtung, General!«

Sie endeten mit verschlungenen Akkorden, die fast alle Zuhörer zum Beifall veranlaßten. Die Augen des Amerikaners glitzerten erregt, sein Gesicht hatte sich gerötet. Als der Barmixer auf einem Tablett zwei Gläser Whisky brachte, kippte er den Schnaps hinunter und lachte.

»Sie haben Seele, General, eine gold'ne, schimmernde Seele. Man sieht es förmlich. Ganz groß! Das hat man oder man hat es nicht, General.«

»Garvald«, sagte Nick. »Ben Garvald .«

Lazer verstummte und starrte ihn an.

»Ben?« sagte er schließlich. »Mein alter Kumpel Ben? Klar kenne ich Ben. Er war vorhin bei mir in der Wohnung.« Er machte eine Pause und zog die Brauen zusammen. »War das wirklich heute? Kann auch ein andermal gewesen sein.«

»Was wollte er?« fragte Nick geduldig.

»Was er wollte? Was der alte Ben wollte?« Lazers Stimmung schlug plötzlich um. Er griff nach Nicks Glas, leerte es und begann ein Bachsches Präludium zu spielen. »Passen Sie auf, General. Der alte Ben wollte sich nach seiner Frau erkundigen, wie sie jetzt heißt und wo sie wohnt.«

»Das war alles?«

»Dann wollte er noch wissen, wo er Sammy finden kann.«

»Sammy?«

»Sammy Rosco. Rausschmeißer im ›Club Eleven‹. Er wohnt in der Carver Street.«

»Warum wollte ihn Garvald sprechen?«

Lazer leitete zu einem Strauß-Walzer über.

»Etwas Gutes hatte er nicht im Sinn, General, das steht fest. Neben ihm ging der Todesengel. Der Herr sei Samuel Roscos Seele gnädig.« Er lachte schrill. »Ha, wissen Sie, was der Kerl getan hat, General? Er hetzte Ben im Nebel vor Wandsworth zwei billige Schläger auf den Hals. Wenn das nur kein Fehler war!«

Er war auf dem Höhepunkt seiner Ekstase, wußte, was er sagte, und wußte es doch nicht. Nick nützte seinen Vorteil.

»Was wollte er von Bella, Chuck? War er wütend auf sie?«

»Auf Bella? Warum sollte er wütend sein?« Der Walzer verwandelte sich in einen langsamen, schleppenden Blues. Ein farbiges Paar in der Ecke stand auf und begann zu tanzen. »Er hat diese Frau geliebt, General. Er liebte sie, und sie warf ihn über Bord und heiratete einen anderen Mann.«

»Vielleicht will er sich rächen.«

»Sie meinen, daß er sie ein bißchen mit dem Messer bearbeiten möchte oder so?« Die Finger zauderten, die Melodie erstarb. »General, Sie kennen Ben Garvald nicht. Sie kennen ihn wirklich nicht.« Er beugte sich vor und legte eine Hand auf Nicks Schulter. »Den Frauen gegenüber ist er völlig hilflos.«

»Verstehe.« Nick wollte aufstehen, aber Lazer hielt ihn fest.

»Woher das Interesse? Sie glauben, daß er auf Bella losgeht?«

»Sie meint es.«

»Hat sie offiziell Anzeige erstattet?«

»So ungefähr.«

»Dieses gemeine Weibsbild! Nach allem, was er für sie getan hat. Neun miese Jahre, dann läßt sie sich scheiden und heiratet einen Mann mit einem dicken Geldsack.«

»Das Leben kann scheußlich sein«, meinte Nick.

Er machte sich los, hastete die Treppe hinauf, ohne sich umzusehen, und eilte durch die Gasse zum City Square. Die Carver Street und Sammy Rosco standen als nächstes auf der Liste. Er setzte sich ans Steuer des Mini-Cooper und fuhr los.

Hinter ihm blieb Lazer am Ende der Gasse enttäuscht stehen und ließ die Hand sinken. In einem Hauseingang neben ihm flammte ein Zündholz auf. Ben Garvald trat heraus und zündete sich eine Zigarette an.

»Wer ist denn dein Freund, Chuck?«

Lazer fuhr überrascht herum. Die Wirkung der Droge begann bereits nachzulassen, und sein Benehmen wurde normaler.

»Woher kommst du auf einmal?«

»Ich wollte dich wiedersehen. Mir fiel ein, was du über die Apotheke am City Square gesagt hast. Du hast mit dem Burschen im blauen Mantel und mit der eleganten Mütze an der Ecke gestanden, als ich um die Ecke kam. Wer ist das?«

»Ein Bulle, Ben. Kriminalsergeant.« Lazer erforschte sein Gedächtnis. »Miller. Richtig – Miller heißt er.«

»Du machst Witze«, sagte Garvald. »Ich habe noch nie einen Bullen gesehen, der so aussieht. Was wollte er?«

»Dich, Ben«, erwiderte Lazer. »Er wollte wissen, ob ich weiß, wo du bist.«

»Hat er auch gesagt, warum?«

»Bella, richtig, Bella«, sagte Lazer. »Sie will dich nicht hierhaben.«

»Die hat Nerven«, meinte Garvald. »Was hast du dem Kerl erzählt?«

Lazer konnte sich nicht mehr erinnern. Die Ekstase war abgeklungen. Garvald begriff und nickte kurz.

»Laß nur, Chuck. Spielt keine Rolle. Ich habe nichts auf dem Kerbholz, und das wissen die Burschen im Rathaus ganz genau. Ich muß an Wichtigers denken. Wo finde ich Fred Manton um diese Zeit?«

»Ganz sicher im ›Flamingo‹.«

»Kannst du mich durch den Hintereingang hineinschleusen? Ich möchte ihn überraschen.«

»Nichts ist leichter als das«, sagte Lazer. »Er hat einen privaten Nebeneingang. Dort wartest du. Ich gehe vorn hinein und mache dir auf.«

»Dann los. Meine Zeit wird knapp«, sagte Garvald. Irgendwo in der Ferne ertönte der erste Glockenschlag für Mitternacht, gedämpft durch Nebel und Regen.

10

Mit seinen fünfundvierzig Jahren war Jack Brady seit fast einem Vierteljahrhundert Polizeibeamter. Fünfundzwanzig Jahre lang Arbeit im Drei-Schichten-System, angefeindet von den Nachbarn, nur ein freies Wochenende von sieben zu Hause bei der Familie mit den entsprechenden Auswirkungen auf sein Verhältnis zu Frau und Kindern.

Er war kein überaus intelligenter Mann, aber geduldig, und er besaß jene Art von Klugheit, die langsam, aber sicher zum Kern der Dinge vorstößt. Diese Eigenschaft, verbunden mit erschöpfendem Wissen über die menschliche Natur, wie er sie aus tausend harten Samstagnächten gewonnen hatte, machten einen guten Polizeibeamten aus ihm.

Er hatte keinen bewußten Antrieb oder Wunsch, der Gesellschaft zu helfen. Die Gesellschaft bestand aus den Zivilisten, die manchmal in den ständigen Guerillakrieg zwischen Polizei und Verbrechern gerieten. Da war ihm der richtige Verbrecher als Kontrahent schon lieber. Bei ihm wußte man wenigstens, woran man war.

Aber er kannte keine Gefühlsduselei. Ein Gauner war ein Gauner, und so etwas wie einen ›guten‹ Dieb gab es einfach nicht. Korruption bleib Korruption. Das hatte er irgendwo gelesen. Während er durch die Straßen marschierte, den Kopf vor dem Regen gesenkt, erinnerte er sich daran und dachte an Ben Garvald.

Nach der Art zu schließen, wie er den Fall mit Grant besprochen hatte, schien Miller für Garvald Sympathie zu empfinden. Wenn er mit dieser Einstellung die Sache anging, konnte es nur gut sein, daß er möglichst bald auf die Nase fiel. Ein Polizist hatte Verbrecher zu fassen, und das konnte man einem auch nicht mit noch soviel Bildung beibringen – da half nur Erfahrung.

Brady seufzte verdrossen und blieb stehen, um sich eine Zigarette anzuzünden. Das Seltsame an der Sache war, daß er, nachdem sein Ärger verraucht war, überrascht feststellen mußte, von Miller mehr beeindruckt worden zu sein, als er für möglich gehalten hatte. Andererseits war das kein Grund, warum man ihm nicht eine Lehre erteilen sollte. Die konnte er fürs nächste Mal vielleicht gut gebrauchen.

Der Gascoigne Square war ein stiller, abgelegener Platz, nicht allzu weit vom Rathaus entfernt. Die schönen Häuser aus der Zeit Georg VI. befanden sich noch in ausgezeichnetem Zustand und enthielten hauptsächlich Büro- und Praxisräume für Anwälte und Ärzte, aber ein, zwei der größeren Gebäude hatten sich als ideale Objekte für den Umbau zu Nachtklubs und Spielsalons angeboten, die seit der letzten Gesetzesänderung im ganzen Land aus dem Boden geschossen waren.

Manche davon erfüllten auch elementarere Bedürfnisse. Brady lächelte spöttisch, als er am ›Club Eleven‹ vorbeikam, wo eben ein Taxi hielt und fünf oder sechs ältere Geschäftsleute ausstiegen, um einander aufgeregt anzustoßen, als sie die Stufen zu dem schmalen Eingang hinaufstiegen.

Dort würden sie alles bekommen, was sie sich wünschten. Molly Ryan würde dafür sorgen. Der eine oder andere mochte sogar ein wenig mehr erwischen, als er sich vorgenommen hatte. Aber so ging es im Leben zu, und man mußte eben an jedem neuen Tag ein neues Risiko eingehen.

Das ›Flamingo‹ war schon vornehmer, wirkte aber auf dem alten Platz mit seinem gestreiften Vordach und den grellen Neonlichtern etwas deplaciert. Wenige Meter vom Eingang entfernt saß ein alter Mann mit Schirmmütze und Militärmantel auf einer Obstkiste, einen Stapel Sonntagszeitungen neben sich.

Der alte Mann kannte Brady, und Brady kannte den alten Mann, aber sie ließen sich beide nichts anmerken. Der Polizeibeamte stieg die Treppe hinauf und trat durch die Glastür, die ihm ein Portier in roter Livree aufhielt.

Ein schwarzhaariger Italiener mit weißer Smokingjacke trat mit verblüffter Miene auf ihn zu. Er versuchte seine

Besorgnis durch ein Lächeln zu verbergen, was ihm aber kläglich mißlang.

»Mr. Brady. Was für ein Vergnügen! Kann ich irgend etwas für Sie tun?«

Brady stand vor ihm, die Hände in den Manteltaschen, und sah sich angewidert um, betrachtete die dicken Teppiche, die elegante Einrichtung in Creme und Gold und das Garderobenmädchen mit seinen schwarzen Netzstrümpfen.

»Ich brauche Manton. Wo ist er?«

»Ist denn etwas passiert, Mr. Brady?«

»Noch nicht, aber es wird gleich etwas passieren, wenn Sie Manton nicht sofort herholen.«

Drei oder vier Gäste, die eben hereinkamen, starrten ihn neugierig an. Der Italiener ging zu einer Tür mit der Aufschrift ›Privat‹ und öffnete sie.

»Mr. Manton dürfte an der Bar sein. Wenn Sie hier warten, suche ich ihn.«

Brady ging hinein. Die Tür wurde hinter ihm geschlossen. Das Büro war nicht viel größer als eine Kammer. Ein Schreibtisch und ein grüner Karteischrank nahmen fast den ganzen Raum in Anspruch. Auf dem Schreibtisch lag eine halbfertige Liste mit der Einteilung des Personals. Brady überflog sie und entdeckte ein paar vertraute Namen.

Die Tür ging hinter ihm auf und fiel wieder zu. Als Brady sich umdrehte, lehnte Fred Manton an der Tür, im Begriff, sich eine Zigarette anzuzünden. Er war ein großer, schlanker Mann mit breiten Schultern, die in der flottgeschnittenen Smokingjacke gut zur Geltung kamen. Die blauen Augen und der gestutzte Schnurrbart verliehen ihm so etwas wie ein militärisches Aussehen, das bei den Gästen Anklang fand. Viele nannten ihn ›Major‹ und hielten ihn für das Erzeugnis einer der besseren Privatschulen.

Nichts konnte von der Wahrheit weiter entfernt sein, wie Brady wohl wußte. Er legte die Liste auf den Schreibtisch zurück und sah Manton von oben bis unten an, ohne seine Verachtung zu verbergen.

Manton trat hinter den Schreibtisch und zog eine Schublade heraus. Er hielt die Liste hoch.

»Manche Leute könnten vielleicht sagen, daß Sie Ihre Nase in Dinge stecken, die Sie nichts angehen.«

»Sie brechen mir das Herz«, sagte Brady. »Garvald – Ben Garvald. Wo ist er?«

Manton schien ehrlich überrascht zu sein.

»Sie werden wohl alt. Der sitzt doch in Wandsworth, soviel ich weiß. Ich dachte, das sei allen Leuten klar.«

»Er ist gestern entlassen worden. Aber davon wissen Sie natürlich nichts, wie?«

Manton zuckte die Achseln.

»Ich habe Ben seit neun Jahren nicht mehr gesehen, seit dem Tag nicht mehr, als er wegen des Raubüberfalls auf die Stahlfabrik in Birmingham verurteilt wurde, oder ist Ihnen das nicht bekannt?«

»In allen Einzelheiten«, gab Brady zurück. »Garvalds Chauffeur kam unerkannt davon. Wir haben ihn nie zu fassen bekommen.«

»Mich brauchen Sie deswegen nicht anzusehen«, meinte Manton. »Ich war in dieser Nacht zu Hause.«

»Wer sagt das, Ihre Mutter?« sagte Brady verächtlich.

Manton drückte seine Zigarette langsam im Aschenbecher aus und griff nach dem Telefonhörer.

»Ich weiß nicht, was Sie vorhaben, aber bevor ich noch ein Wort sage, hole ich meinen Anwalt.«

Brady nahm ihm den Hörer aus der Hand und legte ihn auf die Gabel zurück.

»Gut, Manton, Schluß mit dem Geplänkel. Ich brauche Garvald. Wo ist er?«

»Woher soll ich denn das wissen? Hier wird er sich ganz bestimmt nicht blicken lassen, glauben Sie mir.«

»Als wir ihn wegen des Raubüberfalls festnahmen, betrieben Sie gemeinsam mit ihm einen Nachtklub auf der anderen Seite vom Fluß.«

»Stimmt. Das alte ›One-Spot‹. Und?«

»Vielleicht denkt Garvald, daß Sie ihm noch etwas schuldig sind. Oder haben Sie ihn ausbezahlt, als er seine Zeit absaß?«

»Ausbezahlt?« Manton begann zu lachen. »Womit denn? Nachdem man Ben festgenommen hatte, gingen Ihre Kollegen so auf das Lokal los, daß wir nach vier Wochen pleite waren. Ich hatte Schulden wie ein Stabsoffizier. Ben übrigens auch, aber er war ja nicht da, als die Gerichtsvollzieher anmarschierten. Nur ich.« Seine Stimme klang so bitter, daß die ganze Geschichte wahr zu sein schien. Brady schluckte seine Enttäuschung hinunter und unternahm einen letzten Versuch.

»Sie haben oben eine Wohnung nicht wahr? Da möchte ich mich gerne umsehen.«

»Haben Sie einen Durchsuchungsbefehl?«

»Was denken Sie?«

Manton hob die Schultern.

»Spielt keine Rolle. Schauen Sie sich um, soviel Sie wollen. Sagen Sie mir Bescheid, wenn Sie Ben finden. Ich könnte ihn zwei Jahre lang beschäftigen, dann wäre er mir immer noch Geld schuldig.«

»Sie tun mir aufrichtig leid«, sagte Brady und öffnete die Tür.

Manton lächelte.

»Übrigens könnte ich im Frühjahr noch einen Portier gebrauchen, Brady. Wann gehen Sie in Pension?«

Bradys Hand schloß sich fester um die Klinke, bis die Knöchel weiß hervortraten. Die Wut stieg in ihm hoch und drohte ihn zu ersticken.

Er atmete tief ein, und als er zu sprechen begann, hatte er seine Stimme in der Gewalt.

»Das war für einen schlauen Burschen wie Sie eine sehr dumme Bemerkung, Manton. Ausgesprochen dumm.«

Und Manton wußte es. Sein Lächeln verschwand. Brady grinste schwach, schloß die Tür und ging über den dicken Teppich zum Ausgang.

Der Regen, den vorhin der Wind vor sich hergetrieben

hatte, fiel jetzt stark und senkrecht vom Himmel. Brady blieb neben dem alten Zeitungsverkäufer stehen, der sich in eine Zeltbahn gehüllt hatte. Brady griff nach einer Zeitung und schlug die Sportseite auf.

»Ben Garvald, Micky. Sie erinnern sich?«

Die Stimme des alten Mannes klang brüchig und heiser.

»So einen vergißt man nicht so leicht, Mr. Brady.«

»War er heute im ›Flamingo‹?«

Der alte Mann tat so, als suche er in seinen Taschen nach Kleingeld.

»Ganz bestimmt nicht. Aber Manton hat einen Privateingang, neben der Personaltür in der Gasse. Die Treppe führt direkt hinauf in seine Wohnung.«

»Gut, Micky.«

Brady gab dem Alten ein paar große Münzen, ließ sich zur Vorsicht einige Kupfermünzen herausgeben und entfernte sich. An der Ecke blieb er stehen und schaute sich um. Der Portier war nirgends zu sehen. Er verschwand in der schmalen Gasse.

Die Abfalltonnen waren überfüllt, eine alte Gaslampe beleuchtete zwei Türen. Auf der einen stand: ›Privat – Personaleingang‹. Die andere war unbeschriftet. Er drückte die Klinke nieder, aber die Tür war abgesperrt.

Am anderen Ende der Gasse konnte er die Hauptstraße sehen. Der nächtliche Verkehrslärm drang nur gedämpft herüber. Er schaute auf die Uhr. Kurz nach elf. Er brauchte vor Mitternacht nicht zurück zu sein. Er kehrte zum City Square zurück, stellte sich in einen dunklen Hauseingang und wartete.

Es war bitterkalt. Die Zeit verging langsam. Er lehnte sich in die Ecke und steckte die Hände tief in die Taschen. Stockend verrannen die Minuten, aber niemand ließ sich blicken. Er hatte sich geirrt, das war es. Vielleicht wirst du wirklich alt, dachte er. Manton hatte es behauptet, und es mochte wirklich wahr sein. War das alles, was er für fünfundzwanzig Jahre vorzuweisen hatte?

Ein merkwürdiges Gefühl übermannte ihn. Wenn er nur noch einmal anfangen und alles anders machen könnte. Wie aus weiter Entfernung schien er Stimmen zu hören. Er atmete tief ein und kehrte ruckartig in die Wirklichkeit zurück. Zu seiner Verärgerung entdeckte er, daß er beinahe eingeschlafen war.

Ein Mann war aus dem Schatten getreten, blieb vor dem beleuchteten Eingang stehen und zündete sich eine Zigarette an. Brady erkannte Chuck Lazer sofort und erinnerte sich auch daran, daß der Amerikaner als Pianist im Nachtklub arbeitete.

Als sich die Tür des Personaleingangs hinter Lazer schloß, lehnte sich Brady wieder zurück. Er fröstelte, als ein kalter Wind durch die Gasse fegte und seine Mantelschöße hochwirbelte. Er vergeudete hier nur seine Zeit, so viel stand fest.

Er hob den Unterarm, um einen Blick auf das Leuchtzifferblatt seiner Uhr zu werfen. Zu seiner Überraschung sah er, daß es zehn Minuten nach zwölf war. In diesem Augenblick ging die Tür zu Mantons Privattreppe auf. Jemand pfiff leise. Ben Garvald trat aus dem Dunkel der Gasse, blieb kurz unter der Lampe stehen und verschwand im Haus.

Brady war so verblüfft, daß er ein paar Sekunden lang stehenblieb. Dann nahm er sich zusammen und eilte über den Platz, von fieberhafter Erregung befallen.

Die Tür zu Fred Mantons Privateingang war wieder abgesperrt, aber der Personaleingang war offen. Er betrat das Haus.

11

Als Lazer die Privattür öffnete und Garvald eintrat, stand er in einem kleinen, quadratischen Vestibül am Fuß einer mit einem Läufer ausgelegten Treppe. Lazer ging voraus. Oben öffnete er vorsichtig eine Tür und schaute in einen schmalen Korridor.

»Was haben wir denn da?« fragte Garvald leise.

»Mantons Wohnung. Das Büro ist auf der anderen Seite.

Dort hält er sich gerade auf. Ich habe eben mit ihm gesprochen. Ich soll mir ein paar Leute von der Kapelle mitnehmen und zu Bella hinausfahren, um dort Stimmungsmusik zu machen. Großer Partyabend.«

»Besonderer Anlaß?«

»Harrys Geburtstag.«

»Sie scheint doch sentimental geworden zu sein«, sagte Garvald. »Sag ihr nicht, daß du mich gesehen hast. Ich möchte, daß es eine Überraschung wird.«

»Mit Vergnügen.« Lazer grinste breit. »Vielleicht kommst du später hin?«

»Hängt davon ab, wie es weitergeht. Ich wohne im Regent Hotel in der Gloyne Street. Wenn sich irgend etwas ergibt, kannst du mich dort erreichen.«

»Gemacht.« Sie gingen den Korridor entlang. Der Amerikaner öffnete eine mit grünem Stoff bespannte Tür an der linken Seite. »Hier geht's entlang zur Hölle«, sagte er, als Musik und Gelächter heraufdrang. »Tu nichts, was mir einfallen würde.«

Garvald ging weiter und blieb vor der letzten Tür stehen. Er zögerte einen Augenblick lang und lauschte angespannt. Er hörte ein Geräusch hinter sich und drehte sich schnell um.

Ein großer, breitgebauter Mann stand da und beobachtete ihn. Er hatte langes, schwarzes Haar, das sich am Nacken ein wenig einrollte. Ein Auge starrte Garvald unverwandt an. Das andere war geschlossen und mit einer silbrigen Schicht bedeckt.

»Was soll das, Freundchen?« fragte er rauh.

Garvald sah ihn ruhig von oben bis unten an, drehte sich wortlos um und öffnete die Tür. Das Zimmer, in das er eintrat, war in Creme und Gold gehalten. In einem großen Kamin flackerte ein Feuer. Manton saß hinter einem schweren Schreibtisch, auf dem Bürounterlagen ausgebreitet waren. Er hob abrupt den Kopf.

Mehrere Sekunden lang starrten die beiden einander an. Manton seufzte schließlich.

»Ich hatte gehofft, daß du das nicht tun wirst, Ben.«

»Zurückkommen?« Garvald zuckte die Achseln, öffnete eine silberne Dose auf dem Schreibtisch und nahm sich eine Zigarette. »Ein Mann braucht seine Freunde, wenn er soviel durchgemacht hat wie ich, Fred. Wohin soll ich sonst gehen?«

Der Mann mit dem verklebten Auge sagte von der Tür her: »Durch den Klub oder die Küche kann er nicht hereingekommen sein, Mr. Manton, man hätte uns angeläutet. Also kommt nur der Nebeneingang in Frage. Soll ich ihn nach einem Schlüssel durchsuchen?«

»Gern, wenn Sie sich einen Armbruch holen wollen«, sagte Garvald liebenswürdig.

Der andere trat einen Schritt vor. Sein Gesicht verfinsterte sich, aber Manton hob die Hand.

»Lassen Sie, Donner. Er würde Sie für vier Wochen ins Krankenhaus bringen, aber ich brauche Sie. Gehen Sie wieder hinunter.«

Donner blieb noch einen Augenblick stehen und starrte Garvald mit dem einen Auge wild an, dann drehte er sich um und knallte die Tür hinter sich zu.

Manton ging zu einem Wandschrank und nahm eine Flasche Whisky und zwei Gläser heraus. Er füllte sie und hob stumm sein Glas.

»Wie bist du wirklich hereingekommen, Ben?«

»Ich bitte dich«, sagte Garvald. »Seit wann brauche ich einen Schlüssel, wenn ich durch eine Tür will?«

Manton lachte.

»Wahr, das weiß der Himmel. Du bist mit Abstand der beste Fachmann auf diesem Gebiet gewesen.«

Er kehrte zu seinem Schreibtisch zurück und zündete sich umständlich eine Zigarette an.

»Warum bist du zurückgekommen, Ben? Hier gibt es nichts für dich zu holen.«

»Warum hast du dich dann so bemüht, mich fernzuhalten? Es war ein Fehler, mir gestern im Nebel die beiden Kerle auf den Hals zu hetzen. Danach hätten mich keine zehn Pferde von hier fernhalten können.«

»Die Zeiten haben sich geändert«, sagte Manton. »Es ist nicht mehr wie früher. Bei dem Geld, das die Leute heutzutage ausgeben, verdient man an einem guten Nachtklub auf ehrliche Weise viel mehr Geld, als wir früher auf die krumme Tour. Bei deiner Vorbelastung wärst du schlecht fürs Geschäft, Ben. So einfach ist das.«

»Ich höre, daß du jetzt für Lohn arbeitest. Das hätte ich nie gedacht.«

»Wenn du das weißt, kennst du auch meinen Arbeitgeber«, erwiderte Manton gelassen. »Harry Faulkner – und er behandelt mich sehr großzügig. Ich bekomme ein ordentliches Fixum und zweimal im Jahr einen Gewinnanteil. Das ist mehr, als wir uns vom alten ›One-Spot‹ je erträumt haben.«

»Als du mein Partner warst.«

Manton stellte sein Glas ab und sagte nachdrücklich: »Eines wollen wir gleich klarstellen, Ben. Nachdem dich die Polizei wegen des Fischzugs bei der Stahlfabrik geschnappt hatte, wurde das Lokal dichtgemacht. Ich mußte zwei Jahre für Faulkner arbeiten, bis alle Schulden bezahlt waren. Ich schulde dir überhaupt nichts.«

Garvald grinste.

»Das habe ich auch nicht behauptet.«

Manton konnte seine Überraschung nicht verbergen. Er runzelte argwöhnisch die Stirn, schien plötzlich zu einem Entschluß zu kommen, setzte sich, zog einen Schlüsselbund aus der Tasche und sperrte eine Schublade auf.

»Ach was, einen Gefallen muß ich dir schon tun.« Er warf ein paar Geldbündel auf den Schreibtisch. »Das sind fünfhundert, Ben, mehr schaffe ich nicht.«

Garvald sah mit seltsamem Lächeln auf das Geld hinunter, ging zum Wandschrank und goß sich noch einen Whisky ein. Als er sich umdrehte, war sein Gesicht ausdruckslos.

»Nein, danke, Fred.«

»Manton sprang zornig auf.

»Was willst du dann? Bella?«

»Sie ist doch meine Frau, Fred.«

»Meinst du nicht, sie war es?« Manton lachte säuerlich. »Mit diesem Gerede erreichst du gar nichts. Komm ihr zu nahe, und Harry Faulkner läßt dich so schnell abservieren, daß du gar nicht weißt, wie dir geschieht.«

Garvald lächelte.

»Und da erzählst du mir, daß jetzt alles ganz legal zugeht.«

Manton zog die Brauen zusammen. Seine Augen verengten sich.

»Nein, es ist gar nicht Bella, wie? Die Beute – das Bargeld vom Überfall.«

»Das zusammen mit Jacky Charlton verbrannt ist.«

»Wirklich?« sagte Manton leise. »Vielleicht hattet ihr schon vorher geteilt?«

»Interessanter Gedanke, das mußt du zugeben.«

Schritte polterten durch den Korridor, die Tür wurde aufgerissen und Donner kam herein. Er stützte sich auf den Schreibtisch, ohne Garvald zu beachten.

»Es gibt Ärger. Brady ist wieder da.«

»Was will er?«

»Unseren Freund da. Jango hält ihn unten an der Treppe hin, aber lange wird er es sicher nicht schaffen.«

Manton sah Garvald aufgebracht an.

»Was hast du angestellt, verdammt noch mal?«

Garvald war schon auf dem Weg zur Tür.

»Keine Ahnung. Ich habe noch andere Eisen im Feuer. Beste Grüße, Fred. Ich finde allein hinaus.«

Nachdem er verschwunden war, wollte ihm Donner nacheilen, aber Manton hielt ihn am Ärmel fest.

»Lassen Sie ihn gehen. Er ist nicht hiergewesen, verstanden?«

Er setzte sich an den Schreibtisch und zündete sich eine Zigarette an. Augenblicke später hörte er im Korridor Stimmen. Brady stürmte ins Zimmer und stieß einen kleinen, bärtigen Mann in einer weißen Smokingjacke beiseite.

Brady blieb vor Mantons Schreibtisch stehen, aber der

kleine Mann schob sich vor ihn. Sein Gesicht war stark gerötet, und er sprach mit starkem griechischen Akzent.

»Er kam durch den Personaleingang, wie ein Verrückter, Chef«, sagte er und gestikulierte wild. »Als ich ihn aufhalten wollte, hätte er mir beinahe den Arm gebrochen.«

»Kümmern Sie sich nicht um den Zwerg«, sagte Brady rauh. »Ich suche Ben Garvald. Wo ist er?«

Manton sah ihn von unten her an.

»Ben Garvald? Sie sind wohl nicht ganz bei Trost?«

Brady ging um den Schreibtisch, packte Manton am Revers und zerrte ihn hoch.

»Hören Sie auf mit dem Quatsch, Manton. Ich war draußen in der Gasse. Jemand hat ihn durch Ihre Privattür hereingelassen.«

Für den Bruchteil einer Sekunde hatte sich Manton nicht in der Gewalt. Er sah Donner stirnrunzelnd an, und Brady lachte grimmig.

»In Ihnen kann man lesen wie in einem Buch. Also: Wo ist er?« Manton riß sich los und trat einen Schritt zurück.

»Ich weiß nicht, was das Ganze zu bedeuten hat, aber ich möchte gerne Ihren Durchsuchungsbefehl sehen. Wenn Sie keinen haben, rate ich Ihnen, zu verschwinden, bevor ich mich an Ihre Vorgesetzten wende.«

»Mich können Sie nicht einschüchtern«, erwiderte Brady verächtlich.

»Mag sein«, sagte Manton, »aber Harry Faulkner bringt es fertig.«

Brady war jedoch schon so weit, daß er sich Vernunftsgründen nicht mehr zugänglich zeigte. Ein vorsichtiger Mensch war er nie gewesen.

Er funkelte Manton an.

»Ben Garvald ist hier, ich habe ihn hereinkommen sehen, und ich werde ihn auch finden, verlassen Sie sich drauf.«

Er drehte sich um, stieß Jango beiseite und ging in den Korridor hinaus. Er öffnete die erste Tür an der linken Seite, knipste das Licht an und sah das Badezimmer vor sich.

Als er wieder herauskam, standen die drei Männer im Korridor und beobachteten ihn. Manton lächelte höflich.

»Haben Sie etwas gefunden?«

»Vielleicht denkt er, wir haben Garvald hinuntergespült«, meinte Donner.

Brady ignorierte beide Bemerkungen und öffnete die nächste Tür.

»Das Wohnzimmer«, erklärte Manton freundlich. »Daneben ist mein Schlafzimmer.«

Brady sah sich in beiden Räumen ohne Erfolg um. Als er das Schlafzimmer verließ, sah er, daß die Tür am anderen Ende des Ganges einen Spalt offenstand. Er hastete hin, machte sie auf und sah die Treppe zu Mantons Wohnung.

Wie ein gereizter Stier fuhr er herum.

»So ist das also.«

»Wie lange soll denn das Theater noch dauern, Chef?« fragte Donner. »Können Sie ihm nicht ein paar Scheinchen geben? Vielleicht ist er nur deshalb hierhergekommen.«

Brady entrang sich ein wütendes Fauchen. Er packte Donner an der Schulter und holte aus. Der Zorn, der sich in Brady angesammelt hatte, kam plötzlich zur Entladung.

»Nehmen Sie Ihre dreckigen Finger weg«, zischte er. Donner drehte sich, fing Bradys Faustschlag mit der linken Schulter auf, sprang vor und rammte ihm das Knie in den Leib. Als sich Brady zusammenkrümmte, traf ihn das Knie im Gesicht und warf ihn nach hinten. Einen Augenblick lang schwankte der massige Polizeibeamte unter der Tür, versuchte sich an der Wand festzuhalten und stürzte dann rücklings die steile Treppe hinunter.

12

Während die drei Männer vor Entsetzen erstarrten, um dann zur Tür zu hasten und sich dort zusammenzudrängen, knarrte es hinter ihnen. Ben Garvald trat aus einem Wandschrank.

»Du wirst im Alter reichlich unvorsichtig, Fred«, sagte er kopfschüttelnd. »Hast du das Elfte Gebot vergessen? Rühr nie einen Bullen an, denn das wird dir hundertfach heimgezahlt.«

Er zwängte sich an ihnen vorbei und ging die Treppe hinunter. Brady lag unten auf dem Rücken, die Beine noch auf den Stufen, Kopf und Schultern in unnatürlichem Winkel an der Wand. Blut rann durch seine Haare. Er bewegte schwach den Kopf.

Garvald drehte sich um und schaute zu Manton hinauf, der mitten auf der Treppe stehengeblieben war.

»Sieht nicht gut aus, Fred. Viel Vergnügen.«

Er öffnete die Tür und schlüpfte hinaus. Als sie zufiel, zog Manton Jango zu sich herunter.

»Hinterher. Wenn Sie ihn aus den Augen verlieren, können Sie sich gleich einen Strick kaufen.«

Die Tür öffnete und schloß sich hinter dem Zyprioten. Manton ließ sich vor Brady auf ein Knie nieder. Der Polizeibeamte schlug die Augen auf und starrte ihn finster an. Er gab einen erstickten, rasselnden Laut von sich, begann aus der Nase zu bluten, und sein Kopf fiel auf die Seite.

»Um Gottes willen, er ist tot!« flüsterte Donner.

Manton stand auf.

»So ein Saustall.«

»Es war ein Unfall«, sagte Donner verzweifelt. »Er schlug zuerst zu. Sie haben es gesehen.«

»Ich kann mir gut vorstellen, wie das vor dem Richter und den Geschworenen klingt«, meinte Manton verbittert. »Machen Sie sich nicht lächerlich, Donner. Sie haben einen Polizisten umgebracht, und das geht an die Rübe.«

Donner zeigte mit zitternden Fingern auf ihn.

»Dann geht es aber uns beiden an den Kragen, nicht nur mir. Wir stecken gemeinsam in der Patsche, täuschen Sie sich nicht.«

»Sie brauchen mich nicht mit der Nase draufzustoßen«, knurrte Manton. »Selbst wenn die Kerle im Rathaus keine Beweise gegen mich finden würden, ginge es mir an den Kragen, dafür würden die schon sorgen.«

»Dann müssen wir ihn beseitigen«, sagte Donner. »Das ist ganz klar. Werfen wir ihn doch bei Graingers Werft in den Kanal. Das ist nicht weit.«

»Damit ja kein Zweifel mehr möglich ist, daß ein Mord vorliegt«, widersprach Manton. »Wir müssen uns etwas Besseres einfallen lassen. Einen Unfall brauchen wir. Einen passenden Unfall. Autounfall mit Fahrerflucht vielleicht.«

Donner nickte eifrig.

»Nicht übel. Gar nicht übel.«

»Vor allem, wenn wir einen fremden Wagen nehmen und ihn später verschwinden lassen. Einen Haken gibt es aber noch. Wer hat ihn sonst noch hereinkommen sehen?«

»Nur Jango«, erwiderte Donner. »Zum Glück hatte das Personal gerade Pause. Sie waren alle in der Küche. Er verwickelte Brady unten an der Treppe in ein Gespräch und betätigte den Summer.« Er zögerte. »Da ist aber immer noch Garvald.«

»Um den kümmern wir uns später. Zuerst müssen wir unseren Freund hier loswerden. Wir schaffen ihn durch die Gasse zu Stanks Schrottplatz, dann besorgen Sie einen Wagen. Aber beeilen Sie sich.«

Die Gasse lag verlassen da. Sie schlurften langsam durch die Dunkelheit und schleppten Brady zu dem Schrottplatz. Die Tür im Zaun war nie abgesperrt. Der Platz lag ganz im Dunkeln zwischen hohen Lagerhäusern, die bald den Baggern weichen sollten. Ein schmaler Weg führte zwischen den Schrotthaufen hindurch.

Manton lehnte sich an eine Wand, versuchte sich vor dem Regen zu schützen und hielt die gekrümmte Hand über seine

Zigarette. Seltsamerweise empfand er keine Angst, nur Erregung. Auf merkwürdige Art kam es ihm vor, als sei er zum erstenmal seit Jahren wieder ganz lebendig. Er lächelte schief. Ben Garvald hätte sicher über ihn gelacht.

Jemand betrat von der Hauptstraße her die Gasse und ging mit hallenden Schritten zwischen den Häusern hindurch. Manton trat ein paar Schritte zurück und wartete. Augenblikke später kam Jango vorbei. Sein Gesicht war im trüben Licht der Gaslampe deutlich zu erkennen.

Manton rief leise seinen Namen. Jango drehte sich um und hastete zu ihm. Er starrte angestrengt ins Dunkel.

»Was ist los?«

»Brady ist uns unter den Händen gestorben. Wir müssen ihn wegschaffen. Ich warte auf Donner, der ein Fahrzeug besorgt.«

Der Zypriote pfiff leise durch die Zähne.

»Das ist gar nicht gut, Mr. Manton. Ich weiß nicht recht, ob ich damit etwas zu tun haben will.«

»Darüber haben Sie nicht zu bestimmen«, herrschte ihn Manton an. »Oder muß ich Sie an Verschiedenes erinnern? Na also. Lassen Sie das Geschwätz und sagen Sie mir lieber über Garvald Bescheid.«

»Er wohnt im Regent Hotel in der Gloyne Street. Keine fünf Minuten von hier. Eine Absteige. Nicht einmal einen Nachtportier gibt es da, nur ein Zimmermädchen.«

»Haben Sie mit ihr gesprochen?«

»Klar.« Jango lachte leise. Seine Augen funkelten. »Käuflich, Mr. Manton. Ich kenne das Hotel. Man behält sie nur für die Gäste. Ein Pfund in den Strumpf, und sie macht bei allem mit.«

»Interessant«, sagte Manton gedämpft. »Und wie weit würde sie für zwanzig Pfund gehen?«

»Gar nicht auszudenken«, erwiderte Jango.

Ein Motor heulte plötzlich auf, und gleißendes Scheinwerferlicht erfaßte sie, als ein Fahrzeug durch das Tor hereinkam, das zur Hauptstraße führte.

Es war ein blauer Lieferwagen. Sie gingen darauf zu. Donner stieg aus.

»Etwas Besseres habe ich nicht gefunden. Schaffen wir ihn hinten hinein, und nichts wie weg hier.«

Es herrschte noch immer geringer Verkehr, aber die späte Stunde und der starke Regen hatten die Straße nahezu leergefegt, als Donner zum Tor hinausfuhr und in die Hauptstraße einbog.

»Keine Zeitvergeudung für Raffinessen«, mahnte Manton. »Einfach die nächste Seitenstraße.«

»Vielleicht ist es nicht gut, so nah beim Klub zu bleiben«, wandte Jango ein.

»Strengen Sie Ihr Gehirn an«, sagte Manton. »Er arbeitet bei der Kriminalpolizei im Rathaus und ist gesehen worden, als er das erstemal in den Klub kam. Es muß hier in der Nähe sein.« Donner drehte das Lenkrad, überquerte die Straße und bog in eine schmale Nebenstraße ein, die in weitem Bogen zwischen Lagerhäusern zum Fluß führte. Es begann immer stärker zu regnen.

»Das müßte passen«, sagte Donner und hielt mitten auf der Straße.

Manton öffnete die Tür und sprang hinaus. Sie befanden sich in der Kurve. Von hier aus konnte man die Hauptstraße nicht sehen. Die Lagerhäuser ragten stumm und dunkel in den Nachthimmel.

»Lassen Sie den Motor laufen«, sagte er zu Donner. »Jango und ich erledigen das schon.«

Er ging nach hinten, öffnete die Hecktüren und zerrte Brady an den Füßen heraus. Der Zypriote packte Brady bei den Schultern. Gemeinsam trugen sie ihn um das Fahrzeug herum und lehnten ihn an die Motorhaube.

Sie traten zurück und sahen zu, wie Brady zu Boden glitt. Manton hob den Fuß und zertrat den rechten Scheinwerfer. Die Glassplitter regneten auf Brady hinab.

»Das müßte genügen«, sagte er, schob Jango in den Wagen und stieg ein.

»Vielleicht überfahre ich ihn am besten noch mal«, meinte Donner. »Damit es ganz echt aussieht.«

Als Manton zögerte, weil ihm der Vorschlag einleuchtete, glitt das Licht von Autoscheinwerfern über die gerundete Wand eines der Lagersilos vor ihnen.

»Schnell weg«, sagte er heiser.

Donner legte hastig den Rückwärtsgang ein und kurbelte am Lenkrad. Die Hinterräder holperten über den Randstein. Sie schossen davon, wobei noch ein Rad über Bradys Bein fuhr. Als eine kleine Limousine um die Kurve kam, waren sie schon außer Gefahr.

»Knapper darf es nicht mehr werden«, meinte Donner, als sie die Hauptstraße überquerten.

»Was tun wir jetzt?« fragte Jango.

Manton wandte sich an Donner.

»Sie setzen Jango und mich an der nächsten Ecke ab«, sagte er. »Dann biegen Sie in die Canal Street ein und lassen den Wagen bei Graingers Werft ins Wasser rollen. Zu einfach wollen wir es ihnen auch nicht machen. Wir sehen uns im Klub, aber beeilen Sie sich. Wir müssen uns um Garvald kümmern.«

»Darauf freue ich mich«, meinte Donner. »Darauf freue ich mich wirklich.«

Der Mann am Steuer der Limousine war schon über die Fünfzig, das Mädchen neben ihm ganz sicher nicht seine Frau, also eine zusätzliche Komplikation. Er starrte entsetzt die regungslose Gestalt mitten auf der Straße an und schaute nervös in die Dunkelheit bei den Lagerhäusern.

»Diese gemeinen Kerle«, sagte das Mädchen. »Sie haben nicht einmal angehalten.«

Ihr Begleiter nickte, öffnete die Tür, stieg aus und ging zu Brady. Als er zurückkam, war er leichenblaß.

»Das ganze Gesicht voll Blut. Ich glaube, daß er tot ist.«

»Dann verdrücken wir uns«, meinte das Mädchen sofort.

Er sah sie entsetzt an.

»Wir können ihn doch nicht einfach liegenlassen.«

»Warum nicht?« meinte sie gefühllos. »Helfen können wir ihm ja doch nicht. Ruf meinetwegen die Funkstreife an, wenn dir dann wohler ist. Du kannst ja an der nächsten Zelle halten. Aber sag deinen Namen nicht.« Er setzte sich ans Steuer und starrte sie stumm an. Sie hob die Schultern. »Wenn du natürlich in die Zeitung kommen willst –«

Das genügte ihm. Er ließ den Motor an und fuhr schnell davon, das Schreckliche in der düsteren Beleuchtung der altmodischen Gaslaterne zurücklassend.

Nach einiger Zeit regte sich die Gestalt, und ein eigenartiger, strangulierter Laut entrang sich ihrer Kehle. Jack Brady rollte sich auf den Bauch und versuchte sich hochzustemmen, aber der Arm war gebrochen. Er sackte wieder zu Boden und preßte das Gesicht auf den Asphalt. Er wartete auf sie, weil er wußte, daß sie kommen würden, klammerte sich an jene verborgene Kraft, die allen Menschen eigen ist und die es nicht erlauben wollte, daß er starb.

Das Läuten des nahenden Streifenwagens, ein Schrei in der Nacht, war tröstend und heimelig. Erst als er es hörte, gab er seinen Widerstand auf und sank ins Dunkel zurück.

Ben Garvald lag auf dem Bett, rauchte eine Zigarette und starrte an die Decke. Im Lauf der Jahre hatte er es darin zu großer Übung gebracht, aber hier war es anders. Hier konnte er hinausgehen, wann es ihm beliebte.

Er fragte sich, was Manton wegen des Polizisten unternehmen würde, und lächelte schwach. Zweifellos ein großes Problem, aber ihn ging das nichts an. Er schaute auf die Uhr. Ein Uhr nachts. Er zog die Brauen zusammen und versuchte, einen Plan zu entwerfen.

Wenn die Party seinen Erwartungen entsprach, würde sie bis zum frühen Morgen dauern. Es hatte jedenfalls keinen Sinn, sich mit Bella vor vier oder fünf Uhr in Verbindung zu setzen. Bis dahin würden ihre Gäste in der Mehrzahl entweder zu Boden gegangen sein oder nicht mehr wissen, was um sie herum vorging. Er lächelte, als er sich vorzustellen versuchte, was sie für ein Gesicht machen würde, wenn sie ihn erblickte.

Jemand klopfte leise an die Tür. Bevor er etwas sagen konnte, ging sie auf. Das irische Mädchen kam mit einer Tasse herein.

»Ich habe Tee gekocht.«

»Das werde ich Ihnen nie vergessen.«

Sie lachte, sah auf ihn hinunter und gab ihm die Tasse.

»Kann ich mir vorstellen«, sagte sie.

Sie trat ans Fenster und schaute auf die Straße hinunter. Als er ausgetrunken hatte, kam sie zurück und setzte sich aufs Bett.

»Kann ich eine Zigarette haben?«

»Gern.«

Sie nahm eine Zigarette aus der Packung. Er gab ihr Feuer. Als sie sich vorbeugte, klaffte der blaue Nylonmantel weit auseinander. Sie trug nichts als ihre Unterwäsche darunter. Sie hielt sein Handgelenk fest, als sich die Flamme der Zigarette näherte, und sah ihm in die Augen. Garvald streckte die Hand aus und ließ sie über ihren Körper gleiten.

»Sie sind aber einer!« sagte sie leise.

Er ließ das Feuerzeug fallen, nahm ihr die Zigarette aus dem Mund und zerdrückte sie im Aschenbecher.

»Eine lange Zeit«, sagte er heiser. »Eine verdammt lange Zeit war das. Ich warne dich.«

Ihre Arme legten sich um seinen Hals. Als sich ihre Lippen trafen, knöpfte er den Mantel ganz auf. Er zitterte wie ein kleiner Junge, der zum erstenmal mit einem Mädchen zu tun hat. Er wunderte sich ein bißchen, auch darüber, daß es plötzlich dunkler zu werden schien.

Sie ließ sich zurückfallen und zog ihn an sich, aber er schien die Kontrolle über seinen Körper verloren zu haben. Ohne klaren Grund lag er plötzlich am Boden, sie saß auf dem Bettrand und schaute zu ihm hinunter, und ihre Beine waren das Schönste, was er je gesehen hatte.

Die Zimmertür ging plötzlich auf, und Donner kam herein. Er lachte, aber sein Ausdruck verriet noch etwas anderes, und als er den Mund aufmachte, kam kein Ton heraus. Er ging um das Bett herum. Garvald versuchte sich aufzurichten, aber es war zu spät. Ein Stiefel traf seine Schläfe. Der Aufschrei des Mädchens war das letzte, was er hörte, bevor er das Bewußtsein verlor.

13

Nick zündete sich eine Zigarette an, setzte sich auf die Tischkante und betrachtete sie. Nach einer Weile leerte Wilma ihr Glas und schauderte. Sie sah mit großen, tränenumflorten Augen zu ihm auf.

»Ich sehe sicher schrecklich aus. Kann ich noch einen haben?«

»Ist ja Ihr Gin.«

Er griff nach der Flasche und füllte ihr Glas zur Hälfte.

»Es muß ziemlich schlecht stehen, wenn man diesen Ausweg sucht.«

Sie kippte den Gin auf einmal hinunter, schnitt eine Grimasse und griff wieder nach der Flasche.

»Ich dachte, Sie sind mein Mann.«

»Sie müssen offenbar sehr viel von ihm halten.«

»Ich würde ihn nicht abschneiden, wenn er sich aufgehängt hätte.« Sie lachte rauh. »Ich will Ihnen sagen, was mein Mann für einer ist, Mister. Ich erzähle Ihnen alles, was man über Sammy Rosco wissen muß. Er ist der letzte Dreck. Als er mich in Hamburg 1945 von der Straße holte und mich heiratete, hielt ich das für ein Wunder. Damals glaubte ich noch an so was. Ich war erst fünfzehn, gab mich aber für älter aus.«

»Was passierte?«

»Wir kamen hierher, als er entlassen wurde. Hierher.« Sie schaute sich angeekelt im Zimmer um. »Die Flitterwochen dauerten so lange, bis er seine Abfindung durchgebracht hatte, dann brachte er mir den ersten Mann ins Haus.«

»Und seitdem lebt er von Ihnen?«

»So ungefähr. Nur alle hereinspaziert, betrunken oder nüchtern, Schwarz oder Weiß. Ich habe nie ›nein‹ gesagt. Dafür sorgte Sammy schon. Als ich es einmal versuchte, schlug er mich bewußtlos. Ein herrliches Leben, wirklich.«

»Haben Sie nie versucht, von hier wegzukommen?«

»Und ob.« Sie leerte ihr Glas und fuhr sich mit der Hand über die Augen. »Hören Sie, ich muß zum Zug. Wer Ihnen meine Adresse gegeben hat, weiß ich nicht, aber ich bin nicht mehr in der Branche tätig.«

»Deswegen bin ich nicht gekommen.«

Sie hatte seit Mittag nichts mehr gegessen, und der Gin war ihr sofort in den Kopf gestiegen. Als sie zu ihm aufsah, mußte sie sich mit aller Kraft konzentrieren.

»Wer sind Sie?« Sie bekam es mit der Angst zu tun. »Sie sind doch kein Freund von Sammy, oder?«

»Bestimmt nicht«, sagte Nick. Er beschloß, ein Risiko auf sich zu nehmen. »Ich heiße Nick Miller und bin mit Ben Garvald befreundet.«

»Sie sind Bens Freund?« Sie starrte ihn verwirrt an. »Übrigens habe ich Sie schon mal gesehen«, sagte sie und fröstelte.

»Ausgeschlossen«, erwiderte Nick. »Ich bin ganz neu hier. Ich war mit Ben zusammen in Parkhurst und kam im vergangenen Oktober 'raus.«

»Sie haben ihn knapp verfehlt«, sagte sie. »Er war vorhin bei mir.«

»Ich sollte ihn gestern treffen, war aber verhindert. Wie ich höre, hat es Unannehmlichkeiten gegeben.«

»Sie warteten im Nebel auf ihn«, sagte sie und starrte in das leere Glas.

Nick füllte es schnell.

»Wer, Wilma?«

»Ach, irgendein Halunke, den Sammy kennt.« Sie begann

zu lachen und trank. »Du lieber Gott, von Ben kann er den Kerlen nicht viel erzählt haben.«

»Er ist ein harter Bursche, sicher.«

»Er wird mit allen fertig.« Sie schaute gedankenverloren ins Leere. »Aber wenn es um Frauen geht.« Sie schüttelte trunken den Kopf. Die Tränen liefen ihr langsam über das Gesicht. Sie griff nach ihrer Handtasche. »Sehen Sie das?« Sie hielt ihm die fünfzig Pfund unter die Nase. »So ist Ben. Ich fahre heim, verstehen Sie? Ich fahre heim.«

»Und Sammy?«

Sie lachte höhnisch.

»Ben hat ihn fertiggemacht und hinausgeworfen.«

»Bravo.« Nick ging zum Kamin und blieb mit dem Rücken zu ihr stehen.

»Eines verstehe ich nicht. Warum wollte Sammy Ben einen Denkzettel verabreichen, als er gestern aus Wandsworth entlassen wurde? Das ergibt doch einfach keinen Sinn.«

»Sie glauben doch nicht, daß er etwas auf seine eigene Kappe nimmt?« Sie verstummte plötzlich, als sie im Spiegel über dem Kaminsims sein Gesicht sah.

»Weiter, Wilma.« Nick drehte sich um. »Für wen hat er gearbeitet?« Sie begriff plötzlich, daß hier etwas nicht stimmen konnte, schüttelte heftig den Kopf und stand auf.

»Ich weiß nicht, ich kann mich nicht erinnern. Ich muß hier weg, zu meinem Zug.«

Sie griff nach ihrem Koffer, aber Nick trat ihr in den Weg.

»War es Fred Manton?«

Sie hob den Kopf, plötzlich ernüchtert. In ihren Augen begann es zu dämmern.

»Sie sind kein Freund von Ben.« Sie trat näher, sah ihm scharf ins Gesicht, und Nick Miller nickte.

»Stimmt, Wilma. Ich bin von der Kriminalpolizei.«

Ihre Augen weiteten sich vor Entsetzen. Sie packte hastig ihren Koffer und versuchte sich an ihm vorbeizudrängen.

»Ich habe nichts verbrochen. Sie können mich nicht festhalten. Ich muß zum Zug.«

Nick stieß sie zurück.

»Wo ist Ben, Wilma? Wenn Sie mir das sagen, bringe ich Sie selbst zum Bahnhof.«

Einen Augenblick lang schien sie die Sprache verloren zu haben, dann deutete sie mit zitternder Hand auf ihn.

»Jetzt weiß ich, warum ich vor Ihnen Angst hatte«, brach es aus ihr heraus. »Ich weiß auch, wo ich Sie schon gesehen habe. Als ich noch in Hamburg war, als Kind, während des Krieges hatte ich einen Vetter, der sah genauso aus wie Sie, dasselbe weiße Gesicht, dieselben Augen, die einen Menschen gar nicht richtig sehen. Sie haben ihn erschossen.«

»Ben«, sagte Nick. »Wo ist er? Ich will mich nur mit ihm unterhalten, Wilma. Er hat ja noch nichts angestellt.«

»Und wenn Sie mich foltern, sage ich Ihnen nichts. Er ist der einzige Mann, der mich wie ein menschliches Wesen behandelt hat.« Nick zuckte die Achseln.

»Schade. Dann muß ich Sie eben zum Verhör mitnehmen. Ihren Zug werden Sie allerdings verpassen.«

Ihr Gesicht wurde leichenblaß, der Mund schlaff. Sie starrte ihn fassungslos an.

»Aber wenn ich meinen Zug verpasse, erwischt mich Sammy wieder. Er holt mich zurück.«

Sie bewegte langsam den Kopf hin und her, wie in Trance.

»Sie brauchen mir nur zu sagen, wo Ben hinwollte, als er von Ihnen fortging«, sagte Nick.

Das Merkwürdige war, daß sie es wirklich nicht wußte und trotzdem von einem inneren Stolz, von einer Kraft, die sie niemals in sich vermutet hätte, daran gehindert wurde, den Mann zu verraten, der ihr geholfen hatte.

Sie schluckte ein paarmal und reckte trotzig das Kinn vor.

»Gut, dann fahren wir eben.«

Nick seufzte schwer und nickte. »Richtig, Wilma, aber zum Bahnhof. Kommen Sie. Ich nehme Sie im Wagen mit.«

Sie starrte ihn ungläubig an, hob ihren Koffer auf und ging um ihn herum.

»Lieber fahre ich mit dem Teufel.«

Er ging ihr durch den dunklen Korridor nach, die Treppe hinunter in den Hof. Als sie neben seinem Wagen in die Straße einbog, packte er sie an der Schulter.

»Seien Sie nicht kindisch, Wilma. Ich bringe Sie in ein paar Minuten hin. Zwanzig nach zwölf geht ein Zug. Wir schaffen es gerade noch.«

»Nehmen Sie Ihre Hände weg.« Sie riß sich los. »Von jetzt an gehe ich alleine.« Ihr Gesicht sah unter der Straßenlampe gelblich aus. Sie sah ihn haßerfüllt an. »Ihr seid alle gleich. Wer dabei zugrunde geht, ist euch ganz egal, wenn ihr nur herausbekommt, was euch interessiert. Hoffentlich schlägt Ihnen Ben den Schädel ein.«

Sie spuckte vor ihm auf den Boden, drehte sich um und ging davon. Der Koffer schlug gegen ihr Bein, ihre hohen Absätze klapperten auf dem Pflaster. Langsam verklangen ihre Schritte in der Nacht. Nick starrte lange in die Dunkelheit, bevor er sich in seinen Wagen setzte und davonfuhr.

Er sprang aus dem Auto und lief geduckt durch den Regen die Stufen zur weißen Eingangstür des ›Club Eleven‹ hinauf, drückte auf den Klingelknopf und schaute zum ›Flamingo‹ hinüber, dem grellen Farbfleck in der Dunkelheit. Das kam später. Im Augenblick wollte er nichts anderes als ein paar Worte mit Sammy Rosco wechseln, und zwar in aller Ruhe.

Die Tür ging auf. Er hastete an dem livrierten Pförtner vorbei und betrat den kleinen, mit einem flauschigen Teppich ausgelegten Vorraum. Ein junges Mädchen, das außer schwarzen Strümpfen nicht viel am Leib hatte, nahm ihm den Mantel ab. Ein weißhaariger Mann mit militärisch straffer Haltung kam ihm entgegen und lächelte liebenswürdig.

»Ihre Mitgliedskarte, Sir?«

»Ich habe keine, aber ich möchte Miß Ryan sprechen. Sagen Sie ihr, daß Nick Miller hier ist.«

»Sind Sie ein guter Bekannter von ihr?«

»Das kann man sicher sagen. Wir waren sogar im selben Bezirk.«

Der andere zog die Brauen zusammen. Nick zog seinen Ausweis und legte ihn auf die Theke.

»Geben Sie ihr das, mit den besten Grüßen.«

Der Mann machte ein langes Gesicht, griff aber nach dem Telefonhörer und drückte auf einen Knopf. Nach einem kurzen, halblaut geführten Gespräch legte er auf. Als er sich umdrehte, war das Lächeln wieder an seinem Platz.

»Miß Ryan wird gleich hier sein, Mr. Miller. Möchten Sie an der Bar warten? Die Vorstellung beginnt gleich.«

»Ich finde mich schon zurecht«, sagte Nick.

Er öffnete am Ende des Durchgangs eine Tür und stand vor einer kurzen Treppe, die zum Lokal hinunterführte. Über den Tischen verliefen erhöhte Laufstege, auf denen Go-go-Girls tanzten. Ihre Bekleidung hätte in eine Streichholzschachtel gepaßt.

Alle Tische schienen voll besetzt zu sein, ausschließlich von Männern. Die meisten wurden von Tischdamen umsorgt, die es im ›Club Eleven‹ in großer Anzahl gab.

Nick bestellte ein Getränk und blieb am Ende der überfüllten Bar stehen. Nach einiger Zeit ertönte ein Trommelwirbel. Auf einem der Laufstege erschien ein glatzköpfiger Ansager, das Mikrofon in der Hand.

Sein Vortrag bestand aus den üblichen schlüpfrigen Witzen und Anspielungen, aber er verriet auch ätzenden Spott, der direkt an die Adresse der Gäste gerichtet war, was sie jedoch nicht wahrzunehmen schienen.

Der Conférencier trat schließlich zur Seite und übernahm seine Rolle als Kommentator der Vorstellung, auf die, dem Beifall nach zu schließen, die Gäste in erster Linie gewartet hatten.

Sie entsprach dem üblichen. Berühmte Schönheiten aus der Geschichte. Sobald der Ansager einen Namen rief, hob sich an der Rückwand des Raumes ein Vorhang und gab den Blick auf nackte Mädchen frei, die Helena, Eva im Paradies und ähnliches vorstellten.

Dazwischen stolzierten die Mädchen über den Laufsteg

und zeigten freigebig ihre Reize. Der Ansager begleitete diese Vorführungen mit anzüglichen Bemerkungen.

Die Gesichter der Gäste wurden lebendig. Im Licht der farbigen Scheinwerfer reckten sich Hände nach oben, um die Beine der paradierenden Mädchen zu berühren.

Ein Raunen ging durch das Lokal, als eine Negerin bar jedes Kleidungsstücks erschien und langsam dahintänzelte, bis sie sich auf dem Laufsteg abrupt umdrehte. Das Licht erlosch, und an ihrem Gesäß leuchtete eine Glühbirne auf.

»Zehntausend Volt«, schrie der Ansager, das Mädchen verschwand, und während Gelächter aufbrandete, wurde es wieder hell.

Nick griff nach seinem Glas und entdeckte Molly, die ein paar Meter von ihm entfernt stand und ihn beobachtete. Sie war Anfang Dreißig, eine auffallende, rothaarige Frau. Ihr grünes Kleid brachte eine Figur, die zu betrachten sich noch immer lohnte, vorteilhaft zur Geltung. Ihre Miene wirkte arrogant, aber als sie Nick ansah und lächelte, zeigte sich nur Herzlichkeit.

»Eine lange Zeit, Nick.«

»Zu lange.« Er nahm ihre beiden Hände und hielt sie einen Augenblick fest. »Ich war ein Jahr fort – auf einem Lehrgang.«

»Das habe ich gehört. Kriminalsergeant, sagt man.«

»Stimmt. Was möchtest du trinken?«

Sie schüttelte den Kopf.

»Nicht hier. Was hier ausgeschenkt wird, ist nur für die Dummköpfe bestimmt. Gehen wir in mein Büro hinauf.«

Sie ging zwischen den Tischen hindurch, ließ hier und dort ein Wort fallen, stieg die Stufen neben der Bühne hinauf und öffnete eine Tür mit der Aufschrift ›Privat‹. Sie gingen an den Garderoben der Tänzerinnen vorbei und erreichten eine zweite Tür, die in einen kleinen Raum mit Karteischränken, einem Schreibtisch und mehreren Telefonen führte.

Molly ging zu einem Schrank, nahm eine Flasche Whiskey heraus und füllte ein Glas. Sie reichte es ihm und lächelte schwach.

»Irischer, ganz alt. Ich weiß immer noch, was du magst.«

»Trinkst du nicht mit?«

»Reines Gift. Solange ich lebe, trinke ich keinen Tropfen mehr.« Sie schmunzelte. »Außerdem wird man dumm davon.«

Er schaute sich neugierig im Zimmer um und schüttelte den Kopf.

»Irgendwie paßt das nicht zu dir.«

»Das ist mein Büro«, erwiderte sie gelassen und setzte sich an den Schreibtisch. »Geschäft ist Geschäft. Bist du nicht deshalb hierhergekommen?«

»Ich bin wohl ein offenes Buch für dich.«

»Kein Wunder, ich kenne dich ja lange genug.« Sie lachte leise. »Erinnerst du dich noch an unsere erste Begegnung? Du warst ein junger Polizeirekrut, und ich ging einem anderen Beruf nach.«

»Um zwei Uhr früh, und es goß in Strömen.«

»Wir hatten beide genug. Ich nahm dich mit zu mir.« Sie lachte. »Du hast mich für den Prototyp aller Kurtisanen gehalten.«

Er schüttelte den Kopf.

»Das nicht, Molly, das ganz bestimmt nicht«, sagte er anzüglich.

Sie zündete sich eine Zigarette an und lehnte sich zurück.

»Was willst du, Nick?«

»Ben Garvald, zunächst einmal. Hast du ihn heute abend gesehen?«

Sie sah ihn entgeistert an.

»Ob ich Ben gesehen habe? Soviel ich weiß, ist er doch noch immer hinter Gittern.«

»Nicht mehr. Gestern früh wurde er entlassen. Es heißt, daß er hier ist und Bella sucht.«

Molly lachte rauh.

»Dann hoffe ich nur, daß er sie findet.«

»Du magst sie nicht?«

»Sie ist nicht wert, ihm die Schuhe zu putzen. Auf meiner

Liste steht er an erster Stelle. O gewiß, er ist hart – hart wie Stahl, aber bei Frauen –«

Sie seufzte, und ihr Gesicht wurde weich.

»Du stehst also auf seiner Seite?« fragte Nick.

»Na klar. Als ich aus Irland herüberkam, war ich achtzehn Jahre alt und hatte von nichts eine Ahnung. Bis ich mich umsah, war ich in die falschen Hände geraten und wurde ausgenommen wie eine Weihnachtsgans. Ben Garvald holte mich heraus, ohne jede Gegenleistung. Das ist seine einzige Schwäche – wenn eine Frau in Schwierigkeiten ist, muß er ihr heraushelfen.«

»Schön«, sagte Nick. »Du hast ihn heute abend also nicht gesehen?«

»Zufällig nein. Hat sich Bella beklagt?«

»So kann man es nennen.«

»Diese Ziege. Wo ich die sehen möchte, könnte ich dir schon sagen.«

Nick beschloß, das Thema zu wechseln.

»Ist Sammy Rosco zufällig hier?«

Sie nickte.

»Oben. Suchst du ihn etwa auch?«

»Ich habe nur ein paar Fragen an ihn, nichts Wichtiges. Können wir hinaufgehen?«

Sie zuckte die Achseln.

»Warum nicht?«

Sie verließen das Büro, gingen durch den Korridor und blieben vor einer Tür stehen. Dort stand: ›Kurabteilung – Nur für Mitglieder‹.

»Ganz neuer Name«, sagte Nick, aber sie ignorierte die Bemerkung, öffnete die Tür und führte ihn die Treppe hinauf.

Sie gingen durch einen langen Korridor, ließen eine Schwingtür hinter sich und betraten einen langen, gekachelten Raum, in dem es dampfte. Ein dicker, häßlicher Mann, nur mit einem großen Handtuch bekleidet, kam auf sie zu. Ein junges Mädchen, das einen weißen Kittel trug, begleitete ihn. Sie betraten eine Kabine und zogen den Vorhang hinter sich zu.

Zu beiden Seiten gab es lange Reihen dieser Kabinen. Ein Vorhang war nicht richtig zugezogen. Als Nick daran vorbeikam, schaute er hinein. Auch hier lag ein dicker, älterer Mann auf einer Liege, betreut von einer jungen Masseuse, die sich ihres Kittels bereits entledigt hatte.

Als Molly die Tür am Ende des Raumes aufhielt, lächelte sie ihn an.

»Alles ganz legal, Nick. Sie haben alle ein Diplom. Von einem Institut für Massage und Körperpflege in London.«

»Das Institut kann ich mir vorstellen«, meinte Nick.

Der Raum, den sie betraten, war weiß gefliest. In der Ecke hatte man eine Duschkabine eingerichtet. Mitten im Raum stand eine gepolsterte Liege. Sammy Rosco saß auf einem Stuhl in der Ecke und las in einer Illustrierten. Er trug eine lange Hose und ein Unterhemd.

»Reizend«, sagte Nick. »Was soll er denn darstellen?«

Rosco hob stirnrunzelnd den Kopf, warf die Illustrierte auf den Boden und stand auf.

»Wer ist der Komiker, Molly?«

Nick drehte sich um.

»Du kannst jetzt gehen.«

»Moment mal«, sagte sie überrascht.

»Ich sagte, du kannst gehen«, wiederholte er scharf. Sie drehte sich um und verließ mit rotem Kopf den Raum. Nick zeigte seinen Ausweis. »Ich habe nicht viel Zeit, also keine Ausflüchte, wenn ich bitten darf, Rosco. Sie haben zwei Männer beauftragt, Ben Garvald gestern früh vor dem Gefängnis Wandsworth zu überfallen. Warum?«

Rosco schaute sich um wie ein gehetztes Tier.

»Ich weiß nicht, wovon Sie reden.«

»Stehlen Sie mir nicht die Zeit«, sagte Nick barsch. »Ich habe mit Ihrer Frau gesprochen. Sie erzählte mir, was vorher in Ihrer Wohnung geschehen war und was Ben Garvald mit Ihnen gemacht hat.« Er tippte mit dem Finger auf den blauen

Fleck an der linken Wange Roscos. »Er muß allerhand in den Fäusten haben.«

»Dieses verdammte Weibsstück! Na, die kann sich freuen. Wenn ich sie in die Hände bekomme, wird sie sich wünschen, nie auf die Welt gekommen zu sein.«

»Da müssen Sie aber lange warten«, meinte Nick. »Vor zehn Minuten hat sie den Zug nach London erwischt. Ich habe sie selbst zum Bahnhof gebracht.« Er lächelte. »Sie ist nach Hause gefahren, Sammy.«

Rosco schüttelte verwirrt den Kopf.

»Geht ja nicht, sie hatte gar kein Geld.«

»Dafür hat Garvald gesorgt. Lieb von ihm, nicht?«

Rosco heulte wütend auf, stürzte sich auf Miller und holte zu einem gewaltigen Schlag aus, dem Nick aber ohne Schwierigkeiten ausweichen konnte. Er dachte an Wilma, knallte die Linke Rosco in den Bauch und setzte die Rechte mit voller Wucht in sein Gesicht. Rosco taumelte zurück, prallte gegen den Massagetisch und stürzte zu Boden.

Er blieb stöhnend liegen, während das Blut aus seiner Nase tropfte. Nick bückte sich.

»Das war von Wilma, Sammy. Glauben Sie ja nicht, daß Sie mit einer Anzeige gegen mich durchkommen. Bei Ihrer Vorstrafenliste nimmt Ihnen die keiner ab.«

Als er sich aufrichtete, wurde die Tür aufgerissen. Molly kam herein.

»Er ist ausgerutscht und hingefallen«, sagte Nick. »Schau lieber nach, ob ein Arzt im Haus ist.«

Sie sah ihn mit hartem Blick an.

»Komm nicht wieder, Nick. Nie mehr als Freund. Ich will immer gern wissen, wo ich stehe.«

»Was soll das?« fragte er. »Wir stehen auf verschiedenen Seiten, du und ich.« – »So ungefähr.«

»Wie du meinst. Auf ein andermal.«

Er ging an ihr vorbei, hinaus durch den Dampf, vorbei an den Kabinen in den Korridor. Es war seltsam, aber er spürte kein Bedauern. Er dachte schon an den nächsten Schritt.

Es war eigentlich mehr Neugier, die ihn die Stufen zum ›Flamingo-Club‹ hinaufgehen ließ. Manton würde ganz gewiß bestreiten, mit dem versuchten Überfall auf Garvald etwas zu tun gehabt zu haben. Immerhin, man konnte ihn sich einmal ansehen.

Manton stand in seinem Schlafzimmer und wechselte hastig seine feuchten Sachen, als das Telefon läutete. Er hörte sich an, was der Portier zu sagen hatte.

»Führen Sie ihn vorne ins Büro. Ich bin in fünf Minuten da.«

Er zog sich schnell um, während seine Gedanken durcheinanderwirbelten. Kriminalsergeant Miller? Ein neuer Mann. Den Namen hatte er noch nie gehört. Aber was wollte er? Darauf kam es an. Der eine tröstende Gedanke, der ihn auf den Weg nach unten begleitete, war der, daß es mit Brady nichts zu tun haben konnte, die Zeit reichte dazu einfach nicht.

Nick studierte eine historische Landkarte Nordenglands an der Wand des Büros, als Manton hereinkam. Er drehte sich um und lächelte.

»Mr. Manton – tut mir leid, daß ich stören muß, Sir. Mein Name ist Miller. Kriminalsergeant. Ich versuche einen alten Bekannten von Ihnen zu finden, Ben Garvald. Man darf davon ausgehen, daß er heute in der Stadt angekommen ist. Ich nahm an, daß er sich vielleicht mit Ihnen in Verbindung gesetzt hat.«

Manton beschloß, den ehrlichen, aber verwirrten Geschäftsmann zu spielen.

»Jeder will etwas von Ben Garvald. Was hat das alles zu bedeuten, Sergeant? Ich habe vorhin schon Mr. Brady erklärt, daß ich noch nicht einmal von Bens Entlassung wußte.«

Nick zog die Brauen zusammen.

»Jack Brady war hier?«

»Vor etwa einer Stunde.« Manton zögerte. »Hoffentlich habe ich mich da nicht in die Nesseln gesetzt, aber er kam durch die vordere Eingangstür, genau wie Sie. Alle haben ihn gesehen.«

»Schon gut, Mr. Manton«, sagte Nick. »Ein Mißverständnis, das ist alles. Sie können mir also wirklich nicht helfen?«

»Wie ich schon zu Brady sagte, habe ich nicht einmal gewußt, daß er schon wieder in Freiheit ist .«

»In Ordnung. Dann will ich Sie nicht länger belästigen.« Nick ging zur Tür, zögerte und drehte sich noch einmal um. »Nur noch eine Frage. Arbeitet Sammy Rosco für Sie?«

Manton runzelte die Stirn.

»Ja, gleich in der Nähe. Warum? Was hat Sammy angestellt?«

»Eigentlich gar nichts«, erwiderte Nick freundlich. »An Ihrer Stelle würde ich ihn mir aber vom Hals schaffen.«

»Wieso?«

»Er verbreitet Lügen, Mr. Manton, vor allem über Sie.«

Nick lächelte, und die Tür schloß sich hinter ihm. Manton blieb einen Augenblick hinter dem Schreibtisch stehen, dann griff er nach dem Telefon und wählte eine Nummer.

14

Harry Faulkners Haus stand draußen in St. Martin's Wood, einem vornehmen Wohnbezirk, nicht weit von Nicks Wohnung. Es war eine spätviktorianische Villa, umgeben von einem großen Park. Das ganze Gebäude war festlich erleuchtet, und in der Auffahrt standen so viele Autos, daß er Mühe hatte, einen Parkplatz zu finden.

Er stieg die breite Freitreppe hinauf und läutete, aber nichts rührte sich. Nach einer Weile streckte er die Hand nach dem Bronzegriff aus. Die Tür öffnete sich von selbst, und er trat ein.

Das Haus schien voller Menschen zu sein. Die Halle war überfüllt, auf der Treppe saßen Paare, die Gläser in den Händen.

Und jedes Bett belegt, dachte er ironisch.

Er nahm die Mütze ab, zog den Mantel aus, hinterließ die Sachen in der Garderobe und zwängte sich durch die Menge, angelockt vom Klavierspiel, das ihm bekannt vorkam. Unterstützt wurde der Pianist von Schlagzeug und Baß.

Er erreichte den Eingang zu einem langen, schmalen Raum mit Glastüren, die auf die Terrasse führten.

Der polierte Parkettboden war wohl eigens für Tanzzwecke gelegt worden. Hier herrschte dieselbe Überfüllung wie draußen in der Halle.

Chuck Lazer saß in der Ecke gegenüber der Bar an einem Stutzflügel. Nick wollte sich gerade zu ihm durchkämpfen, als ihn jemand an der Schulter berührte. Er drehte sich schnell um.

Ein großer, kompakter Mann, Ende Dreißig, stand ihm gegenüber. Er zeigte ein höfliches Lächeln. Sein Smoking saß wie angegossen, aber die schiefe Nase und die harten Augen ließen Nick sofort aufmerken.

»Ich habe Sie hereinkommen sehen, Sir. Kann ich etwas für Sie tun?«

»Wer sind Sie denn?«

»Craig, Sir, Mr. Faulkners Diener.«

Nick verbiß sich das Lachen.

»Ich möchte Mrs. Faulkner sprechen. Wissen Sie, wo sie ist?«

»Sie ist sehr beschäftigt, Sir. Ist es etwas Wichtiges?«

Nick zeigte seinen Ausweis vor.

»Sie kommt sicher gleich gelaufen, wenn Sie ihr sagen, wer hier ist.«

Das Lächeln verschwand, die Augen starrten ihn kalt an.

»Wenn Sie bitte mitkommen wollen.«

Nick folgte ihm durch das Gewühl in der Halle. Craig blieb vor einer Tür stehen, zog einen Schlüssel aus der Tasche und sperrte auf.

»Mr. Faulkners Arbeitszimmer, Sergeant. Wenn Sie hier warten wollen, hole ich Mrs. Faulkner. Ich glaube, sie ist in der Küche und kümmert sich um das Abendessen.«

Es war ein gemütlicher Raum, Bücher vom Boden bis zur Decke. In der Nähe des stilechten Kamins stand ein gewaltiger Schreibtisch, in der Ecke war eine kleine Bar untergebracht. Perfektion, von den schweren Samtvorhängen bis zum Perserteppich. Zu perfekt. Es war, als habe jemand einen Innenarchitekten bestellt und nach Katalog ein Herrenzimmer einrichten lassen.

Er nahm sich aus einer Dose eine Zigarette und trat vor die Bücherregale. Dem äußeren Anschein nach gehörten die Bücher auch zur Lieferung. Er nahm an einer Stelle wahllos einen Band heraus, untersuchte ihn und lächelte. Die Seiten waren nicht einmal aufgeschnitten. Als er ihn zurückstellte, ging die Tür auf, und Bella kam herein.

Es war nicht zu fassen. Sie sah keinen Tag älter aus, keinen Deut anders als damals in der Khyber Street, wo alle Männer sie bewundert hatten.

Die Garderobe war natürlich kostspieliger geworden. Das rote Kleid mußte Faulkner ein kleines Vermögen gekostet haben, die Brillantbrosche an der Schulter war zweifellos echt.

Aber das waren Nebensächlichkeiten. Das Haar war noch immer so schwarz, die Augen glänzten, der Mund war voll und weichgeschwungen, und als sie auf ihn zutrat, stellte sich auch die alte Faszination ein. Auch mit grauen Haaren würde sie die Männer noch betören können.

»Miller?« sagte sie. »Nick Miller? Kennen wir uns nicht?«

»Das ist lange her«, antwortete er. »Gleich um die Ecke von Ihrem alten Haus in der Khyber Street. Meine Mutter hatte einen Laden.«

Ihr Lächeln wirkte bestrickend.

»Jetzt weiß ich. Sie sind Phil Millers Bruder. Ich habe ihn neulich bei einer Party getroffen. Er erzählte mir ausführlich von Ihnen.«

»Wundert mich, daß er in Gesellschaft von mir spricht.«

Sie nahm eine Zigarette aus der Dose, und er gab ihr Feuer.

»Jetzt sind Sie also Kriminalsergeant?« Sie schüttelte den Kopf. »Und überall, wo ich hinkomme, sehe ich ein neues

Geschäft von Phil. Unbegreiflich. Warum arbeiten Sie nicht bei ihm?«

»Phil hat Talent zum Geldverdienen.« Nick lächelte. »Mich zieht es zu anderen Dingen. Außerdem bin ich stiller Teilhaber.«

»Ist das nicht verboten? Bei einem Polizeibeamten, meine ich.«

»Davon wird nicht gesprochen.« Er warf seine Zigarette ins Feuer. »Seit zwei oder drei Stunden versuche ich vergeblich, Ben zu finden. Er ist hier in der Stadt, aber mehr habe ich nicht herausbringen können.«

»Ben?« sagte sie argwöhnisch. Ihr Lächeln verschwand. »Wovon reden Sie eigentlich?«

»Ihre Schwester war heute abend bei uns. Sie sagte, Ben habe Ihnen geschrieben und wolle Sie aufsuchen. Sie bat uns, ihn aufzustöbern und ihm klarzumachen, daß er Sie nicht belästigen soll.«

»Warum kümmert sie sich nicht um ihre eigenen Angelegenheiten?« sagte Bella zornig.

»Ich habe nicht mit ihr gesprochen«, erwiderte Nick. »Sie scheint sich aber Sorgen um Sie zu machen. Offenbar hat sie Angst, daß etwas Schlimmes passieren könnte, wenn Ben auftaucht.«

»Sie macht sich wohl eher Sorgen um sich und ihre kostbare Schule«, brauste Bella auf. »Nein, das ist ungerecht. Sie sorgt sich um mich – das hat sie immer getan.« Sie schüttelte lächelnd den Kopf. »Verrückt, wenn man es sich recht überlegt. Sie ist fünf Jahre jünger als ich, aber das Denken für uns beide hat sie von Anfang an übernommen.«

»Kann ich den Brief sehen?«

»Ich habe ihn im Schlafzimmer. Es dauert nur eine Sekunde.«

Sie ging zu einer Tür, öffnete sie und betrat das Nebenzimmer. Nick sah ein luxuriöses Schlafzimmer in Rot und Gold mit einem großen Himmelbett. Sie öffnete eine Schublade und kam mit dem Brief zurück. Es war ein kleines Blatt Papier, wie es in den Gefängnissen ausgegeben wurde, auf Umschlaggröße zusammengefaltet, und trug das Datum von einigen Tagen vorher. Der Text war kurz und sachlich. ›Bis bald – Ben.‹ Selbst der Zensor in der Strafanstalt konnte daran keinen Anstoß genommen haben.

»Wann haben Sie den Brief bekommen?«

»Vorgestern.«

»Ihrem Mann haben Sie ihn nicht gezeigt?«

»Bei seinem Jähzorn?« Sie trommelte ungeduldig mit den Fingern auf die Schreibtischplatte. »Was hätte das für einen Sinn? Vielleicht kommt er gar nicht. Wenn er wirklich auftaucht, dann nur wegen der alten Zeiten. Ben würde mir nie etwas tun.«

»Weshalb machen Sie sich dann Sorgen?«

Sie lachte.

»Die Sorgen scheint sich Jean zu machen. Sie sollten lieber mit ihr sprechen.«

»Gerne.«

»Ich sehe nach, ob ich sie finden kann. Vielleicht ist sie noch in der Küche. Sie half mir vorhin beim Anrichten. Man muß ja auf die Leute so aufpassen.«

Die Tür fiel hinter ihr zu, und Nick trat an den Kamin. Er stellte einen Fuß auf die Messingstange, starrte in die Flammen und dachte an Ben Garvald, als die Tür aufging.

Im Leben geschehen manchmal Dinge, die alles Zukünftige verändern und in neue Bahnen lenken. Nick Miller erlebte einen solchen Augenblick, als er sich umdrehte und Jean Fleming an der Tür stehen sah.

Sie trug hochhackige Schuhe, dunkle Strümpfe und ein einfaches schwarzes Seidenkleid, kaum knielang und mit kurzen Ärmeln. Sie wirkte ganz ruhig, ganz in sich gekehrt, während sie dastand und ihn ansah.

Es war, als warte sie darauf, daß irgend etwas geschehen müsse. Man konnte nicht sagen, daß sie schön war. Das schwarze, kurzgeschnittene Haar verlieh ihr einen jungenhaften Ausdruck, und das blasse Irengesicht verriet vor allem anderen innere Kraft. Trotzdem hatte er in seinem ganzen Leben noch nie eine solche Anziehungskraft gespürt.

»Wir sind uns schon begegnet«, sagte sie.

Er nickte.

»Vor sehr langer Zeit.«

Sie kam auf ihn zu. Als er ihre Hände ergriff, bemerkte er, daß sie zitterte.

»Woran denken Sie?«

»Daß ich Sie jetzt mitnehmen möchte, jetzt gleich, irgendwohin, wo es ruhig ist, daß niemand uns stören kann.«

»Gibt es das?«

»Nur im Traum.«

Sie lachte unsicher, zog die Hände zurück und nahm sich eine Zigarette aus der Dose. Er gab ihr Feuer. Sie lächelte ihn an.

»Sie müssen etwa neun Jahre alt gewesen sein, als ich mich in Sie verliebte.«

»Tatsächlich?«

»O ja.« Sie nickte ernsthaft. »Ich trieb mich vor dem Laden Ihrer Mutter herum, weil ich immer hoffte, Sie würden herauskommen.«

»Und ich dachte, Sie haßten mich.«

»Nicht Sie – Bella. Alle Männer in der Nachbarschaft waren verrückt nach ihr. Das störte mich erst, als Sie sich auch zu diesem Haufen schlugen.«

»Ich habe also allerhand gutzumachen«, sagte er ruhig. Sie sah ihn mit ihren grünen Augen an. Lange Zeit schwiegen sie. Schließlich atmete sie tief ein, als habe sie sich abrupt in die Wirklichkeit zurückrufen müssen.

»Bella sagte, Sie wollen mich wegen Ben sprechen.«

»Richtig. Sie schien nicht sehr begeistert davon zu sein, daß Sie bei uns waren.«

»Bella hat immer alles auf die lange Bank geschoben, schon seit unserer Kindheit«, erklärte Jean Fleming. »Wenn man ihr das überließe, würde sie so tun, als gäbe es Ben nicht, als hätte es ihn nie gegeben. Das hat keinen Sinn. Wirklich nicht.«

»Ich habe mich bei seinen alten Bekannten erkundigt«, meinte Nick. »Daß er in der Stadt ist, steht fest.«

Sie hob den Kopf.

»Sie wissen aber nicht, wo er jetzt ist?«

»Nein. Ich nahm an, daß er sich hier blicken lassen würde.«

»O Gott, hoffentlich nicht.«

Sie entfernte sich betroffen von ihm. Nick runzelte die Stirn.

»Was kann er schon tun? Theater machen, ein bißchen unangenehm werden, mehr nicht. Läßt er sich zu mehr hinreißen, dann nehmen wir ihn fest.«

»Das hat Harry auch gesagt.« Sie hob erschrocken die Hand, als wolle sie die Worte zurückholen.

»Sie haben ihm also von dem Brief erzählt?« fragte Nick.

Sie nickte.

»Bella wollte nicht, deshalb bin ich heimlich zu ihm gegangen. Sie hat immer noch keine Ahnung, daß Harry Bescheid weiß. Deshalb war ich zu Chefinspektor Grant nicht ganz ehrlich. Ich dachte, es genügt, wenn die Polizei sich Ben vornimmt, falls er wirklich in der Stadt auftauchen sollte.«

»Was sagte Faulkner, als Sie ihn unterrichteten?«

»Er lachte darüber. Er werde mit Ben jederzeit fertig, meinte er. Ich mache mir mehr Sorgen um mich selbst als um Bella.«

»Stimmt das?«

»Ja, wenn ich ehrlich sein soll. Falls Ben hier auftaucht, eine Szene macht und festgenommen werden muß, gibt es einen Skandal. Bella hätte ihn binnen einer Woche abgeschüttelt. Aber mich würde er ruinieren.«

»Die Schule, meinen Sie?«

Sie nickte.

»Ich sehe die Zeitungsberichte schon vor mir. Eine Schulleiterin mit einem Schwager, der nach zehnjähriger Gefängnisstrafe wegen eines bewaffneten Raubüberfalls entlassen worden ist. Das wäre ein Festtag für die Presse.«

»Sie bedeutet Ihnen viel, nicht wahr?«

»Die Schule?« Sie lachte. »Sie gehört mir nicht einmal. Nicht ganz, jedenfalls. Als Miß Van Heflin sich unerwartet zur Ruhe setzen mußte und mir die Schule zum Kauf anbot, hatte ich das erforderliche Kapital nicht.«

»Konnte Ihnen Faulkner nicht helfen?«

In ihrem Gesicht zuckte ein Muskel.

»Diese Art von Unterstützung brauche ich nicht. Nicht von ihm. Miß Van Heflin schlug vor, ich solle ihr für einen vereinbarten Zeitraum einen Prozentsatz des Jahresgewinns zahlen.«

»Und das hat geklappt?«

»In fünf Jahren wird alles mir gehören.«

Auf ihrem Gesicht spiegelte sich echter Stolz. Er grinste.

»Ein weiter Weg von der Khyber Street.«

»Das hat Chefinspektor Grant auch gesagt.« Sie lächelte ihn an. »Ein langer Weg für uns beide.«

Er nahm ihre Hände und hielt sie fest.

»Ich muß Sie öfter sehen, Jean, sehr oft.«

Sie glitt in seine Arme und berührte mit den Fingern sein Gesicht.

»Du könntest mich nicht mehr loswerden, selbst wenn du wolltest.«

Er umarmte sie, und sie schmiegte sich einen Augenblick an ihn, dann löste sie sich aus seinen Armen.

»Ich möchte nur noch schnell mit Bella sprechen, dann kannst du mich heimbringen. Ich habe meinen Wagen nicht dabei. Oder bleibst du hier?«

Er schüttelte den Kopf.

»Ich glaube nicht. Bevor ich gehe, möchte ich aber kurz mit Chuck Lazer sprechen. Kennst du ihn?«

»Früher hat er in Bens Lokal gespielt. Er ist großartig. Ich hole dich dort ab, sobald ich mit Bella gesprochen habe.«

Sie wollte zur Tür, aber er hielt ihre Hand fest.

»Ich möchte aber nicht verantwortlich sein für das, was passieren könnte, wenn ich dich heimbringe.«

Sie sah ihn an.

»Dann übernehme ich die Verantwortung.«

Die Tür schloß sich leise hinter ihr. Er starrte lange Zeit vor sich hin, bevor er das Zimmer verließ. Das Leben konnte wirklich kompliziert sein, dachte er.

Als er den langen Saal betrat, war Chuck Lazer wie in Trance, weit draußen am Rand einer Wolke, wo es kühl und still war. Nach einiger Zeit kam er langsam zur Erde zurück, seine Finger glitten die Tastatur hinunter, und er öffnete die Augen.

Niemand hörte zu; die Hälfte der Paare tanzte weiter, als sei die Musik noch nicht verstummt. Nick grinste mitfühlend, als Lazer ihn erkannte.

»Jetzt waren Sie ganz allein, Chuck. Kein Mensch hat aufgepaßt.«

»Kommt auf den Standpunkt an, General. Die, auf die es ankommt, waren alle dabei, tot oder lebendig, spielt gar keine Rolle. Fats Waller und Bix Beiderbecke. Jack Teagarden, Charlie Parker, Billie Holliday. Alle.«

Nick bot ihm eine Zigarette an und gab ihm Feuer.

»Trinken wir etwas?«

Der Amerikaner schüttelte den Kopf und fuhr mit dem Handrücken über die feuchte Stirn.

»Für das, was mich bedrückt, brauche ich mehr als Alkohol, General.«

»Ich habe mich heute abend mit Ihrem Arzt unterhalten«, meinte Nick vorsichtig. »Er scheint der Ansicht zu sein, daß bei Ihnen noch Hoffnung besteht.«

»Sagen sie das nicht immer?«

»Eine neue Behandlungsmethode«, fuhr Nick fort. »Das heißt, nicht ganz neu, aber erfolgreich erprobt.«

»Eine Entziehungskur?«

»Mit Unterstützung durch eine Droge, die Apomorphin heißt. Sie verhindert die üblichen Entziehungssymptome und beseitigt die Sucht nach dem Gift!«

»Klingt zu schön, um wahr zu sein.«

»Wie hat es Sie überhaupt erwischt?«

Lazer hob die Schultern.

»Die falsche Art von Party, zuviel Alkohol. Jemand verpaßte mir zum Spaß eine Spritze, nachdem ich das Bewußtsein verloren hatte. Mehr war nicht nötig.«

Nicks Hand auf dem Flügel ballte sich zur Faust, bis die Knöchel weiß hervortraten. Lazer grinste.

»Ich weiß, General, mir ging es genauso.« Er stand plötzlich auf. »Vertreten Sie mich ein paar Minuten. Ich brauche Nachschub.«

Er zwängte sich durch die Menge zu einer Tür in der Ecke neben der Bar. Nick setzte sich an den Flügel, nickte den beiden anderen Musikern zu und begann sofort mit einer schnellen, rhythmischen Version von ›St. Louis Blues‹. Beim dritten Chorus kam Lazer zurück. Nick verlangsamte sein Spiel, aber der Amerikaner schüttelte den Kopf, setzte sich zu ihm auf den Hocker und machte mit.

Tempo und Lautstärke nahmen zu. Lazer setzte jeden Break präzise, Nick ging mit der Baßstimme darauf ein. Ganz plötzlich war da etwas Besonderes, Erregendes. Die Tanzpaare drehten sich erstaunt um, näherten sich dem Flügel, drängten sich heran, angezogen von etwas Elementarem, das ihr Innerstes ansprach.

Ohne das Tempo zu wechseln, ging Lazer auf ›How High The Moon‹ über. Herausgefordert von der brillanten Phrasierung konterte Nick mit einem Rhythmus, der die Augen des Amerikaners aufleuchten ließ.

Seine Finger entdeckten ein reicheres Thema, und Nick schuf mit einer Reihe komplizierter Akkorde den Ausgleich, aufgelöst durch einen Acht-Takte-Break, nach dem ihm die Arme weh taten. Er spielte langsamer, und Lazer folgte ihm vom Gipfel hinunter ins Tal, leiser werdend, bis die Melodie verklang.

Die Zuhörer klatschten begeistert, und Lazer grinste. Seine Augen glänzten fiebrig.

»Sie gehören dazu, General. Sie gehören wirklich dazu.«

Jean schob sich zwischen den Zuschauern hindurch und

sah ihn bewundernd an. Als er aufstand, griff sie nach seiner Hand.

»Eines meiner kleinen Laster«, meinte Nick schmunzelnd. »Gehen wir?«

Jemand tippte ihm auf die Schulter. Als er sich umdrehte sah er Craig vor sich, der ihn höflich anlächelte.

»Einen schönen Gruß von Mr. Faulkner, Sir. Wenn Sie die Güte hätten, mir zu folgen, bringe ich Sie zu ihm. Er möchte Sie kurz sprechen, bevor Sie gehen.«

15

Nick kannte Harry Faulkner zwar nicht persönlich, hatte ihn aber bei zahlreichen Gelegenheiten aus der Ferne gesehen und wußte auch, daß sein Bruder in den Klubs der reicheren Geschäftsleute öfter mit ihm zusammentraf.

Geachteter Geschäftsmann mit vielfältigen Interessen, Philanthrop, Sportsmann, Vorsitzender einer ganzen Reihe wohltätiger Organisationen – dieses Bild von sich kultivierte er mit Bedacht. Harry Faulkner hatte von der Slumgegend aus, in der er geboren worden war, einen weiten Weg zurückgelegt, und er präsentierte seinen Besitz allen Menschen, täglich eine frische Nelke im Knopfloch, seine Villa, seine Autos, seine schöne junge Frau.

Alle diese Dinge, seine Stellung in der Gesellschaft, hatte er durch Verstöße gegen die Gesetze erreicht, zumindest aber, indem er sie seinen Absichten dienstbar machte. Sein ganzes Leben hindurch hatte er am Rand der Unterwelt operiert und seinen Verstand dazu benützt, andere ausführen zu lassen, was er selbst nicht tun mochte, stets mit großer Vorsicht, damit, wenn etwas schiefging, nichts an ihm selber hängenblieb.

Er saß in seinem Arbeitszimmer am Schreibtisch, als Nick hereingeführt wurde, ein stämmiger, mittelgroßer Mann, dem man seine sechzig Jahre kaum ansah. Selbst das eisengraue Haar erweckte irgendwie den Eindruck von Kraft und Vitalität.

Craig zog sich zurück. Faulkner stand auf, ging um den Schreibtisch herum und reichte Nick lächelnd die Hand.

»Sie sind also Nick. Habe viel von Ihnen gehört. Ihr Bruder und ich spielen im Klub regelmäßig Golf miteinander.«

»Tatsächlich?« sagte Nick.

»Whisky?«

»Irischen, wenn sie haben.«

Er setzte sich auf die Schreibtischkante, während Faulkner hinter die Bartheke ging. Er trug einen der elegantesten Smokings, die Nick je gesehen hatte, genau der Mode entsprechend, ohne ausgefallen zu wirken. Seine Hemdbrust schimmerte im Widerschein des Kaminfeuers, und die Manschettenknöpfe waren gerade auffallend genug.

Er sah aus wie eine Reklamefigur für guten Whisky in einem der besseren Magazine. Der Grad der Perfektion war zu weit getrieben. Es hatte den Anschein, als habe ihm jemand eine Liste mit allen Eigenschaften eines Gentlemans überreicht, die dann der Reihe nach abgehakt worden waren.

Er gab Nick eines der Gläser und setzte sich wieder hinter den Schreibtisch. Nick trank und zog die Brauen hoch.

»Ausgezeichnet«, sagte er.

»Freut mich, daß er Ihnen schmeckt.« Faulkner steckte eine Zigarette in eine silberne Spitze und lehnte sich zurück. »Ich habe mich gerade mit Bella über die ganze Geschichte unterhalten. Ausgesprochen bedauerlich, daß meine Schwägerin es nicht lassen kann, ihre Nase in anderer Leute Angelegenheiten zu stecken.«

»Sie scheint aber zu meinen, daß das auch ihre Sache ist.«

»Typisch«, sagte Faulkner. »Sie denkt nur an ihre Schule.«

»Es macht Ihnen also keine Sorgen, daß Ben Garvald hier auftauchen und irgendwelche Schwierigkeiten machen könnte?«

»So dumm ist er nicht«, sagte Faulkner. »Ich bin in der Lage, mein Eigentum zu schützen. Wenn Garvald das noch nicht weiß, wird es Zeit, daß er es lernt.«

»Interessant.« Nick trank einen Schluck Whiskey. »Gestern versuchte jemand, Ben eine Lehre zu erteilen, als er aus dem Gefängnis entlassen wurde. Nach meinen Informationen ist das gehörig danebengegangen.«

»Solche Dinge kommen dauernd vor«, erklärte Faulkner gelassen. »Man braucht nur ein bißchen Nebel, und schon rücken ein paar Schläger an.«

»Merkwürdig, daß Sie das sagen«, meinte Nick. »Wir hatten hier überhaupt keinen Nebel, aber gestern früh war er vor Wandsworth ziemlich dick.«

Faulkner lächelte nicht mehr.

»Was soll das heißen?«

»Es soll heißen, daß ein gewisser Sammy Rosco den Überfall vor Wandsworth organisiert hatte. Er beging einen Fehler. Ebenso Fred Manton.«

Faulkners Gesicht blieb ausdruckslos.

»Was hat Manton damit zu tun?«

»Das ist das Interessante an der Geschichte. Soviel ich feststellen konnte, handelte er als Mittelsmann für einen Freund. Ich frage mich, wer das sein könnte.«

Faulkners Augen begannen böse zu glitzern.

»Wenn Sie etwas zu sagen haben, dann heraus damit, aber sorgen Sie dafür, daß es Hand und Fuß hat.«

Nick leerte sein Glas, ging zur Bar und füllte nach.

»Gut. Die Sache sieht so aus: Als Bella neulich den Brief von Ben bekam, wollte sie Ihnen nichts erzählen, weil sie zu den Leuten gehört, die vor den Tatsachen die Augen verschließen und hoffen, es werde schon nicht so schlimm kommen. Aber ihre Schwester ist anders. Sie hielt es für besser, Sie zu unterrichten.«

»Und?«

»Sie sprachen mit Manton und beauftragten ihn, einen Empfang für Ben zu organisieren. Die einzige Art von Empfang, die er für richtig halten mußte.« Nick grinste. »Da haben Sie einen großen Fehler gemacht.«

»Fertig?« fragte Faulkner.

»Ich möchte wissen, was er von Bella will?« sagte Nick nachdenklich. »Vielleicht will er sie wiederhaben. Könnte sogar sein, daß sie mitgeht. Nach allem, was man so hört, hingen sie früher sehr aneinander.«

Faulkners Zorn brach sich Bahn. Er drückte auf einen Knopf.

»Was glauben Sie eigentlich, wen Sie vor sich haben?« fauchte er.

»Den großen Harry Faulkner, Freund der Spieler«, erwiderte Nick. »Geschäftsmann, Philanthrop, Ehrengast bei der Weihnachtsfeier im Waisenhaus. Außerdem Dieb, Betrüger und Zuhälter.« Er leerte sein Glas und stellte es auf die Theke. »Eine Frage, Faulkner. Ich weiß, daß Ihre Bordelle am Gascoigne Square jede Sorte Weiberfleisch liefern, aber stimmt es, daß Sie auch die andere Fakultät versorgen?«

Die Tür ging auf, und Craig kam herein. Er trat an den Schreibtisch. Faulkner, dessen Gesicht kreidebleich geworden war, hob eine zitternde Hand.

»Werfen Sie ihn hinaus.«

Craig drehte sich um und starrte Nick an. Seine Finger öffneten und schlossen sich langsam.

»Wissen Sie, Sie haben mir gleich mißfallen.«

Er schien seiner Sache sehr sicher zu sein. Als er noch einen halben Meter entfernt war, setzte er zu einem vernichtenden Schlag an, in den er seine ganze Kraft legte.

Nick fing den Schlag mit einem Karate-Block ab, trat ihm wuchtig ans Schienbein und schnellte das Knie hoch, als Craig sich zusammenkrümmte.

Er lag stöhnend auf dem Rücken und preßte die Hand auf den Mund.

»Aufstehen, Craig!« befahl Faulkner. »Aufstehen!«

»Ich glaube nicht, daß er so dumm sein wird.« Nick ging zur Tür, öffnete sie und drehte sich noch einmal um. »Hinter der Sache steckt mehr, Faulkner. Viel mehr. Wenn ich mich auskenne, komme ich wieder.«

Jean stand am Eingang zum langen Saal, einen leichten Mantel über dem Arm, in der anderen Hand eine mit Steinen besetzte Tasche.

»Was wollte Harry?«

»Nichts Besonderes. Fertig?«

Bevor sie etwas erwidern konnte, tauchte Chuck Lazer auf.

»Sie gehen schon, General?«

Nick bejahte.

»Es war schön, aber wir müssen weg.«

»Kann ich mitkommen? Mir paßt es hier nicht mehr.«

Nick sah Jean grinsend an.

»Ein Anstandswauwau. Damit wäre alles geritzt.«

»Sei dir nur nicht so sicher«, gab sie zurück, während er ihr in den Mantel half. Lachend verließen sie das Haus.

Faulkner ging um den Schreibtisch herum und gab Craig einen Tritt.

»Raus!«

Craig raffte sich auf, wich einem zweiten Tritt aus und verließ eilig das Zimmer. Als sich die Tür hinter ihm geschlossen hatte, ging Faulkner zur Bar und füllte sein Glas. Er leerte es und begann zu husten.

Aus einem unbestimmten Grund erinnerte ihn Miller an seinen Lehrer in der Volksschule, den alten Walter Street, der im Ersten Weltkrieg an der Front gekämpft hatte und mit einem steifen Bein nach Hause gekommen war.

Er erinnerte sich an den Tag, als er Street nach dem Verlassen der Schule zum erstenmal wiederbegegnet war. Mit neunzehn Jahren hatte Faulkner schon von den Einnahmen mehrerer Mädchen gelebt und hatte nur teure Anzüge getragen. Eigentlich war das nur Angabe gewesen, aber der alte Street mit seinem abgeschabten Mantel hatte ihn wie ein Stück Dreck angesehen, das man sich von den Schuhen abkratzt.

Er schleuderte das Glas in den Kamin, ging zum Schlafzimmer und öffnete die Tür. Bella stand vor dem Spiegel und zog das rote Kleid aus. Die weiße Haut über den Strümpfen schimmerte.

»Was tust du?« fragte er heiser.

»Ich ziehe mich um. Jetzt kommt das Schwarze an die Reihe. Hilf mir. Der Reißverschluß klemmt.«

Er trat hinter sie und öffnete den Reißverschluß, dann legte er die Arme um sie und drückte sie an sich.

»Also, bitte, Harry«, sagte sie ungeduldig. »Draußen sind hundertzwanzig Menschen.«

Sie drehte sich um. Plötzlich kochte die angestaute Wut in ihm über. Er schlug ihr ins Gesicht.

»Du hast hier nichts zu befehlen!« schrie er. »Du bist meine Frau und tust, was ich verlange!«

Sie wich erschrocken zurück. Er packte sie, riß das Unterkleid auseinander und warf Bella aufs Bett. Mit einem heiseren Laut stürzte er sich auf sie und suchte ihren Mund. Wie immer, reagierte sie auch jetzt leidenschaftlich, fuhr mit den Fingern durch sein Haar und küßte ihn.

Aber es nützte nichts. Es war wie jedesmal. Kraft und Leidenschaft erloschen schlagartig. Er richtete sich auf und sah wie betäubt auf sie hinunter. Als er sich dem Spiegel zuwandte, starrte ihm ein alter Mann entgegen.

»Kann ich mich jetzt anziehen?« fragte sie ruhig.

Er ging wie ein Nachtwandler zur Tür, öffnete sie, drehte sich um und befeuchtete seine trockenen Lippen.

»Tut mir leid, Bella. Ich weiß nicht, was über mich gekommen ist.«

»Schon gut, Harry.«

Sie blieb stehen und sah ihn an, aber in ihren Augen war nur Mitleid zu lesen, und das war nicht das, was er wollte. Er schloß die Tür, ging zu seinem Schreibtisch und drückte auf die Summertaste. Noch verfügte er über Macht.

Nach einer Weile kam Craig herein. Seine Lippen waren angeschwollen.

»Ja, Mr. Faulkner?«

»Ist Miller fort?«

»Seit etwa fünf Minuten. Offenbar bringt er Ihre Schwägerin nach Hause.«

»Genau ihr Typ.« Faulkner drückte wütend seine Zigarette im Aschenbecher aus. »Es wird Zeit, daß er einen Denkzettel bekommt. Verstehen Sie mich, Craig?«

»Durchaus«, sagte Craig mit ausdrucksloser Miene. »Ich sorge dafür, Mr. Faulkner.«

»An Ihrer Stelle würde ich keine Zeit verlieren. Vielleicht bleibt er nicht lange im Schulhaus.«

»Eine Viertelstunde, länger dauert es nicht, Mr. Faulkner.«

Craig zog sich zurück. Faulkner trat an die Bar und füllte ein Glas mit Sprudel. Er trank langsam und starrte vor sich hin. Nach einer Weile ging die Schlafzimmertür auf, und Bella erschien.

Sie sah wunderschön aus, frisch geschminkt, in einem dreiviertellangen Kleid aus schwarzer Spitze.

»Fertig, Harry?« fragte sie.

Er griff nach ihren Händen und schüttelte den Kopf.

»Mein Gott, bin ich stolz auf dich, Bella. Du bist das schönste Wesen, das mir je begegnet ist.«

Sie küßte ihn zärtlich auf die Wange und nahm seinen Arm. Als sie die Tür öffneten, um zu ihren Gästen zurückzukehren, lächelten sie beide.

16

Von der Wohnung aus sah man in den Schulhof hinunter. Als Nick den Vorhang zurückschob und in die Nacht hinausstarrte, prasselte immer noch Regen auf den Asphalt. Nebel waberte um den eisernen Zaun, gelblich im Schein der Straßenlaternen.

»Wie viele Kinder besuchen deine Schule?« rief er.

Jean Fleming stand im Schlafzimmer.

»Hundertdreiundfünfzig«, erwiderte sie. »Ich könnte ohne Schwierigkeiten doppelt so viele nehmen, aber man bekommt die Lehrkräfte nicht.«

Als er sich umdrehte, sah er sie durch die halb geöffnete Tür vor dem Spiegel stehen, nur im Unterkleid. Sie nestelte an ihren Strümpfen.

Er beobachtete sie, während sie sich auskleidete, auf merkwürdige Weise objektiv, ohne etwas von der überwältigenden körperlichen Anziehungskraft zu spüren, die ihn vorher überfallen hatte.

Die geheimen Reize eines Frauenkörpers. War es das, was er wollte?

Er drehte sich um und schaute wieder in den Regen hinaus. Aus dem Musikzimmer darunter drang Chuck Lazers Klavierspiel herauf. Er spielte die alten Schlager von Irving Berlin, Cole Porter und Richard Rogers. Lieder, wie man sie heutzutage nicht mehr schrieb. Ein Hauch von vergangenen Sommern, die nichts hinterlassen hatten als melancholische Erinnerungen.

Jean kam zurück. Sie trug eine enge karierte Hose und eine gesteppte Jacke. Auf ihrem Gesicht war keine Schminke mehr zu sehen, so daß sie erstaunlich jung und unschuldig wirkte.

»Was möchtest du – Kaffee oder Tee?«

»Tee, wenn es dir nichts ausmacht, dann muß ich wieder gehen.«

Sie runzelte die Stirn.

»Mußt du wirklich?«

Er nickte.

»Ich bin immer noch im Dienst.«

Sie ging in die Küche und füllte den Kessel mit Wasser. Er lehnte an der Tür und beobachtete sie. Sie holte ein Tablett, löffelte Tee in eine alte, braune Kanne, setzte sich auf einen Hocker und schlang die Arme um die Knie, während sie wartete, bis das Wasser kochte.

Sie hatten etwas verloren, die Verbundenheit spontaner

Natur, wie sie sie vorhin erlebt hatten, und Nick suchte hastig nach dem richtigen Ton.

»Sie ist viel größer, als ich dachte.«

»Die Schule?« Sie nickte. »Zuerst gab es nur dieses alte Gebäude hier, aber Miß Van Heflin ließ es erweitern. Hinten haben wir jetzt zusätzliche Klassenzimmer. Man sieht sie nur bei Tag richtig.«

»Wie lange bist du schon hier?«

»Fünf Jahre. Seit ich das Diplom bekam. Als Ben verhaftet wurde, glaubte ich, die Ausbildung nicht fortsetzen zu können. Der Leiter der Lehrerbildungsanstalt, die ich besuchen wollte, schrieb mir, er könne mich nun doch nicht aufnehmen.«

»Was hast du getan?«

»Zuerst heulte ich, dann wurde ich wütend.« Sie lächelte. »Komisch, wie man oft auf solche Schläge reagiert. Das Institut kam mir nicht mehr gut genug vor. Statt dessen ging ich auf die Universität. Bella konnte mir nicht helfen. Sie hatte genug mit sich selbst zu tun, aber es gelang mir, ein kleines Stipendium zu ergattern. Dafür arbeitete ich in den Ferien. Einmal war ich abends sogar als Bardame tätig.«

»Donnerwetter!«

»War gar nicht so schlimm. Als ich mein Diplom bekam, fing ich hier bei Miß Van Heflin an. Sie war großartig.«

»Wenn man es richtig macht, nimmt doch alles ein gutes Ende.«

Sie trat an den Herd und füllte die Kanne mit dem kochenden Wasser.

»Und du?«

»Bei mir war es nicht so kompliziert. Phil wollte unbedingt, daß ich die Universität besuche, und bei der positiven Entwicklung der Firma brauchte ich mir um Geld keine Sorgen zu machen. Ich besuchte die Londoner Wirtschaftshochschule und studierte Rechtswissenschaft.«

»Und dann hast du gemerkt, daß du gar nicht Anwalt werden willst?«

»So ungefähr.«
»Aber warum die Polizei?«
»Warum nicht?«
»Du weißt schon, was ich meine.«
»Genau. Ich höre es jeden Tag ein paarmal von Phil. Arbeiter in Uniform, kein Beruf für intelligente Leute. Große Kerle, wenig Hirn. Nicht wahr?«
»Das habe ich nicht gesagt.«
»Ausgesprochen wird es zwar nicht, aber so meint man es.«
Er war plötzlich zornig geworden, kehrte in das andere Zimmer zurück, öffnete das Fenster und lehnte sich in den Regen hinaus. Sie folgte ihm, stellte das Tablett auf den Tisch und trat zu ihm.
»Verzeih, Nick. Ich habe es wirklich nicht so gemeint.«
Er grinste.
»Die Leute sind komisch. Ein Anwalt unterschlägt Mandantengelder, ein Lehrer mißbraucht ein Kind, und man bestraft sie entsprechend. Nicht mehr, nicht weniger. Niemand käme auf den Gedanken, den ganzen Berufsstand der Anwälte oder Lehrer anzugreifen. Das gilt aber nicht, wenn es sich um die Polizei dreht.«
»Ich habe schon gesagt, daß es mir leid tut.«
»Wie den anderen auch, wenn es hart auf hart geht. Sobald sie Hilfe brauchen, können sie gar nicht schnell genug zum Telefon kommen.«
Sie legte eine Hand auf seinen Arm.
»Es bedeutet für dich sehr viel, nicht wahr?« sagte sie leise.
Er sah auf sie hinunter. Seine dunklen Augen waren ohne Ausdruck, aber seine Stimme klang scharf und endgültig, als er sagte: »Ich möchte nichts anderes sein. Niemals, Jean.«
Sie lächelte plötzlich und berührte mit der Hand sein Gesicht. Die Geste sagte mehr als jeder Kuß.
»Dann ist es ja gut, nicht? Komm, trink jetzt deinen Tee.«
Sie saßen schweigend beim Kaminfeuer. Nick trank seinen

Tee und beobachtete sie. Sie schloß die Augen und lehnte den Kopf an die Stuhllehne.

»Ich möchte dich etwas fragen«, begann er. »Wegen Ben – machst du dir Sorgen? Ernsthafte Sorgen, meine ich.«

Sie schlug die Augen auf, und er sah es in ihrem Blick, ohne Schwierigkeiten.

»Mein ganzes Leben hatte ich nur den einen Wunsch: Weg aus der Khyber Street. Und ich habe es geschafft, Nick. Ich bin, wo ich hinwollte, in einer ruhigeren, ordentlicheren Welt. Und jetzt muß Ben zurückkommen, um alles zu verderben.« Sie knetete ihre weißen Finger. »Mein Gott, wie ich ihn hasse.«

Nick beugte sich mit zusammengezogenen Brauen vor.

»Das ist doch nicht dein Ernst, oder?«

»Ich habe ihn immer gehaßt.« Sie erhob sich und trat ans Fenster. »Als er Bella heiratete, war ich vierzehn. Von dem Tag an, als sie ihn mit ins Haus brachte, war unser Leben ein Alptraum.« Sie drehte sich plötzlich um. »Nein, das stimmt nicht ganz. Es war nur, daß er mich immer zu beobachten schien, wo ich mich auch umdrehte. Wenn ich mich an- oder auszog, stand er unter der Tür und lächelte.«

Sie schauderte unwillkürlich. Nicks Kehle wurde trocken.

»Weiter.«

»Sonst gibt es nichts zu sagen. Nicht, was du meinst. Dafür war er zu klug. Aber andere Dinge.« Sie starrte ins Leere. »Er war so ungeheuer stark. Wenn er mich mit seinen großen Händen berührte, konnte ich gar nichts tun – überhaupt nichts.«

»Hast du nie versucht, mit Bella darüber zu sprechen?«

»Ich drohte damit, aber er lachte nur. Er sagte, sie würde mir kein Wort glauben, und da hatte er recht.«

Nick stand auf und nahm sie sanft in die Arme. Als er sie an sich zog, begann sie zu zittern.

»Das ist lange her. Lange. Ben Garvald wird dich nie mehr belästigen, das verspreche ich dir.«

Sie sah ihm ins Gesicht, schlang die Arme um seinen Hals,

zog seinen Kopf herunter und küßte ihn. Nick spürte, wie das Blut in seinen Schläfen pochte. Er preßte sie wild an sich.

Durch das Brausen in seinen Ohren vernahm er, wie sie seinen Namen unablässig wiederholte. Er schloß die Augen und klammerte sich fest, bis das Brausen nachließ. Nach einer Weile öffnete er die Augen wieder und lächelte sie an.

»Was wohl die Boulevardblätter dazu sagen würden? Ich sehe die Schlagzeilen direkt vor mir. ›Amouröser Kriminalbeamter vernachlässigt Dienstpflichten‹.«

Sie strahlte ihn an.

»Zum Teufel mit den Boulevardblättern.«

»Ich weiß? sagte er, »aber ich muß trotzdem gehen.«

Sie seufzte tief und schob ihn weg.

»Kommst du wieder?«

»Leider nicht. Ich rufe dich morgen an. Vielleicht können wir miteinander zu Mittag essen.«

»Ich gebe dir meine Nummer.«

»Steht sie nicht im Telefonbuch?«

»Nur die Schule, nicht die Wohnung.« Sie lächelte. »Branchentrick. Sonst rufen jeden Abend besorgte Eltern an. Ich hätte keine ruhige Minute.«

Sie kramte in einer Schublade, fand einen Notizzettel und schrieb die Telefonnummer darauf. Sie faltete den Zettel zusammen, schob ihn in seine Brusttasche und lächelte ihn an.

»Jetzt gibt es keine Ausrede mehr.«

Gar keine.«

»Vor allem nicht, wenn du das hast.« Sie löste einen Yale-Schlüssel vom Bund und zeigte ihn. »Wenn du doch vor dem Frühstück kommen kannst.«

»Liegst du denn da nicht im Bett?«

»Natürlich.«

Sie lächelte strahlend. Er zog sie an sich und küßte sie noch einmal.

»Aber jetzt nichts wie weg hier, bevor ich ganz verdorben werde.«

Chuck saß immer noch am Klavier im Musikzimmer. Nur das Licht der Straßenlaterne drang herein.

»Ende der Vorstellung«, sagte Nick an der Tür.

Chuck schlug einen Akkord an, drehte sich um und stand auf.

»Bin schon dabei, General. Wohin jetzt?«

»Ich möchte im Büro vorbeisehen«, sagte Nick. »Wenn Sie wollen, kann ich Sie zu Hause absetzen.«

Sie traten in die kleine Vorhalle, die wenige Meter von dem Tor entfernt war. Der Regen hämmerte immer noch auf die Dächer. Jean fröstelte.

»Ich bin froh, daß ich nicht mehr hinaus muß.«

Er grinste.

»Mitleid mit dem armen Polizisten. Bis später.«

Sie gingen durch den Hof, öffneten das Tor und traten auf die schmale Straße hinaus, die auf der anderen Seite von einer hohen Ziegelmauer begrenzt war.

Der Mini-Cooper stand unter einer Gaslaterne. Nick zog die Schlüssel aus der Tasche, als er den Bürgersteig verließ, um auf die andere Seite des Wagens zu gelangen. Vom beleuchteten Eingang her rief Jean laut seinen Namen.

Als er sich umdrehte, zuckte eine Faust auf sein Gesicht zu. Reflexartig duckte er ab, und der Schlag streifte nur seine Wange. Er spürte einen heftigen Schmerz, als ein Schlagring seine Haut aufriß. Er fuhr herum und fällte den Angreifer mit einem Handkantenschlag.

Der Mann taumelte in die Dunkelheit jenseits des Lichtkreises zurück, und Nick entdeckte seine Kumpane. Drei, vielleicht vier, er konnte es nicht genau ausmachen, denn sie stürmten plötzlich aus dem Nebel heran.

Der eine hielt eine Eisenstange in den Händen. Als er in Reichweite war, holte er damit aus. Nick duckte sich, und die Stange prallte auf das Wagendach. Er schnellte das Knie hoch, die Eisenstange fiel klirrend aufs Pflaster, und der Mann brach mit einem erstickten Schrei zusammen.

Für Worte blieb keine Zeit. Zwei andere Männer drängten

heran, einer davon mit einem Rasiermesser, dessen Klinge im Regen stumpf glänzte. Nick griff nach dem Handgelenk, drehte den Kopf, um einem Schlag von dem anderen Angreifer zu entgehen, und sah über die Schultern seines Gegners Jean Flemings Gesicht, das vor Zorn ganz entstellt war.

Sie packte den Mann von hinten an seinem langen, schmierigen Haar und zerrte seinen Kopf zurück. Nick konzentrierte sich auf den anderen. Er sprang vor, schob das Rasiermesser von sich weg und drehte ihm den Arm nach hinten. Der Mann schrie auf und ließ das Rasiermesser fallen. Nick setzte mit einem Ellbogenstoß nach, bei dem die Rippen des Gegners knirschten.

Der Mann stürzte zu Boden, raffte sich auf und taumelte davon. Nick drehte sich um und sah Lazer, der sich im überfluteten Rinnstein mit einem Mann im Trenchcoat wälzte. Jean stand mit dem Rücken zur Wand und wehrte sich verzweifelt.

Nick stürmte los, packte ihren Gegner beim Kragen und rammte ihm das Knie in den Rücken, daß er in den Nebel davonstolperte. Im gleichen Augenblick sprang Lazers Gegner hoch und rannte seinen Kameraden nach.

Es war totenstill. Nur der Regen klatschte vom Himmel, Jean rang nach Atem, der Kerl, der die Eisenstange geschwungen hatte, ächzte leise.

Lazer, der im Rinnstein saß, stand auf und lachte unsicher.

»Wem haben wir das zu verdanken?« meinte er.

»Ich muß jemandem auf die Zehen getreten sein«, sagte Nick und wandte sich Jean zu. »Bist du verletzt?«

»Nein«, sagte sie mit schwachem Lächeln. »Was hatte denn das zu bedeuten?«

»Keine Ahnung, Jean.« Er schüttelte den Kopf. »Hinter der Geschichte verbirgt sich mehr, als man auf den ersten Blick erkennen kann. Viel mehr.«

Er hörte ein Geräusch hinter sich und fuhr herum. Der Mann, der mit dem Gesicht nach unten auf dem Pflaster neben dem Wagen lag, griff nach der Eisenstange und raffte sich auf. Lazer trat schnell zu ihm, nahm ihm die Stange weg und gab ihm einen Tritt.

»Versuch's noch mal, Kleiner, dann hau' ich dir das Ding über den Schädel.«

Der Mann hielt sich am Auto fest und schwankte. Nick nahm Jean beim Arm und führte sie zum Tor.

»Mach dir etwas zu trinken, du hast es verdient. Geh bald ins Bett.«

Sie sah ihn besorgt an.

»Und du?«

»Ich bringe den Kerl ins Präsidium, obwohl ich nicht annehme, daß wir viel aus ihm herausbekommen werden. Andererseits müßten wir ihn wenigstens ein paar Jahre hinter Gitter bringen können, und das ist auch schon etwas.«

»Kannst du später wiederkommen?«

»Ich versuche es, ganz bestimmt.« Er nahm ihre Hand und drückte sie fest. »Du hast dich gut gehalten.«

»Das lernt man in der Khyber Street«, sagte sie. »Man wird es nie ganz los.« Sie zog ein Taschentuch heraus und wischte das Blut von seiner Wange. »Das ist eine schlimme Wunde. Du mußt zum Arzt.«

Er zog sie an sich und küßte sie leidenschaftlich. Sie sah verwundert zu ihm auf und lächelte, dann streichelte sie sein Gesicht mit den Fingerspitzen und lief zum Haus.

17

Die hellgrünen Wände des Verhörraums schienen aus den Schatten hinter dem Lichtkreis der Deckenlampe heranzugleiten. Charles Foster saß an einem Holztisch, den Kopf in den Händen, sein ganzer Körper ein einziger Schmerz.

Nick stand am Fenster und schaute auf die regengepeitschte, verlassene Straße hinaus. In der Wange machten sich unangenehme, klopfende Schmerzen bemerkbar. Vorsichtig betastete er das Heftpflaster.

Es war 0.15 Uhr. Er gähnte, zog eine halbzerknüllte Packung Zigaretten heraus und entnahm ihr den letzten Glimmstengel. Als er das Feuerzeug aufschnappen ließ, kam der diensthabende Inspektor herein.

»Ich habe das Tatbestandsprotokoll für Sie aufgenommen.«

»Vielen Dank.«

»Jetzt würde ich aber zum Arzt gehen. Die Wunde sieht nicht ungefährlich aus. Vermutlich muß sie sogar genäht werden.«

Foster hob den Kopf.

»Und was ist mit mir? Wenn einer einen Arzt braucht, dann ich. Wartet nur, bis mein Anwalt kommt!«

»Was hat er dir denn getan, Charlie?« fragte Chefinspektor Grant von der Tür her.

Foster zeigte eine beleidigte Miene.

»Er hat mich einfach mit dem Knie fertiggemacht, Mr. Grant. Da haben Sie sich einen zugelegt, das kann ich Ihnen sagen.«

Der Inspektor reichte Grant wortlos das Protokoll.

»Und diese Kleinigkeit hier hat mit dem ganzen Fall wohl gar nichts zu tun, wie?«

Grant trat an einen kleinen Tisch, auf dem Eisenstange, Rasiermesser und Fahrradkette säuberlich nebeneinander lagen.

Foster schwieg mit mürrischem Gesicht. Grant sah Nick fragend an.

»Ist es schlimm?«

»Er muß genäht werden, wenn Sie mich fragen, Sir«, meinte der Inspektor.

Grant nickte.

»Lassen Sie den Knaben da hinunterbringen, Jack. Ich unterhalte mich später mit ihm.«

Der Inspektor nahm Foster beim Arm und führte ihn hinaus. Grant setzte sich auf die Schreibtischkante und zündete seine Pfeife an.

»Wissen Sie schon über Brady Bescheid?«

»Ich habe es gehört, als ich Foster ablieferte. Was ist denn eigentlich passiert?«

»Offenbar Autounfall mit Fahrerflucht. Wir bekamen einen anonymen Anruf, aber das hat nichts zu sagen. Wahrscheinlich irgendein braver Bürger, der sich die Hände nicht schmutzig machen wollte.« Er seufzte. »Das ist eine Nacht! Einbruch in der Mask Lane mit mindestens siebentausend Pfund Beute. Weiß der Himmel, wie viele kleinere Einbrüche im Nebel, drei Raubüberfälle, offenbar von ein und demselben Täter, und eine versuchte Vergewaltigung. Und dazu die Geschichte mit Brady.«

»Wie geht es ihm?«

»Hier ist der erste Bericht, wenn es Sie interessiert.«

»Sieht nicht gut aus, wie?« meinte Nick, als er das Blatt zurückgab.

»Ich habe nach der ersten Untersuchung mit dem Arzt gesprochen. Offenbar ist nur der Schädelbruch wirklich gefährlich. So, wie die Dinge zur Zeit stehen, rechnet er damit, daß Brady durchkommt.« Er seufzte und entzündete das nächste Streichholz. »Ich möchte nur wissen, was er in der Canal Street zu suchen hatte.«

Nick drückte seine Zigarette aus.

»Wußten Sie, daß er sich, als er hier wegging, auf die Suche nach Ben Garvald machte?«

Grant starrte ihn verblüfft an.

»Was soll das heißen? Ben Garvald, das ist doch Ihr Job.«

»Das hinderte Brady aber nicht daran, das ›Flamingo‹ aufzusuchen, um sich bei Fred Manton zu erkundigen, ob Ben Garvald aufgetaucht sei.«

»Wissen Sie das genau?«

»Manton hat es mir selbst gesagt«, erwiderte Nick achselzuckend. »Ich wüßte nicht, warum er mich in dieser Beziehung anlügen sollte.«

Grant zog die Brauen zusammen und biß fester auf das Mundstück seiner Pfeife.

»Was Jack da wohl vorgehabt haben mag?«

»Das ist doch ganz leicht zu erraten«, meinte Nick. »Meine Nase gefällt ihm nicht. Vielleicht glaubte er, etwas Bestimmtes beweisen zu können, wenn er Garvald vor mir entdeckt hätte.«

Grant seufzte schwer.

»Da können Sie recht haben. Immerhin wissen wir nichts Genaues, bis er wieder zu Bewußtsein kommt.«

»Was ist mit dem Auto, das ihn angefahren hat?«

»Das ist wie mit der berühmten Nadel im Heuhaufen, aber wir finden den Wagen schon, keine Sorge.« Grant führte die Flamme des nächsten Zündholzes über den Pfeifenkopf. »Erzählen Sie mir lieber, was Sie inzwischen getrieben haben. Sie müssen jemandem anständig auf die Nerven gefallen sein, wenn sich der Betreffende veranlaßt gesehen hat, Charlie Foster und seine Bande auf Sie zu hetzen.«

Nick berichtete kurz die Einzelheiten, ohne etwas auszulassen. Als er verstummte, sah Grant stirnrunzelnd vor sich hin.

»Was meinen Sie?« fragte Nick nach einer Weile.

»Das Ganze stinkt zum Himmel«, erwiderte der Chefinspektor. »Es muß einen ganz wichtigen Grund haben, wenn vorsichtige Leute wie Fred Manton und Harry Faulkner sich so provozieren lassen.« Er stand plötzlich auf. »Sie müssen Ben Garvald finden, Miller. Er ist der Schlüssel zur ganzen Affäre.«

Nick griff nach Mütze und Mantel und grinste.

»Ein großartiges Dasein, wenn man nicht schlappmacht.«

»Aber nicht mitten in der Nacht, und mit einer Grippe im Leib«, brummte Grant. »Wenn ich so weitermache, kommen mir die Tabletten bald bei den Ohren heraus. Bleiben Sie mit mir in Verbindung. Ich bin in der Mask Lane, wenn Sie mich brauchen.«

Er ging durch den Korridor zu seinem Büro. Nick zog den Mantel an, setzte die Mütze auf und ging hinunter. Am

Eingang lehnte Chuck Lazer mit geschlossenen Augen in einer Ecke.

Nick Miller nickte dem diensthabenden Sergeanten zu und tippte Lazer auf die Schulter.

»Los, Amerika.«

Er öffnete die Glastür, blieb neben einer Säule stehen und schlug den Mantelkragen hoch.

»Was passiert jetzt?« fragte Lazer.

Nick feixte.

»Sie legen sich ins Bett. Ich setze Sie zu Hause ab. Mein Dienst geht noch bis sechs Uhr, und wenn ich Garvald nicht finde, dauert er sogar noch viel länger.«

»So wichtig ist es also?«

»Allerdings.«

Chuck Lazer zögerte.

»Hören Sie, war das wahr, was Sie am Anfang gesagt haben? Daß Sie sich mit Ben nur unterhalten wollen? Ich meine – er hat doch nichts angestellt, oder?«

»Nicht, daß ich wüßte, aber er könnte uns sicher einiges erklären.« Nick runzelte die Stirn. »Erzählen Sie mir bloß nicht, daß Sie wissen, wo er ist.«

Lazer traf seine Entscheidung und seufzte.

»Er erwähnte das Regent Hotel, General, nicht weit vom City Square. Das heißt natürlich nicht, daß er tatsächlich dort ist.«

»Nein, aber es ist immerhin eine Spur«, sagte Nick. Gemeinsam hasteten sie die Stufen zum Mini-Cooper hinunter.

Als sie das Foyer des Hotels betraten, war kein Mensch zu sehen. Nick läutete. Nach einer Weile öffnete sich die Tür des Büros, und ein Mädchen kam heraus. Sie wirkte verschlafen und strich ihr Haar aus der Stirn, während sie gähnte.

»Was kann ich für Sie tun?«

»Polizei«, sagte Nick. »Ich suche einen Mann namens Garvald – Ben Garvald. Soviel ich weiß, wohnt er hier. Vermutlich ist er erst heute abend eingezogen.«

In ihren Augen war ein Flackern zu bemerken, aber sie nahm sich sichtlich zusammen und runzelte verwirrt die Stirn. »Das muß ein Irrtum sein. Bei uns wohnt kein Mr. Garvald.«

»Vielleicht hat er einen anderen Namen angegeben. Ein großer, bulliger Ire, ungefähr vierzig Jahre alt.«

»Nein. Einen solchen Gast haben wir nicht.« Sie schüttelte entschieden den Kopf. »In den letzten drei Tagen hatten wir überhaupt nur zwei neue Gäste, und das waren zwei Inder.«

»Kann ich das Gästebuch sehen?«

Sie holte es unter der Theke hervor, ohne mit der Wimper zu zucken. Die letzten Unterschriften in der Mitte der Seite waren zwei Tage alt – sie stammten von den Indern, die sie erwähnt hatte. Wenn man nach dem Register ging, sagte sie jedenfalls die Wahrheit.

»Zufrieden, Sergeant?« fragte sie.

Nick lächelte und klappte das Buch zu.

»Entschuldigen Sie die Störung. Muß wohl ein anderes Hotel gewesen sein.«

Lazer hatte während des ganzen Gesprächs geschwiegen, aber als sie die Straße erreichten, packte er Nick am Ärmel.

»Regent Hotel, Gloyne Street, genau das hat er gesagt, General.«

»Ich weiß, ich weiß«, gab Nick zurück. »Sie lügt. Das war ganz deutlich zu sehen. Wir lassen ihr ein paar Minuten Zeit, dann gehen wir wieder hinein.«

Er zündete sich eine Zigarette an und starrte müde in den Regen hinaus. Er warf die Zigarette in hohem Bogen auf die Straße, nickte Lazer zu und öffnete leise die Glastür.

Das Foyer war wieder leer, aber die Bürotür stand halb offen. Er schlich lautlos hin und hob vorsichtig die Klappe an der Theke.

Das Mädchen stand am Schreibtisch, vor sich eine offene Handtasche. Sie zog ein Bündel Geldscheine heraus, stellte einen Fuß auf den Stuhl, schob den Rock nach oben und die Geldscheine in den Strumpf.

Lazer klatschte leise in die Hände.

»Das nenne ich eine gelungene Vorstellung.«

Das Mädchen fuhr herum, zog den Rock herunter und starrte ihn erschrocken an. Einen Augenblick lang schien sie die Fassung verloren zu haben, faßte sich aber schnell wieder.

»Sagen Sie mal, was sind denn das für Manieren?«

»Ach, wir dachten, das macht Ihnen nichts aus.« Nick ergriff ihre Hände. »Wie heißt du denn, Süße?«

»Sie sind mir aber einer.« Als er sie zum Schreibtisch schob, legte sie die Arme um seinen Hals. »Was würde denn da Ihr Vorgesetzter sagen?«

»Er hat nichts dagegen, wenn wir uns amüsieren. Dann strengen wir uns nämlich mehr an.«

Er beugte sich vor, um sie zu küssen, und fuhr im gleichen Augenblick mit der Hand an ihrem Bein hoch. Sie wollte sich wehren, aber er hatte das Gesuchte schon gefunden und zeigte ihr lächelnd die Banknoten.

»Geben Sie her, verdammt!« fauchte sie, schlug auf ihn ein und versuchte seine Hand zu packen. »Was bilden Sie sich eigentlich ein?«

Er schob sie weg und zählte schnell das Geld.

»Zwanzig Pfund, lauter Ein-Pfund-Noten.« Er schüttelte den Kopf. »So viel Geld haben Sie doch in Ihrem ganzen Leben noch nicht auf einmal gehabt.«

»Geben Sie mein Geld her«, fuhr sie ihn an, Tränen der Wut in den Augen.

Er warf es ihr ins Gesicht. Sie taumelte mit einem Aufschrei zurück. Er packte sie bei den Schultern und schüttelte sie heftig.

»Zehn Sekunden, mehr gebe ich Ihnen nicht. Garvald ist hiergewesen, nicht wahr?«

Sie riß die Augen auf und hob den Arm, um den erwarteten Schlag abzuwehren.

»Nicht schlagen, bitte nicht schlagen! Ich sag' ja alles! Ich sag' alles!«

Nick trat einen Schritt zurück und wartete. Nach kurzem Zögern sprudelten die Worte aus ihr heraus.

»Er kam heute abend, so gegen neun Uhr. Er trug sich nicht ein, weil ich vergessen habe, ihn darum zu bitten.«

»Ist er weggegangen?«

»Soviel ich weiß, nicht. Um ein Uhr, als die Männer kamen, war er jedenfalls da.«

»Welche Männer?« Sie zögerte. Er trat drohend auf sie zu. »Wer die Männer waren, habe ich gefragt?«

»Den einen habe ich vor ein paar Wochen mal bei einer Party kennengelernt. Ein Grieche oder Zypriote oder was weiß ich. Sie riefen ihn Jango. Wer der andere war, weiß ich nicht. Er hatte ein verklebtes Auge, mehr kann ich Ihnen nicht sagen.«

»Max Donner«, sagte Lazer sofort. »Er und Jango sind Schläger, die Manton für schwere Fälle in Reserve hat.«

Nick starrte das Mädchen an.

»Sie haben Ihnen also zwanzig Pfund gegeben. Wofür?«

»Ich mußte Mr. Garvald eine Tasse Tee bringen. Jango tat etwas hinein. Irgendein Mittel, bei dem man schnell bewußtlos wird, nehme ich an. Ich glaube, sie hatten Angst vor ihm.«

»Und es hat funktioniert?«

Sie nickte. »Sie brachten ihn mit einem Auto fort. Wohin, weiß ich nicht.«

Nick sah Lazer an. Der Amerikaner hob die Schultern.

»Vielleicht ins ›Flamingo‹?«

»Das halte ich nicht für wahrscheinlich«, meinte Nick. »Aber versuchen können wir es.«

Sie gingen zur Tür. Das Mädchen lief ihnen nach und hielt Nick am Ärmel fest.

»Ich hab' es ja nicht bös gemeint. Sie sagten, sie seien Freunde von ihm und wollten ihm nur einen Streich spielen.«

»Sie halten mich wohl für dämlich, was?« Nick legte den Kopf auf die Seite und starrte sie an. »Sie haben zwanzig Pfund. Gegen sechs geht ein Zug nach Liverpool, mit Anschluß an den Dampfer. Den würde ich nehmen.«

Er drehte sich um und ließ sie stehen. Sie schaute eine Weile verwirrt vor sich hin, dann kniete sie nieder und begann die Geldscheine zusammenzuraffen.

Vor dem ›Flamingo-Club‹ herrschte reges Treiben. Zahlreiche Gäste verließen das Lokal und fuhren in ihren Autos davon. Nick stand in einem Eingang gegenüber seinem Wagen, rauchte eine Zigarette und wartete auf Chuck Lazers Rückkehr.

Die Sache verdichtete sich immer mehr, soviel stand fest, aber die Beweggründe waren immer noch undurchsichtig. Wer es auch sein mochte, der es darauf anlegte, Ben Garvald aus dem Weg zu räumen, er mußte gewichtige Gründe haben.

Der Amerikaner kam um die Ecke und trat zu ihm in den Eingang.

»Keine Spur von den beiden. Manton ist auch nicht da.«

»Sind Sie sicher?«

»Absolut. Ich bin sogar hinaufgegangen und habe seine Wohnung durchsucht. Herausgekommen bin ich durch den Nebenausgang.« Er zuckte die Achseln. »Vielleicht liegt er schon im Fluß – Ben, meine ich.«

»Könnten sie ihn nicht irgendwo anders hingebracht haben? In ein abgelegenes Haus oder so?«

Lazer zog die Brauen zusammen und dachte angestrengt nach. Plötzlich hellte sich seine Miene auf.

»Warum ist mir das nicht gleich eingefallen? In der Nähe von Ryescroft, am Stadtrand, steht eine alte georgianische Villa. ›The Grange‹ nennt man sie. Ein ziemlich großer Park gehört dazu.«

»Mantons Eigentum?«

Lazer schüttelte den Kopf.

»Eine von Faulkners Erwerbungen. Er will einen vornehmen Landklub daraus machen, aber Manton führt draußen das Kommando. Zur Zeit wohnt aber nur ein Hausmeister dort. Ein unheimlicher alter Mann, der ›Bluey‹ Squires genannt wird. Früher Portier im ›Flamingo‹, bis er sich ein Bein brach.«

Ryescroft. Etwa eine Meile außerhalb des Stadtgebiets,

strenggenommen also schon im Arbeitsbereich der Landpolizei. Nick überlegte eine Weile und traf seine Entscheidung.

»Fahren wir«, sagte er und hastete zu seinem Wagen.

18

›The Grange‹ gehörte zu den schloßartigen Gebäuden, die zur Regierungszeit Georgs IV. von reichen Exzentrikern aus grauem Yorkshire-Stein erbaut worden war. Riesige Kamine ragten aus dem Steildach in den Himmel, und der Park war von einer über drei Meter hohen Mauer umgeben.

Nick parkte auf einem schmalen Weg, dreißig oder vierzig Meter vom Haupttor entfernt, öffnete die Tür und stieg aus.

»Sieht aus wie eine mißlungene Filmkulisse.«

Lazer setzte sich ans Steuer und grinste.

»Wünschen Sie mir Glück, General. Vielleicht bekomme ich einen Orden oder sonstwas.«

»Riskieren Sie nichts«, mahnte Nick. »Wenn Manton wirklich da ist, wissen Sie ja, was Sie sagen müssen. Ich warte hier auf Sie.« Der Amerikaner schlug die Tür zu und fuhr davon. Das schmiedeeiserne Tor stand offen. Er fuhr zwischen den hohen Pappeln die Auffahrt zu dem dunklen, weitläufigen Gebäude entlang. Nirgends war Licht zu sehen. Er bog auf einen schmaleren Weg ein, der um das Haus herum zu einem gepflasterten Hof führte.

Aus einem Rückfenster strömte Licht. Lazer erkannte Mantons Jaguar und stellte den Motor ab. Als das Brummen verklang, begann im Haus ein Hund hohl und drohend zu bellen. Lazer schauderte unwillkürlich.

Als er aus dem Mini-Cooper stieg, öffnete sich eine Tür. Der Lichtschein erfaßte ihn.

»Wer ist da?« rief eine heisere Stimme.

»Chuck Lazer, Bluey«, erwiderte der Amerikaner. »Ich suche Fred überall. Ist er hier?«

Squires war sechzig Jahre alt, sah aber noch wesentlich älter aus. Wirres graues Haar fiel ihm in die breite Stirn, außerdem schien er sich schon lange nicht mehr rasiert zu haben. Unter dem linken Arm trug er eine Schrotflinte, mit der Rechten hielt er einen riesigen Schäferhund fest, der sich mit allen vieren gegen die Leine stemmte und Lazer anspringen wollte. Aus seiner Kehle drang ein bösartiges Knurren.

»Er hat zu tun«, gab Squires zurück. »Ist es wichtig?«

»Sieht so aus.« Lazer trat auf ihn zu. Sind Donner und Jango auch da?«

Der alte Mann starrte ihn argwöhnisch an.

»Neugierig sind Sie gar nicht, was?«

»Warum die Geheimnistuerei? Ich war doch schon öfter hier, oder?«

»Schon gut«, sagte der alte Mann. »Na, kommen Sie meinetwegen 'rein.«

Sie betraten, was offenbar früher die große Küche gewesen war, einen großen, mit Steinfliesen ausgelegten Raum, in dem ein gewaltiger Kohlenherd stand. Alles war schmutzig, auf dem Tisch in der Mitte stapelte sich ungespültes Geschirr, daneben standen zwei leere Milchflaschen hinter einem halben Laib Brot und ein paar offenen Dosen. Das schmale Bett in der Ecke war nicht gemacht.

Squires gab dem Tier einen Befehl. Der Schäferhund legte sich vor dem Herd nieder und beobachtete Lazer.

»Warten Sie hier. Ich hole Manton.«

Er lehnte die Flinte an die Wand und verließ den Raum. Lazer setzte sich auf den Tischrand. Nach einiger Zeit ging die Tür wieder auf, und Manton kam herein, gefolgt von Donner.

Manton trug einen Mantel über den Schultern. Offenbar war ihm kalt. Er sah Lazer stirnrunzelnd an.

»Ich dachte, Sie spielen bei Faulkners Fest auf?«

»Ich bin weggegangen«, erwiderte Lazer kurz. »Einer von diesen verdammten Bullen tauchte auf und fragte nach Ben Garvald. Ein Kriminalsergeant namens Miller.«

»Ben Garvald?« sagte Manton. »Aber der sitzt doch noch.«

»Nicht mehr. Gestern ist er entlassen worden. Dieser Miller behauptet, er sei in der Stadt.«

»Weshalb suchen sie ihn?«

»Routineermittlungen, hieß es. Ich dachte mir aber, Sie sollten Bescheid wissen, Fred. Früher sind Sie und Ben doch dicke Freunde gewesen. Vielleicht kommt der Bulle als nächstes zu Ihnen.«

»Das haben Sie ganz richtig gemacht, Chuck. Vielen Dank.« Manton zögerte. »Erwähnte dieser Miller meinen Namen?«

Lazer schüttelte den Kopf.

»Er hatte es furchtbar eilig. Anscheinend ist irgendein Kollege von ihm überfahren worden. Der Täter scheint flüchtig zu sein. Millers Kollege liegt jedenfalls im Krankenhaus und schwebt in Lebensgefahr.«

Donner gab einen unterdrückten Laut von sich, und Mantons Gesichtsausdruck schien sich enger um die Backenknochen zu spannen. Er zwang sich ein Lächeln ab.

»Damit werden die Leute ja wenigstens bis morgen beschäftigt sein. Herzlichen Dank für Ihre Mithilfe, Chuck. Es war ganz richtig, daß Sie hergekommen sind.«

»Na gut.« Lazer stand auf. »Dann verschwinde ich wieder. Wird Zeit, daß ich ins Bett komme.« Er ging zur Tür, öffnete sie und drehte sich mit einem Lächeln um. »Wir sehen uns morgen im Klub.«

Die Tür fiel hinter ihm zu, und der Luftzug wirbelte durch den Raum, um in einer Ecke zu ersterben. Donner brach als erster das Schweigen.

»Wenn Brady durchkommt und quatscht –«

»Das gibt mindestens fünfzehn Jahre für jeden«, flüsterte Manton. »Kein Richter im Land tut es darunter.«

»Wir könnten am Morgen schon in Liverpool sein«, sagte Donner erregt. »Und dann nichts wie weg mit dem nächsten Schiff. Spanien oder so. Kein Mensch wird Fragen stellen. Ich kenne die richtigen Leute.«

»So etwas kostet Geld.«

»Im Safe im Klub liegt genug. Sieben- oder achttausend.«

»Das gehört Faulkner, nicht mir.«

»Wir kämen weit damit.«

Manton überlegte kurz und nickte.

»Nur das eine noch. Was ist, wenn uns die Bullen schon auf der Spur sind? Vielleicht warten sie nur darauf, daß wir uns im Klub sehen lassen.«

»Ganz einfach«, sagte Donner achselzuckend. »Schicken Sie Jango voraus. Er wird es schon merken.«

»Wird er sich darauf einlassen?«

»Wüßte nicht, wieso nicht.« Donner grinste. »Vor allem, wenn Sie ihn nicht einweihen.«

Manton begann zu lachen und schüttelte den Kopf.

»Sie sind richtig, Donner.«

»Das ist die einzige Möglichkeit«, gab Donner zurück. »Und was machen wir mit Garvald?«

»Es hat keinen Sinn, ihn noch länger mitzuschleppen. Er müßte noch bewußtlos sein. Wir nehmen ihn mit und kippen ihn aus dem Wagen, wenn wir durchs Moor fahren.«

Squires humpelte in die Küche.

»Jango ist hinaufgegangen und sieht nach dem Burschen, Mr. Manton. Wie lange bleibt er hier?«

Bevor Manton etwas erwidern konnte, ertönte irgendwo im Haus ein schriller Schrei. Er drehte sich auf dem Absatz um.

»Das klang nach Jango!«

Wortlos ergriff Donner die Flinte und lief durch den dunklen Korridor.

Ben Garvald tauchte aus der Dunkelheit empor und öffnete die Augen. Das Zimmer war von Spinnweben erfüllt – riesigen, grauen Spinnennetzen, die sich träge bewegten.

Er schloß die Augen, atmete tief und kämpfte gegen die aufsteigende Panik an. Als er die Augen wieder aufschlug, waren die Spinnengewebe fast verschwunden.

Er lag auf einem schmalen Bett an der Wand eines kleinen

Zimmers. An der Decke hing eine Lampe mit Schirm, die Vorhänge am Fenster waren zugezogen.

Er schwang die Beine herunter und blieb eine Weile auf dem Bettrand sitzen, bevor er aufzustehen versuchte. Er hatte einen schrecklichen Geschmack im Mund, die Zunge war trocken und angeschwollen. Das Mittel im Tee hatte seine Wirkung getan – und zwar gründlich.

Er stellte sich auf die Beine und wankte durch das Zimmer, hielt sich an der Wand fest, drehte sich um und kehrte zum Bett zurück. Nach einiger Zeit verschwanden die Spinnweben ganz, und sein Gedächtnis erwies sich als intakt.

Er erinnerte sich an sein Zimmer im Hotel, an das Mädchen, das den Tee gebracht hatte. Und dann war Donner aufgetaucht, was nur eines bedeuten konnte: Der Polizeibeamte, der im Klub die Treppe hinuntergestürzt war, mußte gestorben sein.

Eine interessante Situation. Er stand wieder auf und untersuchte die Tür. Sie war abgeschlossen, offenbar mit einem Steckschloß. Ein Oberlicht gab es nicht. Er ging zum Fenster und zog die Vorhänge zurück. Der untere Rahmen des Fensters ließ sich unschwer hochschieben. Er schaute hinaus.

Er befand sich im obersten Stockwerk. Der Park lag zehn Meter unter ihm im Dunkeln. Das nächste Fenster war gute drei Meter von ihm entfernt und nicht zu erreichen.

Er schloß das Fenster, ging zum Bett zurück, um die Lage zu überdenken, und hörte, wie ein Schlüssel ins Schloß gesteckt wurde. Er zögerte einen Augenblick, legte sich dann schnell wieder auf das Bett und schloß die Augen.

Die Tür ging auf, jemand trat ins Zimmer. Garvald wartete. Als eine Hand seine Hemdbrust packte, um ihn wachzurütteln, öffnete er die Augen und starrte in das verblüffte Gesicht Jangos. Der Zypriote vermochte einen Warnschrei auszustoßen, bevor Garvalds rechte Faust in seiner Magengrube landete. Jango schnappte nach Luft und kippte um. Garvald sprang auf, rannte hinaus und schloß die Tür hinter sich.

Er lief eine Treppe zum nächsten Stockwerk hinunter und hörte unten Max Donners Stimme.

»Jango! Jango, was ist los?«

Garvald riß die nächstgelegene Tür auf, trat in die Dunkelheit dieses Raumes und wartete. Auf dem nackten Fußboden des Korridors näherten sich Schritte. Donner tauchte auf, die Flinte im Anschlag. Garvald trat hinaus und ließ den Arm auf Donners rechtes Handgelenk niedersausen. Donner stöhnte auf und ließ die Waffe fallen.

»Vorsicht, Manton, Garvald ist frei!« schrie Donner und stürzte sich auf den Gegner. Seine Finger zielten nach den Augen Garvalds.

Unten in der Halle echote ein markerschütterndes Geheul, als Squires den Schäferhund von der Kette ließ. Donner und Garvald rangen einen Augenblick miteinander, dann stürmte der Hund in den Korridor.

Garvald bäumte sich auf und stieß Donner mit Wucht durch den Korridor zur Treppe. Er sank auf ein Knie, riß die Waffe hoch und spannte den Hahn. Der Hund war schon auf halbem Weg durch den Korridor, als er den Lauf hochschwang. Das Tier setzte zum Sprung an, und er drückte ab.

Der Schäferhund wurde mitten im Sprung getroffen, heulte auf und fiel gegen die Wand, lag zuckend am Boden. Garvald hörte einen Wutschrei. Squires tauchte am anderen Ende des Ganges auf, um sich mit Donner zu verbünden. Manton war an seiner Seite. Als die drei Männer heranstürmten, schleuderte Garvald die Flinte nach ihnen, drehte sich um und rannte davon.

Eine schmale Hintertreppe verlor sich unten in der Dunkelheit. Er raste hinunter und erreichte einen mit Steinfliesen ausgelegten Korridor. Er riß die Tür am Ende des Ganges auf und lief in den Hof hinaus.

Das Licht aus dem Küchenfenster zeigte ihm die hohe Mauer und eine schmale Tür darin. Er plagte sich für Sekunden erfolglos mit dem rostigen Riegel ab und lief zu der Stelle, wo das Stallgebäude an die Mauer grenzte. Erst an einem

Abflußrohr, dann an einem Fensterbrett im Stallgebäude zog er sich auf das steile Dach hinauf. Er schwang sich über die Mauer, hing einen Augenblick an den eingekrallten Fingern und ließ sich in das nasse Gras fallen.

Er sank auf ein Knie. Ein Arm legte sich um seinen Hals, eine Hand drückte mit Brachialgewalt zu. Er wehrte sich verzweifelt, aber der Druck verstärkte sich und schnitt ihm die Luftzufuhr völlig ab.

Ein Streichholz flammte auf, und Chuck Lazer sagte: »Loslassen, General. Das ist Ben.«

Nick gab Garvald frei. Ben verharrte ein paar Sekunden auf den Knien, schüttelte den Kopf und faßte sich an die Kehle, dann raffte er sich auf.

»Wo ist euer Wagen?«

«Vorne am Weg.«

»Dann nichts wie weg hier!«

Nick hielt seinen Arm fest.

»Nicht so schnell, Garvald. Vorhin haben wir einen Schuß im Haus gehört.«

»Stimmt. Der alte Halunke, der das Haus bewacht, hetzte seinen Schäferhund auf mich. Ich mußte ihn abknallen. Wollen Sie mich deshalb festnehmen?«

»Vielleicht. Kommt darauf an, wie Sie meine Fragen beantworten. Gehen wir.«

Sie hasteten den Weg entlang zur Straße. Der Mini-Cooper stand unter den Bäumen, ohne Licht, und Nick öffnete die Tür.

»Steigen Sie hinten ein.«

Garvald gehorchte ohne Zögern. Sein Gehirn arbeitete fieberhaft. Er hatte schon viel Zeit vergeudet, und der Ablauf der Dinge schien sich seiner Kontrolle völlig entzogen zu haben. Es war wohl besser, sich zu holen, wofür er gekommen war, und die Stadt schnell zu verlassen. Aber zuerst mußte er Miller loswerden, was, dem Anschein nach, nicht ganz leicht zu werden versprach.

»Woher wußten Sie, wo ich bin?«

Als Miller schwieg, drehte sich der Amerikaner um.

»Mir fiel ein, daß du gesagt hast, du wärst im Regent Hotel untergekommen. Die Kleine, die dort Nachtdienst macht, hat uns das Übrige erzählt. Allerdings mußten wir sie erst dazu überreden.«

»Dieses Miststück!« Garvald zündete sich eine Zigarette an und lehnte sich zurück. »Und was hat das Ganze zu bedeuten, Chuck? Bist du Mitarbeiter bei der Polizei geworden?«

»Herrgott noch mal, Ben, ich wollte dir helfen.«

»Klingt ziemlich lahm.« Garvald wandte sich an Nick. »Warum die Jagd auf mich? Ich habe mir nichts zuschulden kommen lassen. In die Stadt bin ich erst vor ein paar Stunden gekommen.«

»Als ich mich am Abend auf die Suche nach ihnen machte, wollte ich Ihnen nur nahelegen, Bella in Ruhe zu lassen.«

»Sie steckt also dahinter?« Garvald lachte leise. »Sie hat von mir nichts zu befürchten. Ich würde sie nicht mal mit einer Kohlenzange anrühren.«

»Dann sind Sie wegen der Moneten zurückgekommen«, sagte Nick sofort. »Wegen Ihres Anteils aus dem Überfall, wegen der achttausend Pfund. Eine andere Erklärung gibt es nicht.«

Garvald, der verzweifelt nach einem Ausweg suchte, riskierte einen Schuß ins Blaue.

»Wie geht es Brady?« fragte er.

»Was weißt du von Brady, Ben?« fragte Chuck Lazer entsetzt.

Nicks Lippen wurden schmal.

»Was soll mit Brady los sein, Garvald?«

»Ein Kollege von Ihnen, nicht wahr?« meinte Garvald. »Er war im ›Flamingo‹ und suchte mich. Es gab eine Rauferei, und Donner stürzte ihn mit einem Faustschlag die Treppe hinunter.«

»Man fand ihn auf einer Straße beim Fluß«, erklärte Nick. »Sah nach Autounfall mit Fahrerflucht aus.«

»Das nenne ich geschickt.« Garvald lächelte schwach. »Bestimmt Mantons Idee. Man muß schon um drei Ecken denken können wie er, damit einem so etwas einfällt.«

»Sind Sie sicher?«

»Ich habe den Vorfall beobachtet, weil ich mich in einem Wandschrank im Korridor versteckt hielt.« Garvald lachte rauh. »Warum, glauben Sie, haben Manton und seine Leute mich aus dem Hotel geholt? Sie hatten einen Polizisten umgebracht, und ich war der einzige Zeuge. Man kann sich vorstellen, was sie vorhatten.«

»Der Witz bei der Sache ist, daß Brady lebt«, sagte Nick. »Er ist zwar immer noch bewußtlos, aber die Ärzte rechnen damit, daß er durchkommt.«

»Und das weiß Manton nicht?«

»Jetzt schon«, warf Lazer ein. »Ich unterhielt mich mit ihm in der Küche, um der Sache einen natürlichen Anstrich zu geben. Ich erwähnte, daß Brady im Krankenhaus liegt und gute Aussichten hat, wieder gesund zu werden. Dabei fällt mir übrigens ein, daß er und Donner ziemlich belämmert dreingesehen haben.«

»Sie müssen abhauen«, meinte Garvald in aller Ruhe. »Eine andere Wahl haben sie nicht.«

Er ließ sich zufrieden zurücksinken und zündete sich die nächste Zigarette an. Die Polizei setzte sich für ihre Leute ein. Von diesem Augenblick an trat alles hinter dem Fall Brady zurück. Man würde nicht ruhen, bis Manton und sein Gehilfe Handschellen trugen. Garvald störte das gar nicht. Manton war ein ganz übles Subjekt. Daß ihm endlich das Handwerk gelegt wurde, war schon seit Jahren fällig.

Nick schlug sich mit einem dringenderen Problem herum. Ohne Funkgerät konnte er sich mit dem Präsidium nicht laufend in Verbindung setzen, und ohne Hilfe war es praktisch unmöglich, Manton und seine beiden Komplicen zu überwältigen.

Das Problem löste sich von selbst, als Mantons Jaguar keine dreißig Meter vor ihnen auf die Straße hinausschoß und

Richtung Stadt davonbrauste. Nick zögerte keine Sekunde. Er trat auf den Anlasser, und der Mini-Cooper raste davon.

»Da haben Sie recht große Aussichten«, meinte Garvald spöttisch.

»Sie sind zu lange weggewesen«, gab Nick zurück. »Das ist ein Wolf im Schafspelz.«

Der Mini-Cooper erreichte nach genau einunddreißig Sekunden eine Geschwindigkeit von hundertfünfzehn Stundenkilometern, und die Tachonadel kletterte weiter, bis sie auf der zum Äußeren Ring führenden Autostraße fast hundertfünfzig Stundenkilometer erreichten.

»Was ist denn das für ein Apparat, Menschenskind?« schrie Ben Garvald.

Nick grinste und konzentrierte seine ganze Aufmerksamkeit auf die Heckleuchten des Jaguars, die durch den Regenschleier schimmerten.

»Die größte Erfindung seit den Pferden!«

Als sie die Autostraße verließen, bremste er, gab im Scheitelpunkt der Kurve Gas, und der Mini-Cooper schoß durch die Biegung, ohne aus der Spur zu geraten.

Der Jaguar war ungefähr fünfzig Meter entfernt, wurde aber nicht langsamer. Garvald beugte sich vor und tippte Nick auf die Schulter.

»Haben Sie sich schon überlegt, daß Sie ganz allein sind? Drei zu eins, und Donner gehört zu den Leuten, die ihre eigene Schwester verkaufen, wenn das Taschengeld mal knapp ist.«

Nick beachtete ihn nicht. Er konzentrierte sich voll auf den Jaguar, schätzte die Entfernung ab und plante die Aktion auf eine Zehntelsekunde voraus. Er hatte das Heck des Jaguars fast erreicht, legte plötzlich den dritten Gang ein, bog heraus und trat das Gaspedal durch. Der Mini-Cooper zog am Jaguar langsam vorbei. Nick zog den Wagen nach rechts und trat auf die Bremse.

Während er das Lenkrad drehte, schaute er hinüber. Im Jaguar saß nur ein einzelner Mann, der Fahrer, und als auch er bremste, geriet der Jaguar ins Schleudern. Die Räder auf der rechten Seite gruben sich in das Grasbankett. Als der Jaguar zum Stehen kam, brachte Nick den Mini-Cooper davor zum Stillstand, schaltete den Motor ab und sprang hinaus.

Jango reagierte um eine Spur zu langsam. Er hüpfte aus dem Jaguar und ergriff die Flucht, aber eine Hand packte ihn an der Schulter, wirbelte ihn herum und stieß ihn mit voller Wucht gegen den Wagen.

Er reagierte mit der bei Gewohnheitsverbrechern üblichen Mischung aus empörter Unschuld und Wut.

»He, was soll denn das, verdammt noch mal?«

Eine Hand preßte sich so brutal um seinen Hals, daß er entsetzt aufschrie und blindlings auf die Gestalt vor sich einschlug.

Zum zweitenmal in dieser Nacht sank eine Faust in seine Magengrube. Während er mit dem Gesicht im nassen Gras lag, wurden seine Arme nach hinten gerissen, Handschellen schlossen sich um seine Handgelenke, und Jango spürte, wie sich vor Angst alles in ihm zusammenkrampfte.

Lazer war ausgestiegen. Er stand neben der offenen Tür des Mini-Coopers und starrte durch die Dunkelheit zum Jaguar hinüber. Plötzlich begann der kleine Wagen zu schaukeln. Lazer drehte sich hastig um. Ben Garvald war gerade dabei, sich ans Steuer zu setzen.

Er grinste und trat auf den Anlasser.

»Ich habe zu tun, Chuck. Vielleicht sehen wir uns noch, aber viel spricht nicht dafür. Beste Grüße an Miller. Unter anderen Bedingungen hätte es mir vielleicht Spaß gemacht, ihn zu hassen.«

Als der Motor aufheulte, gab er Lazer einen Stoß, der ihn nach hinten taumeln ließ. Bis der Amerikaner sein Gleichgewicht wiedergewonnen hatte, war der Mini-Cooper schon in der Dunkelheit verschwunden.

19

Es war kurz nach drei Uhr. Für mindestens zwanzig oder dreißig Gäste, die nicht nach Hause wollten, war die Party noch in vollem Gange. Harry Faulkner hatte im langen Saal die Pflichten des Barmixers übernommen. Ein halbes Dutzend Paare tanzte zu Schallplattenmusik.

Bella hatte längst das Stadium erreicht, in dem der Gin in ihrer Kehle steckenzubleiben schien. Schlagartig geschah etwas Merkwürdiges. Jedes Gesicht, in das sie starrte, schien böse und eigensüchtig zu sein, und als sie sich abrupt in einem Spiegel betrachtete, stieß, was sie dort sah, sie am meisten ab.

Zuviel getrunken, daran lag es. Was sie jetzt brauchte, war ein heißes Bad und mindestens zwölf Stunden Schlaf. Sie durchquerte die Halle, betrat die Bibliothek und schloß die Tür ab.

Das Badezimmer war in schwarzgeädertem Marmor gehalten, die Armaturen in Gold, die Wanne war halb in den Boden eingelassen. Sie drehte den Hahn auf, kehrte ins Schlafzimmer zurück, zog sich hastig aus und warf die Sachen gleichgültig aufs Bett.

Eine ganze Minute blieb sie vor dem Spiegel stehen und betrachtete sich genau. Sie hatte immer noch eine ausgezeichnete Figur, aber an den Hüften war schon eine Verdickung zu erkennen, und die Art, wie sich das Fleisch unter ihrem Kinn wölbte, versprach nichts Gutes.

Sie ging ins Bad und stieg ins heiße Wasser. Wie immer, war es beinahe ein lustvolles Gefühl für sie, sich auszustrekken und zu spüren, wie die Wärme sich in allen Gliedern ausbreitete. Sie lag da, starrte an die Decke und ließ die Ereignisse des Abends noch einmal an sich vorüberziehen. Sie dachte auch an Ben. Das Seltsame war, daß sie sich gar nicht mehr genau vorstellen konnte, wie er aussah. Es war ja auch eine lange Zeit vergangen. Sie setzte sich auf, griff nach der Seife und spürte plötzlich einen leichten Luftzug, als stünde die Tür offen. Als sie sich umdrehte, stand Ben dort und lächelte sie an.

Er steckte eine Zigarette zwischen die Lippen und grinste. »Eine lange Zeit, Liebling, aber du gefällst mir immer noch.«

Und sie hatte keine Angst, was sie merkwürdig fand, weil sie immer geglaubt hatte, sich vor diesem Augenblick fürchten zu müssen. Sie sah zu Ben auf. In ihrem Inneren regte sich etwas. Eine Erinnerung an ihre Jugend vielleicht, als nichts so wichtig erschienen war, wie sich zu amüsieren. Und dann war Ben in ihr Leben getreten, dieser gutaussehende, lächelnde Teufelskerl aus Irland, der jedem Mann Angst einjagen konnte, aber genau das war, was sich eine Frau nur zu wünschen vermochte.

Sie stand auf. Das Wasser perlte von ihrem Körper.

»Gib mir lieber ein Handtuch.«

Er lächelte immer noch. Ihr Anblick schien also keine sehr große Wirkung auf ihn auszuüben. Er ließ seine Zigarette fallen, zog ein Badetuch von dem vergoldeten Halter und trat auf sie zu.

»Was soll ich tun, Liebling, soll ich dir den Rücken frottieren?«

»Das wäre nicht das erstemal«, erwiderte sie ruhig.

Er legte das Badetuch um ihre Schultern und riß sie plötzlich an sich. Sie spürte ihr Herzklopfen und ein flaues Gefühl in der Magengegend, als sie zu ihm aufsah. Träge Wärme flutete durch ihre Glieder.

Sie schlang die feuchten Arme um seinen Hals. Das Badetuch glitt herunter. Er hob sie hoch und trug sie ins Schlafzimmer, während sie ihn leidenschaftlich küßte.

Sie bog sich zurück und sah ihm in die Augen.

»Ben, o Ben«, flüsterte sie.

»Ich weiß, Süße, ist die Liebe nicht herrlich?« Er ließ sie auf das Bett fallen und trat grinsend zurück. »Der arme, alte Harry Faulkner. So ein Anblick wird seinem Herzen wohltun.«

Sie lag da, auf einen Ellbogen gestützt, von dem Badetuch nur unzulänglich bedeckt, und starrte ihn mit funkelnden Augen an.

»Also gut, was willst du?« fauchte sie.

»Mein Geld, Liebling, das ist alles. Siebentausendachthundertfünfzig Möpse. Kein Vermögen, aber ein ganz schöner Brocken, wie meine alte Großmutter in Irland gesagt hätte. Nicht viel für neun Jahre hinter Gittern, aber als Startkapital reicht es.«

Sie zog die Brauen zusammen, starrte ihn aber unverwandt an. Sein Lächeln verschwand.

»Du hast es doch noch, oder?«

Sie nickte, setzte sich auf und wickelte sich in das Badetuch.

»Aber nicht hier.«

»Das ist schlecht«, sagte er stirnrunzelnd. »Ich hatte gehofft, bis zur Frühstückszeit wieder verduften zu können. Eigentlich nahm ich an, daß dir das auch am liebsten gewesen wäre.«

»Bei Hagens Werft am Fluß liegt meine Motorjacht«, sagte sie. »Harry hat sie mir voriges Jahr zum Geburtstag geschenkt. Dort liegt das Geld. Ich bin froh, wenn ich es endlich los bin.«

»Fein«, sagte Garvald. »Ich habe einen Wagen. In zehn Minuten können wir dort sein.«

Sie stand auf und hielt das Badetuch fest.

»Wenn du die Freundlichkeit hättest, endlich hier zu verschwinden, könnte ich mich anziehen. Nebenan findest du Getränke.«

»Na ja, früher –« sagte er und begann zu lachen. Er lachte immer noch, als er die Bibliothek betrat.

Als sich die Tür schloß, setzte sich Bella aufs Bett und griff nach dem Telefon. Sie wählte hastig eine Nummer. Am anderen Ende der Leitung wurde sofort abgehoben.

»Er ist da«, sagte sie. »Wir fahren in zehn Minuten.«

Der Hörer am anderen Ende wurde sofort wieder aufgelegt. Bella folgte dem Beispiel. Sie kleidete sich hastig an – lange Hose, Lederstiefel, ein schwerer, gefütterter Wildledermantel. Vor dem Spiegel band sie sich ein seidenes Kopftuch um.

Schließlich trat sie an die Kommode, sperrte mit einem kleinen Schlüssel eine Schublade auf und nahm eine Pistole heraus. Lange Sekunden starrte sie die Waffe an und umfaßte den Kolben so heftig, daß ihre Fingerknöchel schneeweiß hervortraten. Schließlich schob sie die Pistole in die Tasche und betrat die Bibliothek.

Bluey Squires saß am Küchentisch und starrte ins Leere, in der einen Hand ein Glas, in der anderen die Flasche. Er dachte an seinen Hund und schaute hinüber in die Ecke, wo das tote Tier mit einem alten Sack zugedeckt war.

Seltsamerweise hegte er keinen Groll gegen Garvald. Manton war an allem schuld. Manton und dieser einäugige Halunke, Donner. Wenn sie Garvald nicht hierhergebracht hätten, wäre die Geschichte gar nicht passiert.

Draußen im Hof hielt ein Auto. Er stand auf, ging zum Fenster und schaute in den Regen hinaus. Der Jaguar stand unmittelbar vor der Küchentür. Squires hastete hin und schloß eilig auf.

Was dann geschah, schien aus einem quälenden Alptraum zu stammen. Die Tür des Jaguars öffnete sich, und ein großer Mann sprang mit überraschender Schnelligkeit heraus, ein Mann mit kantigem, von Falten durchzogenen Gesicht, das Squires sofort erkannte.

Er stand mit herabhängendem Unterkiefer da und brachte kein Wort heraus. Eine große Hand packte ihn an der Kehle, und Grant sagte leise: »Wo sind sie, Bluey? Schnell!«

Er lockerte seinen Griff. Squires atmete stöhnend ein.

»Oben, Mr. Grant. Manton hat im ersten Stock ein Büro. Alle anderen Zimmer sind nicht möbliert.«

Er wich zurück, als sich die Küche mit Polizeibeamten zu füllen schien.

»Gut, Bluey«, sagte Grant. »Wenn Sie Ihre Haut retten wollen, haben Sie folgendes zu tun.«

Manton kippte seinen Whisky hinunter und schaute zum fünften Male in ebensoviel Minuten auf die Uhr.

»Der läßt sich aber Zeit.«

Donner lachte rauh. »Vielleicht haben sie ihn geschnappt.«

Er saß auf dem Rand der Schreibtischplatte, die Flinte quer über den Knien, eine Zigarette im Mundwinkel, das gesunde Auge halb geschlossen. Er war ziemlich betrunken und griff nach der Flasche, um sein Glas wieder zu füllen.

»Hören Sie doch auf«, knurrte Manton zornig. »Sie brauchen Ihren Verstand, wenn wir die Nacht überstehen wollen.«

»Die Zeit, in der ich Befehle entgegengenommen habe, ist vorbei, Manton«, gab Donner zurück und goß Whisky in sein Glas.

Manton trat einen Schritt auf ihn zu, erstarrte aber, als jemand an die Tür klopfte. Er eilte hinüber.

»Wer ist da?«

»Ich bin's, Mr. Manton«, rief Bluey Squires. »Jango ist wieder da.«

Manton atmete erleichtert auf und drehte den Schlüssel. Im gleichen Augenblick wurde die Tür aufgestoßen. Er sah Grant mit dem Gesicht eines Racheengels, sah neben ihm Miller mit Augen, die wie dunkle Höhlen in seinem blassen Gesicht lagen. Und hinter ihnen die anderen, große Männer in blauen Uniformen, die wie eine Sturzwelle hereinbrachen.

Donner riß die Waffe zu spät hoch. Nick warf einen Hocker nach ihm, der die Flinte zur Seite schlug. Die Kugel drang harmlos in den Boden. Grant setzte zum Sprung an, und seine rechte Faust traf Donner an der Schläfe.

Einen Augenblick später lag Donner am Boden und wehrte sich verzweifelt gegen vier Polizisten. Nur mit Mühe gelang es ihnen, den Einäugigen zum Gefangenenwagen hinunterzuschleifen.

20

Der Nebel wurde dichter, als sie sich dem Stadtzentrum näherten. Garvald bog mit dem Mini-Cooper von der Hauptstraße ab und schlug die Richtung zum Fluß ein, wobei er Nebenstraßen bevorzugte.

»Wo hast du den Wagen her?« fragte Bella.

»Von einem Freund geliehen.«

Sie schwiegen eine Weile.

»Es ist lange her, nicht wahr, Ben?« meinte sie schließlich. »Seit wir so beisammen waren, meine ich.«

»Zu lange, Liebling«, erwiderte er, und seine Stimme klang endgültig.

Sie schien es zu merken, zog ein goldenes Etui heraus und steckte eine Zigarette zwischen ihre Lippen.

»Was wirst du jetzt tun?«

»Sobald ich das Geld habe?« Er grinste. »Ich fahre nach Hause, Bella. Zurück in die Heimat. Ein Onkel hat in Antrim einen Bauernhof, aber keinen Erben. Von den Städten habe ich genug.«

Sie starrte ihn verblüfft an und begann zu lachen.

»Du willst Landwirt werden? Das glaube ich sofort, wenn ich es sehe.«

»Es hat schon ganz andere Dinge gegeben.«

»Zum Beispiel?«

»Daß du dich einem alten Mann als Bettflasche verkaufst«, erwiderte er mit einer Härte, die sie zum Schweigen brachte.

Als sie sich dem Fluß näherten, hörte der Verkehr auf der Straße ganz auf. Sie erreichten einen Bezirk dunkler Straßenschluchten, begrenzt von hohen Lagerhäusern. Garvald hielt auf Bellas Wink hin unter einer Laterne in einer schmalen Straße vor einem Tor. Durch die Gitterstäbe konnte er die Positionslampen der Schleppkähne am anderen Ufer schimmern sehen, aber zu hören war nur das Rumoren des Wassers, das an die Pfeiler der Landungsstege klatschte.

»Von hier aus müssen wir zu Fuß gehen«, sagte sie.

Er stieg aus, ging um den Wagen herum und trat zu ihr. Das Haupttor war verschlossen, aber die kleine Pforte daneben sprang auf, als sie die Klinke niederdrückte. Sie gingen hindurch.

Ein paar weit auseinanderstehende Gaslampen an der Außenmauer des Lagerhauses verbreiteten Licht, aber der vom Fluß heranwallende Nebel machte es trüb. Die Sicht war gering.

Sie kamen an einer Tür vorüber. Auf einem Schild stand ›Hagen's Werft – Hauptbüro‹. Sie schritten weiter über das schwarze, schimmernde Pflaster zur letzten Lampe am Ende des alten Lagerhauses. Dahinter verschwanden Geländer und Holzplanken des Landungsstegs im Nebel und in der Dunkelheit des Flusses.

»Verdammt!« sagte Bella. »Das Licht am Ende des Stegs brennt nicht. Auf die Nachwächter ist wirklich kein Verlaß.«

»Ist das Boot dort festgemacht?«

Sie nickte.

»Warte hier. Ich gehe ins Büro und hole eine Stablampe. Ich habe einen Schlüssel.«

Sie eilte davon. Ihre Schritte verklangen rasch. Garvald zog eine Zigarette aus der Packung, zündete sie an und starrte bedrückt in den Nebel.

Eigentlich hätte er bester Stimmung sein müssen, weil er zum erstenmal den Entschluß gefaßt hatte, ein anderes Leben anzufangen. Statt dessen war er traurig. Die Lampe über ihm, der breite Steg, der sich vor ihm in die Dunkelheit erstreckte, dies alles wirkte verschwommen, unwirklich, als könne sich alles jeden Augenblick in Nebel auflösen.

›Die Jahre, von den Heuschrecken verzehrt.‹ Als ihm das Zitat plötzlich einfiel, sah er seine alte Großmutter vor sich, die Bibel auf den Knien, des Freitag abends einem Jungen vorlesend, der noch ein ganzes Leben mit all seinen Hoffnungen, Träumen und Wundern vor sich hatte.

Er hörte ihre Schritte wieder näherkommen und drehte sich um.

»Das hat ja nicht lange gedauert.«

»In dieser endgültig letzten, erstarrten Sekunde des Lebens, in der die Zeit stillzustehen schien, sah er nur eines – die Mündung der Pistole, die auf ihn gerichtet war. Die Flamme schlug in die Nacht, und er taumelte zurück ans Geländer des Landungsstegs. Von der Kugel wurde er halb herumgeschleudert, versuchte sich festzukrallen, und als das Brett splitterte und auseinanderbrach, traf ihn eine zweite Kugel im Rücken und schickte ihn über einen schemenhaften Rand hinweg in ewige Dunkelheit.

21

Als Harry Faulkner das Büro der Kriminalpolizei im Rathaus betrat, war es genau 4.15 Uhr. Als erstes entdeckte er Chuck Lazer, der an einem leeren Schreibtisch saß und Patiencen legte, eine Kanne Tee neben sich.

»Was, zum Teufel, treiben Sie hier?« fragte Faulkner fassungslos. »Ich bin ein Mitarbeiter der Kriminalpolizei«, erwiderte Lazer. »Faszinierende Beschäftigung, aber die Bezahlung ist miserabel.«

Die Tür zu Grants Büro ging auf, und ein junger Konstabler trat heraus.

»Hier, Mr. Faulkner, Chefinspektor Grant möchte kurz mit Ihnen sprechen.«

Grant saß im Mantel an seinem Schreibtisch. Auf seiner Stirn standen Schweißtröpfchen. Er wischte sie mit dem Ärmel ab und schluckte zwei Tabletten. Er trank Tee nach und verzog den Mund.

»Tun Sie was Trinkbares rein, Bob. Das Zeug ist ja nicht zu genießen.«

Der Konstabler nahm die Kanne und entfernte sich. Faulkner setzte sich auf den Stuhl vor Grants Schreibtisch und runzelte die Stirn.

»Was ist eigentlich los?« fragte er.

»Wir haben Fred Manton festgenommen«, erwiderte Grant und zündete seine Pfeife an. »Ich dachte, das interessiert Sie, als Arbeitgeber und so.«

Faulkner war ein alter Fuchs und ließ sich nicht aufs Glatteis führen. Er nahm eine Zigarette aus seinem Etui und zündete sie mit einem goldenen Feuerzeug an.

»Wie lautet die Beschuldigung gegen ihn?«

»Im Augenblick würde ich sagen, ›Mordversuch an einem Kriminalbeamten‹.«

Faulkners Gesicht wurde kreidebleich.

»Wissen Sie überhaupt, was Sie da sagen?«

»Und ob«, antwortete Grant. »Falls es Sie interessiert – er wollte mit allem Bargeld, das er zusammenraffen konnte, das Weite suchen. Mit Ihrem Geld, versteht sich.«

»So ein Halunke«, ereiferte sich Faulkner. »Nach allem, was ich für ihn getan habe.«

»Ich schicke ein paar Beamte zum ›Flamingo‹«, fuhr Grant fort. »Sie bringen einen Durchsuchungsbefehl mit, der sie ermächtigt, Mantons Büro und Wohnung zu durchsuchen. Ich bin der Meinung, daß Sie als Eigentümer dabeisein sollten, nur um bestätigen zu können, daß alles seine Ordnung hat. Vor allem möchte ich eine Inventarliste des Safeinhalts.«

»Ich stehe Ihnen ganz zur Verfügung«, erwiderte Faulkner kaltblütig. »Sie kennen mich.«

»Ich habe fast erwartet, daß Sie das sagen werden. Sergeant Carter und ein uniformierter Beamter erwarten Sie unten.«

Faulkner ging zur Tür, öffnete sie und trat zur Seite, als der junge Konstabler mit Grants Tee hereinkam.

»Nur noch eins, Mr. Faulkner«, sagte Grant. »Kommen Sie bitte nach der Hausdurchsuchung mit den beidem Beamten wieder hierher. Ich hätte gern Ihre Aussagen bezüglich Mantons Festnahme.«

»Ist das wirklich nötig?«

»Ich wäre Ihnen sehr dankbar, wenn Sie mich auch in dieser Beziehung unterstützen würden.«

Faulkner sah ihn verwirrt an, als könne er nicht ganz verstehen, in welche Richtung sich die Dinge entwickelten, und hob schließlich die Schultern.

»Also bis später.«

Die Tür fiel hinter ihm ins Schloß. Grant füllte seine Tasse und führte sie an die Lippen. Er schnitt eine Grimasse und setzte sie sofort wieder ab.

»Frisch gekocht, Sir«, versicherte der junge Konstabler.

»Sie können ja nichts dafür«, meinte Grant. »Es liegt an mir. Ich bin schon zu alt für diesen Beruf. Vor zwanzig Stunden habe ich mein Bett das letztemal gesehen, meine Temperatur ist über neununddreißig, und den Geschmack in meinem Mund möchte ich lieber nicht beschreiben.«

»Kann ich irgend etwas tun, Sir?«

»Ja, suchen Sie sich eine anständige Beschäftigung, solange Sie jung genug sind und hier noch aussteigen können.« Grant stand auf, ging zur Tür, öffnete sie und drehte sich um. »Wenn Sie das weitersagen, können Sie was erleben.«

Als er durch den großen Büroraum ging, sah Lazer auf und schüttelte den Kopf.

»Sie sehen aus wie ein Gespenst.«

»Wenn Sie erst wüßten, wie ich mich fühle.«

Grant ging durch den Korridor, öffnete die Tür zum Verhörraum und trat ein. Manton saß am Tisch in der Mitte des Zimmers, den Kopf in den Händen. Der uniformierte Beamte, der neben der Tür auf einem Stuhl saß, erhob sich sofort. Grant nickte ihm zu, trat an den Tisch, setzte sich Manton gegenüber und zündete sich eine Zigarette an.

Der Regen prasselte an die Fenster, und die graugrünen Wände schienen aus der Dunkelheit immer näher heranrükken zu wollen. Es roch nach schalem Zigarettenrauch und Nebel, scharf und beißend. Mantons Kopf schmerzte. Als er sein Gesicht berührte, zuckte er zusammen. Bei dem Kampf in der Villa hatte er eine tiefe Rißwunde davongetragen.

»Also, versuchen wir es noch einmal.« Grants Stimme schien von weit her zu kommen. »Von Anfang an.«

»Ich verlange einen Anwalt«, sagte Manton tonlos.

»Sie werden auch einen brauchen, bis ich mit Ihnen fertig bin«, sagte Grant. »Raus mit der Sprache.«

»Na schön, der Teufel soll Sie holen. Zum drittenmal: Es war Ben Garvald. Er besuchte mich in meiner Wohnung oben im Klubhaus, als Brady auftauchte. Garvald wollte verschwinden, und Brady versuchte ihn aufzuhalten. Genau so war es.«

»Garvald hat ihn also die Treppe hinuntergeworfen?«

»Sie rauften miteinander. Ich glaube nicht, daß Ben absichtlich so handelte. Es passierte einfach.«

»Rührend. Sie übertreffen sich selbst.«

»Das ist meine Aussage, und dabei bleibe ich«, erklärte Manton eigensinnig.

»Bis Jack Brady das Bewußtsein wiedererlangt. Was ist, wenn er uns eine andere Geschichte erzählt?«

»Vielleicht kommt er nicht durch. Er ist schwer gestürzt.«

»Erzählen Sie mir doch noch einmal, was nach dem Sturz geschah. Das gefällt mir besonders.«

»Garvald hatte einen Wagen in der Nähe. Er hielt Brady für tot und schleppte ihn auf der Schulter weg. Er wollte ihn irgendwo abladen und das Ganze als Unfall frisieren, meinte er.«

»Und Sie, Donner und Stavrou standen einfach dabei und schauten zu?«

»Garvald sagte, wir sollten uns aus der Sache heraushalten. Es mache ihm nichts aus, einen Mann mehr oder weniger umzulegen.«

»Und da seid ihr natürlich alle zu Tode erschrocken.«

Die Tür ging auf. Nick trat ein.

»Was macht er? Immer noch dieselbe Geschichte?«

»Wort für Wort. Er und Donner müssen sich abgesprochen haben.«

Nick reichte ihm wortlos ein Blatt Papier. Grant überflog es und begann zu lachen.

»Kommt gerade recht. Zeigen Sie es unserem Gast, und

dann bringen Sie ihn hinunter und liefern ihn zur Untersuchungshaft ein.«

Er legte das Schriftstück auf den Tisch und ging wortlos hinaus. Manton griff mit zitternden Händen danach und zog die Brauen zusammen.

STADTPOLIZEI

Rechtsbelehrung für Festgenommene

In allen Fällen, bei denen eine Person unter dem Verdacht, ein Verbrechen begangen zu haben, festgenommen wird, ist der festnehmende Beamte verpflichtet, sie darauf hinzuweisen, daß sie nicht auszusagen braucht, wohl aber alles, was sie angibt, schriftlich festgehalten und als Beweismaterial verwendet werden kann. Nach dieser Warnung hat der aufnehmende Beamte wörtlich die Aussage der beschuldigten Person niederzuschreiben. Das Protokoll ist über den leitenden Chefinspektor dem Polizeidirektor zuzuleiten, der das Schriftstück in der Gerichtsverhandlung vorlegen wird ...

Mein Name ist Alexias Stavrou. Meine Freunde nennen mich Jango. Ich arbeite als Angestellter im ›Flamingo Club‹ am Gascoigne Square. Kurz nach Mitternacht befand ich mich in der Nähe des Personaleingangs. Mr. Brady kam herein und erklärte, er suche Ben Garvald. Ich erwiderte, daß ich nicht einmal wisse, wer Garvald sei, ohne zu ahnen, daß er sich oben bei Mr. Manton befand. Frank Donner kam dazu, und es kam zu einer erregten Auseinandersetzung. Mr. Brady verschaffte sich mit Gewalt Zugang zum Obergeschoß, aber Garvald war schon verschwunden. Er begann die Räume zu durchsuchen. Donner riet Mr. Manton, ihm ein paar Pfund zu geben, um ihn loszuwerden. Mr. Brady geriet in Wut. Es kam zu einer Auseinandersetzung. Donner rammte Brady mit dem Knie, und Mr. Brady fiel die Treppe hinunter. Garvald trat aus dem Wandschaft, in dem er sich versteckt hatte. Er entfernte sich durch den Nebenausgang, und Mr. Manton befahl mir, ihm zu folgen. Ich ging Garvald bis zum Regent Hotel in der Gloyne Street nach. Als ich zurückkam, entdeckte ich Mr. Manton, der sich auf Stanks Schrottplatz in der Nähe des Klubs versteckte. Er berichtete, daß Brady tot sei und Donner einen Wagen besorgen wolle. Sie hatten vor, Brady in irgendeiner Straße abzuladen und den Eindruck zu erwecken, als sei er überfahren worden. Ich erklärte Mr. Manton, daß ich damit nichts zu tun haben wolle, aber er bedrohte mich. Er weiß, daß ich während er Unruhen auf Zypern bei der EOKA gewesen und mit einem gefälschten Paß nach England gekommen bin. Wir ließen Mr. Brady in einer Straße in der Nähe des Flusses liegen, nachdem wir einen Autounfall vorgetäuscht hatten. Donner wollte ihn noch überfahren, damit alle Zweifel ausgeräumt wären, aber inzwischen tauchte ein Auto auf, und wir mußten uns entfernen. Donner stürzte den Lieferwagen bei Graingers Werft ins Wasser. Hinterher holten wir Garvald auf Mr. Mantons Anweisung hin aus dem Regent Hotel und brachten ihn nach Ryescroft in die Villa, weil er Zeuge des Vorfalls gewesen war, aber er konnte entfliehen. Mr. Manton wies mich an, mit seinem Jaguar zum ›Flamingo‹ zu fahren und alles mitzubringen, was ich im Safe finden würde. Er behauptete, Mr. Faulkner, sein Chef, habe angerufen und eine größere Summe Bargeld verlangt, weil in einem seiner Spielklubs das Geld ausgegangen sei. Auf dem Weg zum Klub wurde ich von Mr. Miller festgenommen, der mir mitteilte, was tatsächlich vorgefallen war und daß Mr. Brady noch lebe. Mehr habe ich nicht zu sagen. Ich bestätige, daß das die reine Wahrheit ist.

Alexias Stavrou

Manton starrte das Blatt lange an, nachdem er den Text gelesen hatte. Nick streckte die Hand aus und nahm es an sich.

»Haben Sie etwas zu sagen?«

»Wenn ihr damit durchkommt – und wenn nicht –«

Manton nahm eine Zigarette aus der Packung auf dem Tisch. Nick gab ihm Feuer.

»In Ordnung, Manton. Nur noch eine Frage. Was ist mit Garvald? Warum ist er zurückgekommen? Liegt irgendwo noch die Beute von dem Überfall auf die Stahlfabrik herum?«

»Warum soll ich es euch leichtmachen? Ihr bekommt genug Gehalt.« Manton schob seinen Stuhl zurück. »Bringen Sie mich hinunter, damit wir es hinter uns haben. Ich bin todmüde.«

»Zum Schlafen haben Sie die nächsten zwanzig Jahre genug Zeit.«

Als sie zur Tür gingen, kam Grant herein. Seine Miene war undurchdringlich. Er nickte dem Konstabler zu.

»Schaffen Sie ihn hinunter. Ich muß mit Sergeant Miller sprechen.«

Die Tür fiel hinter ihnen zu. Nick schüttelte den Kopf.

»Er bleibt bei seinen Lügen, bis er klar sieht, ob Brady durchkommt oder nicht. Verständlich, von seiner Warte aus gesehen. Er hat ja nichts mehr zu verlieren.«

»Ihr Wagen ist gefunden worden«, sagte Grant.

»Wo?«

»Bei Hagens Werft am Fluß. Vor dem Eingang. Das Tor stand offen, und der Streifenbeamte wollte sich für den Fall, daß Garvald in der Nähe war, einmal umsehen.«

»Hat er ihn gefunden?«

Grant nickte.

»Er liegt am Ende des Landungsstegs im Schlamm. Man hat ihn erschossen.«

22

Der große schwarze Wagen, den man im Berufsjargon der Polizei nur das ›Studio‹ nannte, stand schon vor dem Landungssteg bei Hagens Werft, als Nick und Grant eintrafen.

Zwei uniformierte Polizisten schlossen unter Anleitung Henry Wades, des Kriminalsergeanten, der das ›Studio‹ befehligte, eine Lichtbogenlampe an den Generator des Fahrzeugs an.

Wade war ein großer, dicker Mann mit Doppelkinn und Hornbrille, die ihm einen täuschend harmlosen Ausdruck verlieh. Er trug zum dicken Mantel einen Homburg und sah aus wie ein erfolgreicher Buchmacher. Seine Bewegungen waren langsam, aber auf seinem Gebiet zählte nur der Verstand, und den besaß er in mehr als ausreichendem Maße.

»Schnelle Arbeit, Henry«, sagte Grant, als sie auf ihn zutraten.

»Zur Abwechslung mal was Interessantes«, erwiderte Wade. »Wir waren bei einem Einbruch in Parsons Gießerei, als wir verständigt wurden.« Er schaute Nick neugierig an. »Wer ist das, der College-Knabe?«

Nick ignorierte ihn und ging an dem Fahrzeug vorbei zum Landungssteg, gerade, als jemand die Bogenlampe einschaltete und grellweißes Licht über die Szenerie flutete.

Ben Garvald lag auf dem Rücken im Schlamm, ein Bein angezogen, den rechten Arm ausgestreckt, die Finger ein wenig gekrümmt. Die Augen waren weit aufgerissen und auf einen Punkt in der Ewigkeit gerichtet. Um seinen Mund spielte ein schwaches, erstauntes Lächeln, als habe er einfach nicht ganz fassen können, was mit ihm geschah. Man konnte fast den Eindruck haben, als müsse er sich jeden Augenblick aufraffen. Nur der Einschuß am Hals, direkt unter dem Kinn, und der blutige Fleck am Regenmantel, auf der linken Brustseite, wo die zweite Kugel ausgetreten war, verrieten, daß er sich niemals mehr erheben würde.

Nick starrte den Toten an, die Hände in den Taschen,

bleich, mit düsterem Blick. Vor sechs oder sieben Stunden hatte er Ben Garvalds Namen zum erstenmal gehört. Seitdem hatte sich aus den Unterlagen ein Bild dieses Mannes ergeben, zunächst schattenhaft, körperlos, dann klarer und realer, nachdem die Menschen, die ihn kannten, zu Wort gekommen waren, und schließlich die zehnminütige Begegnung.

Und am Ende hatte er Ben Garvald besser gekannt als alle anderen. War das die Erklärung für das seltsame Gefühl eines persönlichen Verlustes, das ihn beherrschte, als er auf den Toten hinuntersah?

»Sieht nicht besonders gut aus, wie?« meinte Grant.

Nick schüttelte den Kopf.

»Was geschehen ist, weiß ich nicht, aber er hatte etwas Besseres verdient.«

Grant sah ihn erstaunt an und wandte sich an Wade, der gerade dabei war, Gummistiefel anzuziehen.

»Steigen Sie jetzt hinunter, Henry?«

»Gleich. Mit allem Drum und Dran, nicht wahr?«

»Richtig. Abdrücke von eventuellen Fußabdrücken, für den Fall, daß der Täter hinuntergestiegen ist, um sich zu vergewissern, ob er auch wirklich tot war, und natürlich Fotos von allem. Vergessen Sie Millers Wagen nicht.« Er sah Nick an. »Tut mir leid, aber Sie müssen ihn hierlassen.«

Als Wade über den Steg hinunterstieg, winkte Grant dem jungen Konstabler, der geduldig neben dem Fahrzeug stehengeblieben war, während der Regen von seinem Helm troff.

»Johnson, Sir. Dienstnummer 802.«

»Sie haben ihn gefunden?«

»Jawohl, Sir.«

»Dann erzählen Sie mal.«

»Ich erfuhr von Sergeant Millers Wagen, als ich um halb vier mit meinem Sergeanten telefonierte, Sir. Es war genau 4.15 Uhr, als ich ihn fand.«

»Haben Sie den Wagen untersucht?«

»Ich habe nur an den Türen gerüttelt. Sie waren abgesperrt.«

»Daraufhin beschlossen Sie, sich hier umzusehen?«

»Das erschien mir logisch. Die Pforte war nicht verschlossen. Ich dachte mir, daß der Betreffende noch in der Nähe sein könnte, ging durch die Werftanlage und prüfte alle Türen. Ich wollte eben umkehren, als ich im Licht meiner Lampe das beschädigte Geländer sah.«

Grant warf einen Blick auf die schlammverkrusteten Stiefel des Konstablers.

»Wie ich sehe, sind Sie hinuntergeklettert.«

»Da seine Augen offen waren, wußte ich nicht, ob er noch lebte. Ich zog seine Brieftasche heraus und fand seine Entlassungspapiere. Dadurch erfuhr ich, wer er war. Ich ging sofort zum nächsten Telefon und erstattete Meldung. Dann kam ich hierher zurück und wartete.«

Was immerhin Nerven erfordert hatte, dachte Grant, angesichts des Nebels, der Dunkelheit und des Toten am Flußufer.

»Haben Sie schon mal für die Kriminalpolizei gearbeitet?«

»Nein, Sir.«

»Dann müssen wir uns überlegen, was wir da tun können, nicht? Bleiben Sie hier, bis ich Sie nicht mehr brauche. Vielleicht habe ich Sie später noch nötig. Heißen Tee wird es auch gleich geben, wenn ich die Leute vom ›Studio‹ richtig kenne.«

Johnson gab sich große Mühe, seine Freude zu verbergen, aber es mißlang ihm. In diesem Augenblick hob Henry Wade, der neben Garvalds Leiche gekauert hatte, den Kopf. Das Licht der Bogenlampe spiegelte sich in seinen Brillengläsern.

»Das eine kann ich gleich sagen: Lange ist er noch nicht hier.«

Grant wandte sich an Nick.

»Das wäre auch gar nicht möglich, nicht wahr? Wann ist er mit Ihrem Wagen davongefahren?«

»Gegen drei Uhr.«

»Nehmen wir an, daß er mindestens schon eine halbe Stunde tot war, als Johnson ihn fand. Dann bleiben noch rund fünfundvierzig Minuten. Ich möchte wissen, was er getrieben hat.«

»Seine Rückkehr hatte nur einen einzigen Zweck«, erklärte Nick. »Das steht für mich inzwischen fest.«

»Die Beute vom Überfall auf die Stahlfabrik? Daran glauben Sie immer noch?«

»Mehr als je zuvor.«

Grant lehnte sich an den Wagen und nahm die Zigarette die Nick ihm anbot.

»Unterstellen wir einmal, daß Sie recht haben. Wenn das Bargeld wirklich noch existierte, wem kann Garvald es dann übergeben haben? Seinem Fahrer, den wir nicht zu fassen bekamen? Wenn Manton der Chauffeur gewesen ist, hätten wir ein weiteres Motiv für einige der Ereignisse des heutigen Abends.«

Nick schüttelte den Kopf.

»Ben schrieb vor seiner Entlassung aus dem Gefängnis einen Brief an Bella. ›Auf bald – Ben‹ – das war alles. Warum schrieb er das? Er liebte sie nicht mehr. Er hat mir selbst gesagt, daß er sie nicht mit einer Kohlenzange anrühren würde, und ich glaubte ihm.«

»Was bedeutet, daß er sie aus einem einzigen Grund aufsuchen wollte?«

»Um das Geld zu holen, das sie für ihn die ganzen Jahre hindurch aufbewahrt hatte. Der einzige schwache Punkt dabei ist Bella selbst. Wer sie kennt, kann nur der Meinung sein, daß sie das Geld längst verbraucht haben muß.«

»Ausgeschlossen«, sagte Grant. »Ich habe sie nach Bens Verurteilung mindestens ein Jahr lang überwachen lassen, auf die Möglichkeit hin, daß sie plötzlich damit anfangen könnte, Geld auszugeben, was der Beweis dafür gewesen wäre, daß das Geld bei dem Brand des Autos eben nicht vernichtet worden war. Aber davon war nie etwas zu bemerken. Sie arbeitete fast die ganze Zeit als Kellnerin und fing schließlich in einem der Klubs von Harry Faulkner an. Damit hatte sie es geschafft. Er lief lange hinter ihr her, das dürfen

Sie mir glauben, und für seine Vorrechte mußte er auch tüchtig bezahlen.«

Hinter ihnen hielt ein Wagen, und ein hochgewachsener, asketisch aussehender Mann im dunklen Mantel stieg aus. Um den Hals hatte er einen Schal gewickelt. Er trug einen kleinen schwarzen Koffer und nickte Grant zu.

»Eine andere Zeit können sich die wohl nicht aussuchen, was?«

»Tut mir leid, Professor«, sagte Grant. »Diesmal brauchen Sie sogar Gummistiefel. Im ›Studio‹ bekommen Sie welche.«

Der Professor beugte sich über das Geländer und zog die Brauen hoch.

»Verstehe.«

Er stellte seinen Koffer ab und stieg in den großen Spezialwagen des Morddezernats. Grant nahm Nick beim Arm und führte ihn beiseite.

»Ich habe nachgedacht. Durch einen glücklichen Zufall ergibt sich, daß Harry Faulkner nur an zwei bestimmten Orten sein kann. Entweder im ›Flamingo‹ oder schon wieder im Präsidium, weil wir uns noch wegen Brady unterhalten wollten. Bella ist also allein. Es wäre vielleicht nicht schlecht, wenn Sie ihr einen Besuch abstatten würden.«

»Und wie soll ich vorgehen?«

»Sie können zu Anfang erklären, wir müßten sie bitten, Garvalds Leiche zu identifizieren. Als seine geschiedene Frau ist sie praktisch seine nächste Angehörige.«

»Die Nachricht könnte ein schwerer Schlag für sie sein. Ich hatte den Eindruck, daß sie immer noch etwas für ihn übrig hatte.«

»Darauf zähle ich ja. Stellen Sie fest, wie sie reagiert. Wenn sie zusammenbricht, setzen Sie gleich nach. Man muß das Eisen schmieden, solange es glüht. Nicht vorauszusehen, was sich ergibt. Sie können meinen Wagen nehmen. Verständigen Sie mich über Funk, falls etwas Unvorhergesehenes passiert.«

Er drehte sich um, als der Professor in viel zu großen

Gummistiefeln aus dem Wagen kletterte. Nick eilte davon. Er war froh, wenigstens eine konkrete Aufgabe vor sich zu haben.

Grants Wagen stand auf der Straße vor dem Tor. Der Fahrer rauchte eine Zigarette.

»Der Chefinspektor bleibt hier«, setzte ihm Nick auseinander. »Sie können mich zu Harry Faulkners Villa in St. Martin's Wood fahren.«

Er streckte die Hand nach dem Türgriff aus.

»Was ist mit dem Amerikaner, Sergeant?« fragte der Fahrer. »Seit Sie hineingegangen sind, läuft er hier wie ein Wilder auf und ab.«

Chuck Lazer trat aus der Dunkelheit in das Licht der Lampe über dem Tor. Er sah aus wie ein Toter. Die Haut spannte sich glanzlos über den Backenknochen, und der dunkle Bart unterstrich noch seine Blässe.

Seine Augen stellten stumm die entscheidende Frage, und Nick gab die Antwort darauf.

»Ja, leider, es ist Ben. Erschossen. Zwei Schüsse aus nächster Nähe, allem Anschein nach. Wollen Sie zu ihm hingehen?«

Der Schock war offensichtlich sehr stark. Lazer seufzte tief und schien in sich zusammenzusinken. Er schüttelte den Kopf.

»Wozu?«

»Kann ich Sie mitnehmen?«

»Wohin?« Lazer drehte den Kopf hin und her. »Er war ein prima Kerl. Zu schade für ein solches Ende.«

Er drehte sich um und wollte davongehen.

»Chuck, Sie machen doch keine Dummheiten, oder?« fragte Nick scharf.

Lazer hob die Schultern.

»Spielt das eine Rolle, General? Spielt auf dieser gottverdammten Welt überhaupt irgend etwas eine Rolle?«

»Wir finden den Täter. Wir fassen ihn.«

»Na, und? Ben wird dadurch nicht wieder lebendig. Mein

Gott, General, fragen Sie sich eigentlich nie, wozu das alles gut sein soll?«

Er entfernte sich mit schleppenden Schritten. Nick hastete ihm nach und packte ihn beim Arm.

»Ich fahre zu Bella, Chuck. Wir brauchen sie zur offiziellen Identifizierung. Kommen Sie mit? Sie können im Wagen bleiben, wenn Sie wollen.«

»Was versprechen Sie sich davon?«

»Sagen wir es so: Einer ist genug. Für eine Nacht jedenfalls. Einen zweiten könnte ich wahrscheinlich nicht mehr verkraften.«

Lazer starrte ihn eine Weile düster an, dann nickte er zweimal stumm, als habe er begriffen. Gemeinsam gingen sie zum Wagen zurück.

23

Das Haus in St. Martin's Wood war immer noch hell erleuchtet, als sie die Auffahrt hinauffuhren, aber auf dem Parkplatz standen nur noch vier Autos. Durch die Fenster des langen Saals mit den schweren Vorhängen klang leise Musik. Nick wandte sich an Lazer.

»Wollen Sie mitkommen? Die Party scheint immer noch in vollem Gange zu sein.«

»Warum nicht? Vielleicht können sie einen guten Pianisten brauchen.«

Gemeinsam stiegen sie die Stufen hinauf. Die Tür war abgesperrt. Nick drückte anhaltend auf den Klingelknopf.

Als die Tür schließlich aufging, steckte Craig den Kopf heraus. Sein Gesicht war angeschwollen, und man konnte schon den Ansatz einer bläulichen Verfärbung erkennen. Nach seinem Blick zu schließen, hatte er viel getrunken. Er funkelte sie zornig an.

»Was, zum Teufel, wollen Sie? Die Party ist vorbei.«

»Hört sich aber nicht so an.«

Nick schob ihn mit dem ausgestreckten Arm beiseite und trat ein. Die Halle war leer, aber im langen Saal drehten sich immer noch zwei Paare ziellos über das Parkett. Auf einem Sofa neben dem Kamin schlief ein Mann im Smoking.

Lazer ging durch den Raum zum Plattenspieler, schaltete ihn ab, setzte sich an den Flügel und begann zu spielen. Craig knallte die Tür zu, packte Nicks Arm und drehte ihn herum.

Nick befreite sich ohne große Schwierigkeiten.

»Wenn Sie das noch einmal machen, fliegen Sie durch die Wand. Wo ist Mrs. Faulkner?«

»Haben Sie einen Haftbefehl?«

»Den brauche ich nicht. Wo ist sie?«

»Ich habe sie vor einer halben Stunde in ihr Zimmer gehen sehen. Sie hatte wohl genug.«

»Dann schaffen Sie sie herbei. Sagen Sie ihr, daß ich sie sprechen möchte.«

Craig wollte wütend etwas erwidern, klappte den Mund aber wieder zu und entfernte sich. Nick ging zum Flügel.

Lazer grinste müde.

»Hier waren wir schon mal, General.«

»Eine lange Nacht, Chuck. Eine verdammt lange Nacht«, sagte Nick. »Wie wär's mit einem Schluck?«

»Könnte ich gebrauchen.«

Nick trat hinter die Bar, fand zwei saubere Gläser und eine Flasche schottischen Whiskey und kehrte zum Flügel zurück. Er füllte Lazers Glas fast bis zum Rand, goß das seine voll und kippte den Whiskey auf einmal hinunter.

»Vorsicht, General, so kann das zur Gewohnheit werden«, meinte Lazer.

Während die Wärme sich in Nicks Körper ausbreitete, füllte er sein Glas von neuem, lehnte sich an den Flügel und hörte der Musik zu. Es war fünf Uhr früh, nach einer strapaziösen Nacht, und er fühlte sich todmüde. Zu müde, um klar denken zu können. Das durfte aber nicht sein, denn in irgendeinem Winkel seines Gehirns wollte sich etwas bemerkbar machen, der Schlüssel zu dem Rätsel, aber er vermochte sich einfach nicht darauf zu konzentrieren.

Craig tauchte neben ihm auf und verbeugte sich ironisch. »Sie fühlt sich nicht besonders wohl. Sie werden bis morgen warten müssen, Mr. Miller.«

»Morgen haben wir schon.« Nick schüttelte den Kopf. »Sie sollten sich mehr anstrengen, Craig. Wenn Sie so weitermachen, gibt Ihnen kein Hund mehr ein Stück Brot.«

Er ging durch den Saal, ohne auf Craigs Wutschrei zu achten, hastete durch die Halle und erreichte die Bibliothek. Als er die Tür öffnete, holte ihn Craig ein und packte ihn an der Schulter. Nick gab ihm einen Stoß, daß er durch die Halle taumelte, warf die Tür hinter sich zu und schloß sie ab.

Das Feuer im Kamin war niedergebrannt. Er ging zur Schlafzimmertür und klopfte. Nichts rührte sich. Er versuchte die Tür zu öffnen, aber sie war abgeschlossen.

Er klopfte noch einmal.

»Bella, hier ist Nick Miller. Ich muß unbedingt mit Ihnen reden.«

Eine Weile blieb es still, dann hörte er leise Schritte. Der Schlüssel wurde umgedreht. Als er die Tür aufriß, trat sie ein und ging zum Kamin.

Sie trug ein schwarzes Seidennegligé, das an den Ärmeln mit Nerz besetzt war. Ihr Gesicht war leichenblaß, an den Augen breiteten sich tiefe Schatten aus. Sie griff nach einem Glas auf dem Abstelltisch, füllte es mit Gin und sah ihn trotzig an.

»Was hat Harry angestellt? Erzählen Sie mir bloß nicht, daß es euch nach so vielen Jahren endlich gelungen ist, ihm etwas nachzuweisen!«

»Harry?« Nick runzelte die Stirn und mußte einen Augenblick nachdenken, bevor er begriff, »Sie irren sich, Bella. Es war Fred Manton, der zuviel riskiert hat. Er wollte mit dem Safeinhalt vom ›Flamingo‹ das Weite suchen. Harry ist gebeten worden, bei der Durchsuchung anwesend zu sein, das ist alles.«

Aus dem Spiegel hinter ihr starrte sie ein Fremder an. Ein Mann im blauen Regenmantel, dessen dunkle Augen unter der Schirmmütze durch sie hindurchsahen.

Sie schauderte und trank hastig einen Schluck Gin.

»Ist das alles, was Sie mir sagen wollten?«

»Nein, ich wollte Ihnen mitteilen, daß Ben Sie nicht mehr belästigen wird.«

In ihren Augen flackerte etwas auf, aber nur für den Bruchteil einer Sekunde. Sie warf den Kopf zurück.

»Tatsächlich? Na gut. Von mir können Sie ihm jedenfalls ausrichten, daß er sich meinetwegen zum Teufel scheren kann.«

»Er würde mich nicht hören«, sagte Nick ruhig. »Er liegt im Schlamm von Hagens Werft auf dem Rücken. Jemand hat ihm zwei Kugeln durch den Leib gejagt.«

Bis zu diesem Augenblick war das Ganze nur ein aus Regen, Nebel und Dunkelheit bestehender Alptraum gewesen, etwas, das man bei Tageslicht achselzuckend von sich abschüttelt, um es, wie jeden schlimmen Traum, so schnell wie möglich zu vergessen.

Aber jetzt sah sie ihn in einem entsetzlichen Augenblick klarer Sicht dort im Schlamm liegen, ein Lächeln um die Mundwinkel, und erst jetzt traf sie mit voller Wucht die Erkenntnis dessen, was geschehen war. Sie ließ das Glas fallen, streckte die Hand aus, wie um dieses Bewußtsein abzuwehren, drehte den Kopf hin und her, während sich ihr Gesicht verzerrte und die Übelkeit in ihr hochstieg, dann taumelte sie ins Badezimmer, eine Hand vor dem Mund.

Sie beugte sich mit zuckenden Schultern über das Becken. Nick stand in der Tür und beobachtete sie mit seltsamer Gelassenheit. Es war, als stünde sein anderes Ich neben ihm und verfolgte ruhig, was sich abspielte.

Er stand im Schatten des anderen Raums, beobachtete sich und diese Frau und wußte mit unbeirrbarer Sicherheit, daß er am Rand eines Abgrunds stand, eines Abgrunds, der zugleich auch die Lösung des Rätsels in sich barg.

Er packte sie an den Schultern und riß sie herum.

»Warum ist Ben überhaupt zurückgekommen, Bella? Um das Geld zu holen nicht wahr? Das Geld, das Sie die ganzen Jahre hindurch für ihn aufbewahrt haben. Sein Anteil am Raubüberfall auf die Stahlfabrik?!«

Sie stieß ihn zurück und wankte ins andere Zimmer.

»Hinaus!« kreischte sie. »Hinaus! Verschwinden Sie!«

»Er war heute nacht hier, nicht wahr?«

»Nein, das ist nicht wahr! Ich habe Ben Garvald seit neun Jahren nicht mehr gesehen!«

Sie versuchte an ihm vorbeizulaufen, aber er bekam ihren Arm zu fassen und schleuderte sie aufs Bett. Sie blieb liegen und sah angstvoll zu ihm auf. Er beugte sich über sie.

»Er hat mir gesagt, daß er Sie nicht einmal mit einer Kohlenzange anrühren würde, und ich glaubte ihm. Weshalb wäre er sonst zu Ihnen gekommen? Es kann nur um das Geld gegangen sein.«

Er griff in seine Innentasche, zog seine Brieftasche und verschiedene Schriftstücke heraus, warf sie aufs Bett und suchte mit einer Hand, während er mit der anderen ihr Handgelenk festhielt.

Er fand den Brief, faltete ihn auseinander und hielt ihn ihr vor die Augen.

»Er schrieb Ihnen aus dem Gefängnis und warnte Sie, daß er kommen werde, nicht wahr? Da ist sein Brief.«

Ihr Gesicht verzerrte sich bis zur Unkenntlichkeit. Er ließ ihr Handgelenk los und starrte den Brief mit zusammengezogenen Brauen an. Und was sie sagte, ließ ihn erstarren. Es war, als habe er einen furchtbaren Schlag in die Magengrube bekommen.

Als sie hysterisch zu schluchzen begann, schlossen sich seine Hände um ihre Kehle und drückten ihren Kopf zurück.

»So, du Miststück, jetzt heraus mit der Wahrheit!«

24

Es war fast sechs Uhr, als Jean Fleming die Pforte öffnete und den Schulhof betrat. Im fahlen Licht der Morgendämmerung hatte sich der Nebel zurückgezogen, aber der Regen prasselte immer noch unerbittlich hernieder, in Abständen vom Wind vorangepeitscht.

Sie hastete unter das Vordach und suchte mit einer Hand nach dem Schlüssel, in der anderen einen Karton Milch, unter dem Arm die Zeitung. Endlich konnte sie die Tür aufschließen und eintreten. Sie blieb plötzlich stehen und lauschte stirnrunzelnd. Im Musikzimmer spielte jemand Klavier.

Nick war müde, erschöpfter, als er sich das je hatte vorstellen können. Die Nacht hatte kein Ende nehmen wollen, aber jetzt ging der Dienst der ›Fiedhofsschicht‹ zu Ende. Als Jean die Tür öffnete, hob er den Kopf. Sie stellte die Milch auf einen Tisch, legte die Zeitung daneben, löste das feuchte Kopftuch und fuhr sich mit den Händen durch ihr dichtes schwarzes Haar, als sie auf ihn zutrat.

Sie trug ihren Wildledermantel, lange Stiefel und einen Wollrock. Sie kam so nah, daß er nur die Hand auszustrecken brauchte, um sie zu berühren. Er fragte sich, ob das in einem Menschenleben öfter als einmal vorkam. Diese seltsame Mischung aus Liebe, Begehren und Qual, die beinahe körperliche Schmerzen verursachte.

»Du bist schön«, sagte er und spielte weiter. »Schöner, als je eine Frau um diese Morgenstunde. Hast du schlafen können?«

»Eigentlich nicht. Ich habe auf dich gewartet.«

»Aber ich sagte doch, daß ich es vor Dienstschluß nicht schaffen werde.«

»Bist du jetzt fertig?«

Er sah zur Uhr hinauf.

»Nicht ganz. Noch zehn Minuten.«

Sie lächelte.

»Bist du hergekommen, um mit mir zu frühstücken?«

Er schüttelte den Kopf.

»Nein, Jean. Ich bin nur gekommen, um dich mitzunehmen.«

»Wohin?« Das Lächeln blieb, aber ihr Blick wurde hart. »Ins Präsidium etwa?«

»Ja. Ich nehme dich wegen des Mordes an Ben Garvald fest.«

Sie versuchte nicht, es zu bestreiten. Sie stand einfach da und sah ihn an, irgendwie losgelöst von allem, über den Dingen stehend, völlig ruhig, ohne jeden Ausdruck im Gesicht.

Nick ließ die Hände von den Tasten gleiten. Er zog eine Packung aus der Tasche, steckte eine Zigarette zwischen die Lippen und suchte nach Streichhölzern. Er fand sie, zündete sich die Zigarette an und begann zu husten, als ihm der Rauch in die Kehle drang.

»Kann ich auch eine haben?«

Er schob ihr die Packung hin und gab ihr Feuer. Sie sog den Rauch tief in die Lungen und sah gelassen auf ihn hinunter.

»Willst du nicht weitersprechen?«

»Gut.« Er begann wieder zu spielen. Seine Hände glitten langsam über die Tasten und schlugen leise, traurige Akkorde an, die Herbst und Winter verschmelzen ließen. »Die ganze Nacht hindurch haben mich ein paar Einzelheiten beschäftigt. Der Brief zum Beispiel. Den Ben angeblich an Bella geschrieben hatte.«

»Angeblich?«

»Er mußte zuerst Chuck Lazer aufsuchen, um zu erfahren, wen sie geheiratet hatte. Er wußte nicht, wo sie wohnte. Wie kann er ihr da geschrieben haben? Ich nehme an, daß du dir im Gefängnis Briefpapier genommen hast, als du das letztemal bei ihm warst. Einfach genug. Im Besuchszimmer liegt es ja immer herum.«

»Es würde dir schwerfallen, das zu beweisen.«

»Der Meinung bin ich nicht.«

Er zog ein zusammengefaltetes blaues Stück Papier aus der

Brieftasche und legte es oben auf das Klavier. Es trug den Aufdruck:

Vermerken Sie bei der Antwort bitte auf dem Umschlag:
NUMMER . . . .
NAME . . . .
STRAFANSTALT . . . .

Auf dieser Seite war das Blatt leer. Er drehte es um. Auf der Rückseite stand Jean Flemings Name und ihre Telefonnummer, geschrieben von ihr selbst. Er holte Bens Brief, auf dem gleichen Papier geschrieben, heraus und legte ihn daneben.

Jean seufzte.

»Das war allerdings leichtsinnig von mir.«

Was ihn entsetzte, war die Beiläufigkeit, mit der sie das aufnahm, ihre eiskalte Ruhe.

»Das sind alles nur wacklige Indizien, Nick. Man müßte mir ein Motiv nachweisen.«

»Das hattest du. Ben mußte an der Rückkehr gehindert werden, weil du nicht wußtest, wie er reagieren würde, wenn er erfuhr, daß kein Geld mehr für ihn da war. Du hast dich erkundigt, an welchem Tag er entlassen werden sollte und dann den Brief gefälscht.«

»Um Bella Angst einzujagen?«

»Nur teilweise. Du hast etwas gebraucht, das du Harry zeigen konntest. Du wußtest, daß er eingreifen würde. Ein Denkzettel für Ben, um ihm die Rückkehr zu verleiden. Ben Garvald war aber nicht der Mann, der sich einschüchtern ließ. Zu uns bist du nur gekommen, damit es besser aussieht.«

»Du bist bei Bella gewesen.«

Er nickte.

»Als ich ihr erklärt habe, wieviel ich schon wußte, rückte sie bald auch mit dem Rest heraus. Sie erzählte mir sogar von der Scheidung. Ben hatte ihr vorgeschlagen, sich scheiden zu lassen, um bei der Polizei den Verdacht zu zerstreuen, sie sei im Besitz des Geldes.«

»Hat sie dir auch gesagt, daß sie selbst Bens Wagen gesteuert hat, als er den Überfall auf die Stahlfabrik verübte?«

»Du hast ihr ein Alibi geliefert. Vor der Polizei hast du angegeben, sie sei die ganze Nacht zu Hause gewesen. Anschließend hast du sie erpreßt. Deine eigene Schwester. Sie wußte ja, daß du nur den Mund auftun brauchtest, um sie für fünf Jahre ins Gefängnis zu bringen.«

»Ich brauchte das Geld«, sagte sie ruhig.

»Das ist mir inzwischen klargeworden«, gab er zu. »Vier Jahre an der Universität. Hast du übrigens wirklich nachts als Bardame gearbeitet? Und dann die Schule hier. Du sagtest, daß du Miß Van Heflin einen Prozentsatz deines Jahresgewinns ablieferst. Du hast mir aber nicht erzählt, daß du ihr eine Anzahlung von dreitausend Pfund gegeben hast. Das erfuhr ich von ihr. Ich habe sie vor einer halben Stunde angerufen und aus dem Bett geholt. Eine feine, alte Dame. Sie hofft übrigens, daß du nichts Schlimmes getan hast.«

Ihre eiserne Beherrschung schien sie zum erstenmal zu verlassen. Sie schlug mit der Faust auf das Klavier.

»Ich mußte aus der Khyber Street herauskommen, Nick. Das verstehst du doch, oder? Ich mußte einfach da heraus.«

»Und Ben?«

»Er hätte mir alles verdorben. Wenn er vernünftig gewesen wäre, hätte er sich hier nicht mehr blicken lassen, und dann wäre das alles nicht passiert.«

»Bella hat mir erzählt, wie du alles arrangiert hast. Wenn Ben auftauche, solle sie ihm vorlügen, das Geld sei an Bord einer Motorjacht versteckt, die ihr gehöre und bei Hagens Werft ihren Liegeplatz habe. Du hast sie gebeten, die Pistole nur für alle Fälle mitzubringen, als Schutz. Du wolltest Ben angeblich mit Geld dazu bewegen, die Stadt wieder zu verlassen. So hast du ihr es klargemacht.:

Jean zuckte die Achseln.

»Arme Bella. Wenn es hart auf hart ging, fand sie sich nie zurecht. Ich mußte alles für sie übernehmen, schon in unserer Kindheit. Die Waffe wirst du nie finden, ist dir das klar?«

»Darauf kommt es nicht an. Wir nehmen einen Nitrat-Test bei dir vor. Das wird zeigen, ob du in den letzten Stunden eine Schußwaffe abgefeuert hast. Und der Schmutz in der Werft – eine Laboranalyse deiner verschmutzten Stiefel genügt. Und dann dein Wagen. Wenn er längere Zeit auf der Straße vor dem Eingang zur Werft stand, können wir das auch nachweisen.« Er schüttelte den Kopf. »Du hattest nie eine Chance.«

»Wirklich nicht?«

»Weißt du, was dein größter Fehler gewesen ist? Du erzähltest mir, du hättest Ben gehaßt. Seit deinem vierzehnten Lebensjahr habe er dich nicht in Ruhe gelassen.« Nick starrte sie an. »Wenn ich in den vergangenen acht Stunden etwas gelernt habe, dann das eine: Ben Garvald war ein Gentleman reinsten Wassers, wenn es um Frauen ging. Bevor er eine Vierzehnjährige belästigt hätte, wäre er hergegangen und hätte sich die rechte Hand abgehackt.«

»Ich begehrte ihn«, sagte Jean schlicht. »Wußtest du das? Ich lag nachts im Bett und sehnte mich nach ihm, aber er hat mich nie angerührt.«

Er stand auf und ließ seine Zigarette fallen. Sie trat zu ihm, schlang die Arme um seinen Hals und preßte ihren Körper an den seinen.

»Niemand braucht es zu erfahren, Nick. Du könntest es irgendwie vertuschen, ich weiß es.«

»Wenn ich wollte«, sagte er langsam. »Das ist der springende Punkt. Um die Worte eines Mannes zu gebrauchen, der zehnmal soviel wert war wie du – nicht einmal mit einer Kohlenzange möchte ich dich anrühren.«

Die Maske der Beherrschung fiel ab. Sie stürzte sich wie eine Wahnsinnige auf ihn und versuchte mit Krallenfingern seine Augen zu erreichen. Als er ihre Handgelenke packte, barsten die Worte aus ihr heraus, als sei ein Damm gebrochen. All der Schmutz der Khyber Street, die Jahre in der Gosse, verdrängt, in einem dunklen Winkel verborgen – es brach sich Bahn und sprudelte an die Oberfläche.

Grant stürmte durch die Tür, gefolgt von einem Konstabler. Er packte Jean Fleming bei den Armen und riß sie von Nick weg.

»In Ordnung, Nick, wir nehmen sie mit.«

Der Konstabler ergriff ihren anderen Arm, und sie ging zwischen den beiden Männern zur Tür hinaus, über die Schulter starrend, mit haßverzerrtem Gesicht, obszöne Beschimpfungen ausstoßend, bis ihre Stimme draußen im Regen verklang.

Nick sah ins Leere und suchte mechanisch nach einer Zigarette. Er steckte sie zwischen die Lippen. Ein Zündholz flammte auf. Er drehte sich um und starrte in das dunkle, gequälte Gesicht Chuck Lazers.

»Eine lange Nacht, General.«

Nick schwieg. Er verließ das Zimmer, ging durch den Korridor, blieb unter dem Vordach stehen und schaute in den Regen hinaus.

»Eine lange Nacht«, wiederholte er langsam.

»Ich weiß, wie Ihnen zumute ist«, sagte Chuck Lazer verlegen. »Aber sie ist ja eine Frau. Sie kann mit Nachsicht rechnen.«

»Nachsicht?« Nick drehte sich um. In seinem bleichen Gesicht glühten die Augen wie im Fieber. Seine Lippen wurden schmal. Der ganze Zorn, Selbsthaß und die enttäuschte Leidenschaft entluden sich in einem einzigen Satz:

»Ich hoffe, daß man sie hängt.«

Jack Higgins

Dunkler Fremder

Roman

1

Er ertrank in einem dunklen Teich. Die Hände der Verdammten zerrten ihn in die Tiefe hinab. Aber er wehrte sich, trat und schlug um sich und erkämpfte sich den Weg zurück an die Oberfläche. In seinem Kopf brannte ein mörderischer Schmerz. Er versuchte zu schreien, doch als er den Mund öffnete, schoß ihm Wasser hinein. Dann leuchtete ein schwaches Licht auf, wurde heller und heller, bis er plötzlich die Wasseroberfläche durchstieß und wieder atmen konnte.

Er lag auf dem Rücken in einer Pfütze, neben ihm eine Reihe überquellender Müllkübel. Das Wasser war dreckig und schmierig, und einen Augenblick lang schloß er die Augen. Als er sie wieder öffnete, erkannte er, daß er in einer engen Gasse zwischen schmutzigroten Ziegelmauern lag. Sie wurde vom diffusen Licht einer Laterne in der Hauptstraße schwach erhellt.

Es regnete heftig, und die Tropfen schlugen ihm angenehm kühl und klar ins Gesicht, und dennoch stachen sie ihn, obwohl er sich nicht vorstellen konnte, warum. Er konnte sich an nichts erinnern, weder daran, wer er war, noch weshalb er in einer engen Seitengasse auf dem Rücken lag oder warum ihm ein paar Regentropfen im Gesicht Schmerzen bereiteten.

Als er versuchte sich aufzusetzen, stellte er fest, daß seine Hände mit Handschellen aneinandergefesselt waren und er keine Schuhe an den Füßen hatte. Einen befremdlichen Augenblick lang berührte ihn das nicht. Er war nicht alarmiert – nur etwas verblüfft. Er runzelte die Stirn und versuchte sich zu konzentrieren. Es nützte nichts. Sein Verstand reagierte nicht, und dann verspürte er einen unablässig klopfenden Schmerz im Kopf, unmittelbar über dem rechten Auge.

Er bewegte die Schultern und fühlte, wie die Nässe durch sein Jackett drang, kalt, scharf und unerbittlich wie der Tod. Er wälzte sich hin und her und versuchte, auf die Beine zu kommen, hatte aber nicht die nötige Kraft, und sein ganzer Körper zuckte unter der Qual von tausend gefolterten Nerven.

Unbeholfen tastete er mit beiden Händen nach dem Rand eines der Müllkübel und richtete sich mühsam auf. Einen Augenblick lang stand er schwankend da, dann überkam ihn ein heftiger Magenkrampf, und gegen die Mauer gelehnt übergab er sich.

Er wandte sich von der Mauer ab und taumelte polternd gegen einen anderen Müllkübel. Es folgte ein gräßlicher Aufschrei, wie von einer verdammten Seele, und eine Katze sprang aus dem Unrat auf und verschwand in der Finsternis. Bei ihrem Sprung stieß sie den Deckel des Müllkübels herunter, der mit einem durchdringenden, laut widerhallenden Scheppern auf das Kopfsteinpflaster schlug.

Der Lärm hallte zwischen den kahlen Mauern der engen Gasse hin und her, vermischte sich mit dem Echo des schrillen Schreis der Katze. In diesem Augenblick packte ihn die Angst. Plötzlich erinnerte er sich wieder, wer er war und weshalb er mit Handschellen gefesselt bewußtlos in einer Seitengasse gelegen hatte; er erinnerte sich auch wieder an das Wichtigste von allem. Es war jemand ermordet worden, und nach allem, was man wußte, mußte er der Mörder sein.

Panik erfaßte ihn, und er schwankte durch die Gasse weiter, fort von der Hauptstraße, stolperte schmerzhaft auf nur mit Strümpfen bekleideten Füßen. Er bog um eine Ecke und stand unter einer altmodischen Gaslaterne, die über ihm an einem Wandarm brannte. Auf der anderen Seite der Gasse befand sich eine Tür mit einem verwitterten Schild: H. Johnson & Sohn, Karosseriebau.

Er trat so schnell er es vermochte auf die Tür zu, versuchte sie zu öffnen, aber das war vergebliche Mühe. Sie war oben und unten mit kräftigen Vorhängeschlössern gesichert. Zwei Schritte neben der Tür befand sich ein Fenster, und ohne zu zögern, drückte er mit dem Ellbogen die Scheibe ein und tastete nach dem Riegel. Es kostete ihn einige Mühe, aber ein paar Augenblicke später stand er drinnen in der warmen Dunkelheit.

Fahles Licht drang von der Gaslaterne draußen durch das

Fenster herein, und er tastete sich behutsam vor, versuchte mit den Augen das Dunkel zu durchdringen. Er befand sich offensichtlich in einer Werkstatt. Blechplatten lehnten an den Wänden, beschädigte Autotüren, Kotflügel und Stoßstangen lagen auf dem Boden verstreut. Er näherte sich der Werkbank, die in der Mitte des Raumes stand, und plötzlich überkam ihn tiefe Erregung, als er eine große, mit einem Hebel zu bedienende Blechschere erkannte, die an einem Ende der Werkbank fest anmontiert war.

Er schob die Arme unter die obere Schneide der Schere und legte das Verbindungsstück der Handschellen über die untere, zog seine Handgelenke so weit auseinander, wie die Fessel es zuließ, und drückte mit dem Körper den Hebel des Geräts herunter. Schweißperlen traten ihm auf die Stirn. Er holte tief Luft und preßte mit aller Kraft nach unten. Die Schneide durchtrennte das Bindeglied der Fesseln so mühelos, wie ein Messer in Butter eindringt. Er trat zurück: Seine Hände waren frei.

In einer Ecke standen einige Blechspinde, und er untersuchte sie schnell. Die meisten waren mit Vorhängeschlössern verriegelt, aber einer ließ sich leicht öffnen. Er fand einen Emailbecher, mehrere ölbefleckte Overalls und ein Paar Arbeitsstiefel mit metallverstärkten Kappen. Er lehnte sich gegen die Kante der Werkbank und schob die Füße hinein. Die Schuhe waren ihm zwar eine Nummer zu groß, aber er schnürte sie schnell zu und trat wieder an das Fenster.

Draußen war alles still, und er lauschte einen Augenblick lang auf den Regen, der auf das Pflaster trommelte, vernahm den schwachen, fernen Verkehrslärm von der Hauptstraße her, ehe er ein Bein über das Fenstersims hob und wieder in die Gasse hinauskletterte.

Als er das Fenster hinter sich zuzog, ertönte aus der Dunkelheit eine Stimme schroff: »Halt! Stehenbleiben!

Ein junger Polizist trat in den Lichtschein der Laterne. Regen tropfte von seiner Schirmmütze, und er streckte die Hand nach ihm aus. Er wich etwas zur Seite, und das Licht der

Laterne fiel voll auf ihn. Der Polizist verharrte plötzlich regungslos. Sein Gesicht wurde im Licht der Laterne blaß und kränklich. In seinen Augen stand Furcht. »Mein Gott! Martin Shane!« sagte er halblaut.

Shane ließ ihm keine Chance. Kräftig trat er mit dem rechten Fuß aus, die Stahlkappe des Stiefels traf den Polizisten unter dem Knie, so daß er aufschrie und rückwärts gegen die Wand taumelte. Mit schmerzverzerrtem Gesicht tastete er nach seiner Trillerpfeife. Shane schlug ihm mit der Faust gegen den ungedeckten Kiefer, machte kehrt und rannte durch die Seitengasse davon auf die Hauptstraße zu.

Die Uhr in einem Schaufenster zeigte sechs Uhr dreißig. Um diese Zeit abends im Spätherbst waren die Straßen fast menschenleer. Die Arbeiter waren gerade zu Hause angelangt, und die Müßiggänger, die am Abend ihrem Vergnügen nachgehen, waren noch nicht unterwegs. Während er benommen auf die Leuchtzeiger der Uhr starrte, wurden die Schmerzen in seinem Kopf plötzlich wieder heftiger, und er schlurfte blindlings über die Straße.

Der Schmerz war etwas Lebendiges, und das Pflaster vor ihm erstreckte sich schier ins Unendliche. Er tastete sich an den Häuserwänden entlang weiter, schwankte unsicher wie ein Betrunkener. Der Wind schlug ihm ins Gesicht, und die Regentropfen stachen wie Nadeln. Als er an ein hellerleuchtetes Schaufenster kam, blieb er stehen und starrte hinein. Auf der Rückseite des Fensters hing ein großer Spiegel, aus dem ihm ein Mann entgegenblickte.

Schwarzes Haar klebte über der hohen Stirn. Ein Auge war halb geschlossen, die rechte Gesichtshälfte war geschwollen und durch eine tiefe grellrote Schramme verunstaltet. Der Mund war verquollen, und die Lippen waren blutig, auch sein Hemd war an der Brust blutbefleckt.

Aus irgendeinem Grund lächelte er, und dieses schreckliche Gesicht verzerrte sich zu einem schmerzgequälten Grinsen. Als er sich abwandte, ging ein Pärchen an ihm vorüber, und er hörte den leisen erstickten Aufschrei der Frau, dem ein aufgeregtes Getuschel folgte. Schnell überquerte er die Fahrbahn und suchte Schutz in einer Nebenstraße.

So schnell er vermochte, hastete er weiter und entfernte sich vom Zentrum der Stadt. Nach und nach veränderten die Straßen und Häuser ihren Charakter, bis er ein Wohnviertel mit heruntergekommenen viktorianischen Mietshäusern erreichte, die in der Dunkelheit zu beiden Seiten aufragten. Die Straßen waren von Kastanien gesäumt, deren abfallendes Laub das Pflaster schlüpfrig machte. Ein paarmal taumelte er vor Schwäche und wäre beinahe gestürzt, und immer wieder mußte er an einer Gartenmauer Halt suchen und sich ausruhen.

Die Straßenlaternen durchbrachen in Abständen die Dunkelheit, und er arbeitete sich mühsam von einem fahlgelben Lichtkegel zum nächsten vor. Als er am Ende einer Straße erschöpft haltmachte, zerriß das durchdringende Schrillen einer Sirene plötzlich die Stille, und gleich darauf bog ein Polizeistreifenwagen um einen Häuserblock und kam direkt auf ihn zu. Er schlüpfte durch ein Gartentor und suchte Deckung im Schutz einer Hecke, bis der Streifenwagen vorüber war. Als das Heulen der Sirene in der Ferne verklungen war, verließ er den Garten wieder und blieb an der nächsten Straßenecke stehen.

Der Regen nahm unvermittelt an Stärke zu, prallte in silbernen Tropfen vom Pflaster ab. Er schlug den Kragen seines Jacketts hoch und sah sich verzweifelt nach allen Seiten um, und dann erkannte er verschwommen die Umrisse einer Kirche, die im Dunkel auf der anderen Straßenseite aufragte.

Er taumelte über die Fahrbahn hinüber, drückte ein eisernes Gittertor der Friedhofsumzäunung auf, das knarrend nachgab, und ging zwischen den Gräbern hindurch. Schwach schimmerte Licht hinter einem der hohen farbigen Fenster und warf rautenförmige Schatten über die Grabsteine auf dem Kirchhof. Er stieg die Stufen zum Eingangsportal hinauf, das sich leicht und lautlos öffnen ließ, als ob es ihn willkommen heißen wollte, und er betrat das Innere der Kirche.

Stille umgab ihn – eine sehr tiefe Stille. Er stand im hinteren Teil des Kirchenschiffs und blickte zum Altar und dem Ewigen Licht hinüber. Aus irgendeinem Grund ging er, den Blick fest auf das Licht geheftet, darauf zu. Die Flamme des Öllämpchens schien aufzuzüngeln und dann wieder zu schwinden. Er schloß die Augen und atmete ein paarmal tief durch.

Eine sanfte Stimme mit irischem Akzent fragte: »Entschuldigen Sie, fehlt Ihnen etwas?«

Shane wandte sich hastig um. Links von ihm befand sich eine kleine Seitenkapelle, deren Wände von einem halb beendeten Fresko bedeckt waren. Davon stand ein großer grauhaariger Mann in einem Overall, mit einem Pinsel in der Hand. Über dem Overall ragte der Kragen eines Geistlichen heraus.

Shane befeuchtete die Lippen und versuchte zu sprechen, doch die Worte blieben ihm in der Kehle stecken, er brachte nur ein heiseres Krächzen hervor. Benommenheit überfiel ihn wieder. Schwankend trat er einen Schritt vor und tastete Halt suchend nach einer Kirchenbank. Ein überraschend kräftiger Arm legte sich stützend um seine Schulter. Er öffnete die Augen und versuchte zu lächeln. »Im Augenblick geht es mir nicht besonders gut. Gönnen Sie mir ein paar Minuten Ruhe und Schutz vor dem Regen, dann geht es wieder.«

Der Priester unterdrückte einen erschreckten Ausruf, als er Shane ins Gesicht blickte. »Gott erbarme sich unser.«

Shane versuchte sich von dem stützenden Arm des Priesters zu lösen. »Es ist gleich wieder alles in Ordnung. Lassen Sie mich bitte einen Augenblick hier sitzen.«

Der Priester schüttelte den Kopf. »Sie brauchen einen Arzt. Sie sind verletzt.«

Panik drohte Shane zu übermannen, er tastete nach dem stützenden Arm. »Holen Sie nicht die Polizei. Was Sie auch tun, aber bitte nicht die Polizei.«

Der Priester blickte ihn prüfend an und lächelte mild, wobei eine auffällig häßliche Narbe auf seiner rechten Wange mit dem Lächeln verschmolz, das irgendwie das ganze Gesicht erhellte. In diesem Augenblick erkannte Shane den Priester.

»Sie sind Pater Costello«, sagte er. »Sie waren Pfarrer bei der 52. Infanteriedivision in Korea.«

Der Geistliche nickte und führte ihn behutsam zu einer schmalen Tür im hinteren Teil der Kirche. »Ja, ich war in Korea. Sind wir uns da begegnet?«

Shane schüttelte den Kopf. »Nein, aber ich habe sie mehrmals gesehen.« Während der Pater die Tür öffnete und ihn hindurchgeleitete, fuhr er fort: »Ich erinnere mich daran, wie Ihnen diese Narbe beigebracht wurde. Sie verließen unsere Stellung, um einem verwundeten Chinesen zu helfen, und er griff Sie mit einem Messer an.«

Pater Costellos Blick wurde traurig. Seufzend sagte er: »Daran denke ich nicht gern zurück.«

Sie hatten die Sakristei erreicht. Der Pater drückte Shane auf einen Stuhl. Pater Costellos Soutane hing an einem Haken hinter der Tür, und in einer Ecke zischte gedämpft ein Gasofen. Der Geistliche ließ sich an einem altertümlichen Nußbaumschreibtisch nieder, schloß ein Schubfach auf und entnahm ihm eine Kognakflasche und ein Glas. Er schenkte einen kräftigen Schluck in das Glas ein und lächelte. »Das dürfte Ihnen im Augenblick guttun.«

Shane würgte, als das scharfe Getränk ihm durch die Kehle rann. Pater Costello hielt ihm eine Packung Zigaretten hin und nahm einen Verbandskasten aus einer anderen Schublade.

Shane zündete sich dankbar eine Zigarette an. Der Priester schob seinen Sessel näher zu Shane heran und betrachtete prüfend sein Gesicht. Nach einer Weile meinte er besorgt: »Das müßte wirklich von einem Arzt behandelt werden.«

Shane schüttelte abwehrend den Kopf. »Heute nicht mehr, Pater. Es gibt Wichtigeres, was ich erledigen muß.«

Pater Costello seufzte und begann Shanes Gesicht geschickt mit einem in antiseptische Flüssigkeit getauchten Wattebausch zu reinigen. Als er die Verletzungen notdürftig mit Pflaster versorgt hatte, sagte er ruhig: »Man hat Sie ziemlich schlimm zugerichtet. Wer es auch gewesen sein mag, er hat gründliche Arbeit geleistet.«

Shane zog die Ärmel seines Jacketts hoch und deutete auf die Stahlringe der Handschellen, die seine Gelenke umschlossen. »Es war ein Polizist, Pater«, sagte er. »Und wenn die richtig zur Sache gehen, dann wird's das Übelste, was es gibt.«

Shane stand auf und dehnte sich behutsam. Sein ganzer Körper schmerzte, und die Nieren schienen angeschwollen, doch soweit er es beurteilen konnte, waren keine Knochen gebrochen. Er betrachtete sein Gesicht im Spiegel und wandte sich mit einem schiefen Grinsen ab. »Ich bin nicht sicher, ob ich jetzt nach Ihrer Behandlung nicht noch schlimmer aussehe.«

Pater Costello lächelte flüchtig und griff nach der Flasche. »Noch einen Schluck?«

Shane schüttelte ablehnend den Kopf und ging zur Tür. »Nein danke, Pater. Ich habe nicht viel Zeit.«

Er streckte schon die Hand nach der Klinke aus, als Pater Costello ruhig sagte: »Meinen Sie nicht, daß Sie sich mir offenbaren sollten, Martin Shane?«

Einen schier endlos langen Augenblick verharrte Shane bewegungslos, dann wandte er sich zögernd um. »Sie kennen mich?«

Pater Costello nickte. »Ihr Bild war heute in allen Zeitungen, und im Radio wurde eine Meldung über Ihre Flucht durchgegeben.« Er nahm eine Zigarette aus der Packung und zündete sie bedächtig an. »Wissen Sie, es ist vielfach hilfreich, sich einem Fremden gegenüber auszusprechen. Manchmal gelingt es dann, die Dinge in einem anderen Licht zu sehen.«

Shane tat einen Schritt auf den Priester zu und sagte gepreßt: »Diese Stadt quillt über vor Bullen, und alle suchen sie mich. Sie wissen sicher auch, was ich angeblich getan haben soll?«

Pater Costello nickte ernst. »Es wird behauptet, Sie hätten einen besonders grausamen Mord begangen.«

Shane ließ sich wieder auf den Stuhl sinken und griff nach einer weiteren Zigarette. »Sie behaupten auch, ich sei geisteskrank, und ich bin mir nicht einmal mehr sicher, ob das nicht sogar stimmt. Entsetzt Sie das nicht?«

Der Priester hielt ihm mit ruhiger Hand ein brennendes Streichholz hin und schüttelte den Kopf. »Das kann ich nicht gerade behaupten. Aber vielleicht sind Sie selbst der einzige Mensch, dem Sie wirklich Angst einjagen.«

Shane blickte in die freundlichen grauen Augen des Paters, versuchte darin zu erkennen, was auf ihn zukommen würde, und dann brachen die Ängste, die Verzweiflung der vergangenen Tage über ihm zusammen, und er wußte, daß er nur den einen Wunsch hatte, sich selbst und alles diesem Mann anzuvertrauen.

Zögernd erwiderte er: »Vielleicht würde es mir helfen, wenn ich Ihnen alles von Anfang an berichte. Vielleicht würde ich einen Hoffnungsschimmer entdecken oder eine Erklärung finden für das, was geschehen ist.«

Pater Costello lehnte sich in seinem Sessel zurück und lächelte mild. »Einen Teil Ihrer Geschichte kenne ich aus den Zeitungsberichten, aber vielleicht wäre es ratsam, wenn Sie mir zunächst einmal erzählten, warum Sie überhaupt nach Burnham gekommen sind.«

Shane versuchte, seinen schmerzenden Körper in eine verhältnismäßig bequeme Stellung zu bringen. »Ganz einfach, Pater«, antwortete er ruhig. »Ich bin nach Burnham gekommen, um einen Mann zu töten.«

2

An dem Nachmittag, als Shane in Burnham eintraf, regnete es stark, und Nebelschwaden hingen in der Luft. Als er aus der Bahnhofshalle trat, wehte ihm ein Windstoß einen Regenschauer ins Gesicht, als ob er ihn zur Umkehr mahnen wollte, ehe es zu spät war. Er schüttelte dieses Gefühl ab und machte sich auf dem nassen Pflaster auf den Weg ins Zentrum der Stadt.

Schon bald fand er das, was er suchte: ein billiges, drittklassiges Hotel in einer ruhigen Seitenstraße. Nachdem er die triste Halle betreten hatte, empfing ihn ein junges Mädchen, das hinter dem Empfangstresen saß und in einer Zeitschrift las. Es blickte auf und lächelte ihn freundlich aus strahlenden Augen an.

»Ich möchte ein Zimmer für eine Woche«? sagte Shane.

»Mit oder ohne Bad?« Das Mädchen schob ihm das Gästeverzeichnis hin und reichte ihm einen Kugelschreiber.

Er antwortete, er wolle ein Zimmer mit Bad, und das Mädchen nahm einen Zimmerschlüssel vom Schlüsselbrett, hob die Klappe des Empfangspults und ging ihm voraus zur Treppe.

Sie trug einen eng anliegenden Rock und hochhackige Schuhe. Sie bot von hinten keinen unerfreulichen Anblick. Doch der Gesamteindruck wurde durch die Tatsache beeinträchtigt, daß sie keinen erwähnenswerten Busen hatte, und ihr Mund war von zahlreichen Aknenarben umgeben, die auch kein noch so sorgfältiges Make-up verbergen konnte.

Der Teppichläufer im oberen Korridor war schäbig und abgetreten. Sie blieb mit einem Absatz hängen und stolperte. Er konnte sie gerade noch vor dem Fallen bewahren. Sie lehnte sich fest an ihn und lächelte. »Hier ist Ihr Zimmer, Mr. Shane.«

Das Mädchen steckte den Schlüssel ins Schloß, öffnete die Tür und trat beiseite, um ihm den Vortritt zu lassen.

Das Zimmer war weder besser noch schlechter, als er

erwartet hatte. Eine Frisierkommode und ein Schrank in viktorianischem Mahagony, die der Hotelbesitzer bei einer Auktion billig erstanden haben mußte, zierten den Raum. Das Bett war sauber und das Bad ausreichend. Das alles war erfüllt von dem abgestandenen stickigen Geruch, der solchen Räumen eigen ist und aufdringlich an begangene Sünden gemahnt. Shane trat ans Fenster und stieß es weit auf.

Als er sich umwandte, stand das Mädchen noch unter der Tür und sah ihn mit einem Lächeln an, das wohl geheimnisvoll sein sollte. »Wäre das alles?« fragte es.

Er ging auf das Mädchen zu, nahm ihm den Schlüssel aus der Hand und schob es sanft zur Tür hinaus. »Ich sage Ihnen Bescheid, wenn ich etwas brauche, Kindchen.«

Bevor er die Tür schloß, sagte sie verbindlich lächelnd: »Wenn Sie etwas brauchen – irgend etwas, Mr. Shane, klingeln Sie einfach.«

Es war sehr still in dem Zimmer, nachdem sie gegangen war. Und plötzlich hämmerte wieder dieser Schmerz in seinem Kopf, rumorte in seinem Schädel wie etwas Lebendiges, nahm ihm den Atem und trieb ihn wankend ins Badezimmer. Rasch drehte er den Hahn auf und füllte ein Glas mit kaltem Wasser. Dann kramte er ein Röhrchen aus der Tasche seines Jacketts, schraubte mit zitternden Fingern den Verschluß ab und schüttelte zwei rote Pillen in die Handfläche. Er zögerte einen Augenblick, dann fügte er noch zwei hinzu, schob sie sich in den Mund, schluckte und spülte sie mit einem Schluck Wasser hinunter. Einen Augenblick lang blieb er schwankend mit geschlossenen Augen stehen, stützte sich schwer auf das Waschbecken, schlurfte dann schwerfällig in das Zimmer zurück und ließ sich quer auf das Bett fallen.

Das war der schwerste Anfall, den er bisher gehabt hatte. Er lag auf dem Bauch, preßte das Gesicht in das Kissen, schwitzte vor Angst; doch dann ließ der Schmerz nach, so unvermittelt wie bisher noch immer, und er konnte wieder freier atmen.

Langsam richtete er sich auf und blieb einige Minuten, den

Kopf in die Hände gestützt, auf der Bettkante sitzen. Nach einer Weile griff er nach seiner Reisetasche neben dem Bett und öffnete den Reißverschluß. Er nahm eine halbvolle Flasche Whisky heraus, entkorkte sie und trank einen kräftigen Schluck.

Die Flüssigkeit rann durch seine Kehle, erfüllte ihn mit neuem Leben. Er zündete sich eine Zigarette an, zog das schweißnasse Hemd aus und streifte sich ein frisches über. Dann trat er vor den Garderobenspiegel und musterte besorgt sein Spiegelbild. Ein kräftiger Hals erhob sich über breiten Schultern, seine Gesichtsfarbe war blaß, und die Haut spannte sich zu straff über die vortretenden Backenknochen. Die Augen waren schwarz und ausdruckslos, dunkle Teiche, die zu tief in ihren Höhlen lagen. Von der rechten Augenbraue zog sich eine gezackte rote Narbe wie eine Trennungslinie über die hohe Stirn und verlor sich in dem schwarzen Haar.

Er folgte dem Verlauf der Narbe behutsam mit einer Fingerspitze, aber der Schmerz blieb aus, und er seufzte erleichtert auf und zog sich um. Als er schon seinen Trenchcoat übergeworfen hatte, holte er das Wasserglas aus dem Bad und schenkte sich noch einen Schluck Whisky ein.

Während er trank, ruhte sein Blick auf seiner Reisetasche. Ganz so, als sei er zu einem Entschluß gekommen, leerte er mit einem Schluck das Glas, wühlte auf dem Grund seiner Reisetasche und nahm eine Pistole von Luger heraus. Er überprüfte die Kammer, schob die Waffe mit einer entschlossenen Bewegung in die Innentasche seines Jacketts, verließ das Zimmer und schloß die Tür hinter sich ab.

Mit schnellen Schritten durchquerte er das Stadtzentrum, den Hut gegen den strömenden Regen tief über die Augen in die Stirn gezogen, die Hände in den Manteltaschen vergraben. Es war lange her, seit er das letzte Mal in der Stadt gewesen war, und er brauchte fast eine Stunde, um das zu finden, wonach er suchte. Es war eine kleine Bar in einer Nebenstraße, nicht weit von der Universität entfernt. Als er dort eintraf, fand er das Lokal, abgesehen von dem alten weißhaarigen Barmann, der ein Glas polierte und Radio hörte, verlassen vor.

Shane blieb an der Tür stehen und ließ seinen Blick über die altmodischen Nischen und die ledergepolsterten Hocker vor der Bartheke mit ihrer Marmorplatte wandern. Nichts hatte sich verändert. Er bestellte ein Bier und setzte sich auf einen Hocker am hinteren Ende der Bar, starrte sein Spiegelbild in dem goldgerahmten Spiegel an der Wand hinter der Bar an, und er erinnerte sich an die Zeit vor acht Jahren. Damals, an jenem Montag nach dem Ausbruch des Koreakrieges, hatte er auf dem gleichen Hocker gesessen und dem Rundfunkaufruf gelauscht, sich freiwillig zum Militär zu melden.

Die Tür hinter ihm ging auf, und erschrocken fuhr er herum, als ob er erwartete, ein Gespenst aus der toten Vergangenheit zu sehen. Es war ein kleinwüchsiger Mann in einem nassen Regenmantel und mit einer Tuchmütze, der auf das Wetter schimpfte und bei dem Barmann einen Drink bestellte. Sie begannen ein belangloses Gespräch. Shane nahm sein Bier, stand auf, ging zur Telefonkabine im Hintergrund der Bar hinüber und schloß die Tür hinter sich.

Er zündete sich eine Zigarette an und zog ein kleines Notizbuch mit Namen und Adressen aus der Tasche. Da stand als erstes die Adresse eines Mannes namens Henry Faulkner. Shane blätterte im Telefonbuch und nach kurzem Suchen grunzte er zufrieden und verglich die angegebene Adresse mit der in seinem Notizbuch. Gleich darauf wählte er die Nummer.

In der Stille der Telefonzelle klang das Rufzeichen am anderen Ende der Leitung wie aus einer anderen Welt. Mit den Fingerspitzen trommelte er lautlos an der Wand, hängte nach einer Weile vergeblichen Wartens den Hörer wieder ein und wählte dann die Nummer noch einmal. Wieder meldete sich niemand, und nach einem dritten erfolglosen Versuch nahm er sein Bierglas und kehrte in die Bar zurück.

Der Barmann und der andere Gast waren mittlerweile über das voraussichtliche Ergebnis eines lokalen Fußballspiels am kommenden Samstag in Streit geraten, Shane stand ruhig am hinteren Ende der Bar, trank sein Bier und dachte nach. Plötzlich fühlte er sich von dem Lokal angewidert und abgestoßen. Es lohnte sich nie, an irgendeinen Ort der Vergangenheit zurückzukehren. Es war dumm von ihm gewesen, hierher zu gehen. Rasch leerte er sein Glas, zahlte und ging.

Draußen hatte der Regen nicht nachgelassen. Er ging zum Zentrum der Stadt zurück, bis er einen Taxistand erreichte. Er nannte dem Fahrer Faulkners Adresse und stieg ein.

Eine Zeitlang fuhr das Taxi durch ein schmutziges Industrierevier mit Fabriken, dazwischengeklemmten tristen Mietblocks, und bog dann in eine Straße ein, die sich gesäumt von Bäumen in Serpentinen bergauf wand, mit jeder Biegung höher stieg, bis sich trotz des Regens ein Ausblick auf die Stadt hinunter bot.

Dort oben befand man sich unerwartet in einer anderen Welt, einer Welt stiller Straßen und anmutiger Häuser. Die Adresse lautete Fairholme Avenue, und Shane sagte dem Fahrer, er solle am Beginn der Straße halten. Nachdem das Taxi davongefahren war, ging er langsam die Straße hinauf und suchte nach einem Haus, das sich Four Winds nannte.

Die Häuser waren das typische Zuhause wohlhabender Stadtbewohner, großzügig und geräumig, ohne daß man sie schon hätte protzig nennen können, aus Naturstein errichtet, inmitten gepflegter, weitläufiger Grundstücke. Die Straße endete schließlich als Sackgasse, und dort am Ende fand er das Haus, das er suchte.

Das Haus erschien ihm seltsam tot und verlassen. Die Fenster starrten blind auf ihn herab, und der Garten war verwahrlost und von Unkraut überwuchert. Er ging die mit Kies bestreute Auffahrt entlang und stieg die Stufen zur Eingangstür hinauf und drückte auf den Klingelknopf. Irgendwo in der Tiefe des Hauses konnte er das Läuten hören, aber niemand erschien, um zu öffnen. Er versuchte es noch einmal, drückte eine Minute lang mit dem Daumen fest auf den Knopf, doch wiederum geschah nichts.

Er ging die Stufen wieder hinunter und überquerte den Rasen. Jemand hatte versucht, vor der steinernen Terrasse das Gras zu mähen. Eine Fenstertür zur Terrasse stand nur angelehnt, und eine Seite eines roten Samtvorhangs wurde von einem plötzlichen Windstoß erfaßt und in den Regen hinausgeweht.

Er näherte sich der Tür, blieb davor stehen, spähte in die Dunkelheit des dahinterliegenden Raumes hinein und rief mit gedämpfter Stimme: »Ist dort jemand?«

Keine Antwort, doch als er sich schon abwenden wollte, erklang eine nörgelnde, schrille Stimme: »Wer ist denn da?«

Shane schob den Vorhang zur Seite und trat ein. Der Raum lag im Halbdunkel, und es dauerte einige Augenblicke, bis sich seine Augen an das Dämmerlicht gewöhnt hatten. Vorsichtig tat er ein paar Schritte, und wieder vernahm er die Stimme, diesmal fast neben sich. »Hier bin ich, junger Mann.«

Rasch wandte Shane sich um. Ein alter Mann saß in einem tiefen Lehnsessel neben einem kleinen Tisch, auf dem eine Flasche und ein Glas standen. Über die Knie des alten Mannes war eine Decke gebreitet, und ein altmodischer, gesteppter Morgenmantel war hoch bis zu seinem mageren Hals zugeknöpft. Wenn er sprach, klang seine Stimme hoch und krächzend wie die einer alten Frau.

»Ich bekomme nicht oft Besuch«, sagte er. »Was kann ich für Sie tun?«

Shane zog sich einen Stuhl heran und setzte sich. »Ich suche nach Mr. Henry Faulkner«, antwortete er.

Der alte Mann neigte sich ein wenig vor. »Ich bin Henry Faulkner«, sagte er. »Was wollen Sie von mir. Ich kenne Sie doch nicht, oder?«

Seine rechte Wange zuckte krampfartig, und seine milchigen, ausdruckslosen Augen schienen blind in die Asche des Lebens zu starren.

Shane befeuchtete seine Lippen. »Mein Name ist Shane«, sagte er. »Martin Shane. Ich kannte Ihren Sohn in Korea.«

Die Hände des alten Mannes schlossen sich krampfhaft

über der Krücke des Rohrstocks, den er vor sich aufgestützt hielt, und ein Zittern ließ seinen dürren Körper erbeben. Erregt neigte er sich weiter vor, ein schwaches Leuchten glomm in seinen Augen. »Sie kannten Simon?« krächzte er. »Aber das ist ja wundervoll. Wirklich wundervoll.« Er sank in seinen Sessel zurück und nickte mehrmals mit dem Kopf. »Er war ein guter Junge. Ein guter Junge. Etwas wild vielleicht, aber er hat nie jemandem etwas zuleide getan.« Er seufzte tief auf. »Er ist tot, wissen Sie. Im Kampf gefallen.«

Shane zündete sich eine Zigarette an. »Hat man Ihnen das mitgeteilt?«

Der alte Mann nickte nachdrücklich. »Ich habe seine Auszeichnungen irgendwo. Ich werde sie Ihnen zeigen. Er war ein Held, müssen Sie wissen.«

Noch bevor Shane widersprechen konnte, hatte der alte Mann seine Decke beiseite geworfen und sich mühsam aufgerichtet. Für einen Augenblick schwankte er unsicher, humpelte dann auf die Tür zu, wobei er sich schwer auf seinen Stock stützte. »Ich bin gleich wieder da«, sagte er noch.

Die Tür schloß sich hinter ihm. Shane zog sein Taschentuch heraus und wischte sich über die Stirn. Die Luft in dem Zimmer war stickig, und es roch, als ob seit Jahren nicht mehr Staub gewischt und gelüftet worden wäre. Er stand auf und ging langsam hin und her und betrachtete die Möbelstücke. Plötzlich meldete sich der alte Mann mit scharfem Krächzen von der Tür her. »Simon? Bist du das, Simon?«

Kalte Finger schienen Shane über das Gesicht zu streichen. Er schauderte und ging langsam näher. »Simon ist tot, Mr. Faulkner«, sagte er sanft.

Für einen Augenblick stand ein abweisendes Schweigen zwischen ihnen, und dann funkelten zwei Lichtpunkte in den trüben Augen des alten Mannes auf. Seine rechte Wange zuckte. »Sie lügen«, widersprach er heftig. »Simon ist nicht tot. Er kann nicht tot sein.«

Shane schluckte mit trockener Kehle. »Er ist seit sieben Jahren tot.«

Der Kopf des alten Mannes wiegte steif nach beiden Seiten hin und her wie der einer Marionette, und etwas schien seine Kehle zu würgen. Er wich durch die offene Tür in die Diele zurück, und seine Stimme klang schrill und hysterisch. »Bleiben Sie mir vom Hals«, krächzte er. »Bleiben Sie von mir weg.« Er hob seinen Stock halb in die Höhe, so, als ob er zuschlagen wolle, und dann erschien eine Gestalt hinter ihm, und die Stimme einer Frau sagte begütigend: »Aber Vater, warum bist du aus deinem Sessel aufgestanden?«

Der alte Mann schmiegte sich an sie wie ein verängstigtes Kind, das seine Mutter sucht, sie legte einen Arm um seine Schultern und wandte sich ungehalten an Shane. »Wer sind Sie, was wollen Sie hier?« fragte sie schroff mit ärgerlicher Stimme.

Er ging aus der Dunkelheit des Zimmers in die Diele hinaus. »Mein Name ist Martin Shane«, erklärte er. »Ich war ein Freund von Simon Faulkner.«

Sie erstarrte unvermittelt, und der Druck ihres Armes um die Schultern ihres Vaters schien fester zu werden. »Mein Bruder ist seit langer Zeit tot, Mr. Shane«, sagte sie.

Er nickte. »Ich weiß. Ich war dabei, als er getötet wurde.«

Ein seltsamer Ausdruck trat in ihre Augen, und sie wollte antworten, als der alte Mann mit gebrochener Stimme stammelte: »Laura«, und gegen sie sank.

Shane trat schnell einen Schritt vor. »Kann ich Ihnen helfen?«

Sie schüttelte den Kopf. »Nein, nein. Ich schaffe es schon. Ich bin daran gewöhnt. Bitte warten Sie auf mich im Wohnzimmer. Es dauert nicht lange.«

Sie führte den alten Mann langsam zu einer Tür auf der anderen Seite der Diele und öffnete sie. Shane erhaschte einen flüchtigen Blick auf ein Bett an der gegenüberliegenden Wand, bevor die Tür wieder geschlossen wurde.

Er ging in die Dunkelheit des Wohnzimmers zurück, setzte sich auf einen Stuhl beim Fenster, rauchte eine Zigarette und dachte darüber nach, was bisher geschehen war. Es war wie bei einem Bilderpuzzle, bei dem die einzelnen Teile falsch zusammengelegt worden waren. Das vernachlässigte Haus, der verwirrte alte Mann und diese Frau – nichts ergab irgendeinen Sinn.

In seine Gedanken hinein kehrte die Frau in das Zimmer zurück. Sie kam zu der Fenstertür, zog die Vorhänge beiseite und ließ das Tageslicht in das Zimmer fluten. »Mein Vater hat sehr schwache Augen», erklärte sei. »Zu viel Helligkeit schadet ihm.«

Sie nahm eine Zigarette aus einer zerknitterten Packung, und Shane gab ihr Feuer.

»Es tut mir leid, daß ich Ihren Vater erschreckt habe«, entschuldigte er sich. »Ich hatte vorn an der Tür geklingelt, aber es meldete sich niemand, und dann bemerkte ich die offene Verandatür.«

Sie wehrte mit einem ungeduldigen Kopfschütteln ab. »Es spielt keine Rolle. Er regt sich gegenwärtig sehr leicht auf. Seit acht Jahren leidet er unter einer fortschreitenden Gehirnerkrankung. Er ist wirklich nicht mehr als ein verängstigtes Kind.«

Sie lehnte sich gegen die Fenstertür und starrte in den Regen hinaus. Shane betrachtete sie aufmerksamer. Er schätzte sie auf etwa acht- oder neunundzwanzig. Sie trug eine karierte Hose und darüber eine in der Taille geknotete spanische Bluse. Ihr dunkles Haar fiel locker um ihr Gesicht. Dunkle Ringe lagen unter den Augen. Als sie sich eine neue Zigarette aus der Packung nahm, bemerkte er die Farbflecke an ihren schmalen Händen und fragte sich, was sie wohl getan haben mochte.

Mit scharfer Stimme unterbrach sie seine Gedanken. »Und jetzt ist es wohl angebracht, daß Sie mir erklären, warum Sie hierhergekommen sind, Mr. Shane.«

Er hob wie ratlos die Schultern. »Ich war Simons bester Freund. Wir haben uns damals zusammen freiwillig zum Militär gemeldet. Ich wollte einfach nur mit Ihrem Vater über ihn sprechen.«

Sie runzelte die Stirn, und in ihrer Stimme lag ein ungeduldiger Unterton. »Simon ist vor sieben Jahren gefallen, Mr. Shane. Sie haben sich wirklich viel Zeit gelassen, bis Sie kamen, um Ihr Mitgefühl zu bekunden.«

Er blickte zu ihr hinüber, sein Gesicht war vollkommen ausdruckslos. »Das tut mir aufrichtig leid, aber ich fürchte, ich hatte keine andere Wahl.«

Einen Augenblick lang herrschte Stille, und sie runzelte wieder die Stirn. »Keine andere Wahl? Wovon, um alles in der Welt, sprechen Sie?«

Shane stand auf und ging an ihr vorüber zur Tür, bis er beinahe draußen im strömenden Regen stand. Sein Blick ruhte auf dem verwilderten Garten, aber seine Gedanken waren in die Vergangenheit gerichtet. »Ich habe die letzten sechs Jahre in einer Anstalt verbracht, Miß Faulkner. Ich wurde erst vor wenigen Tagen entlassen.«

Ihr Atem zischte scharf zwischen ihren Zähnen, und er fuhr fort, ohne sich umzudrehen. »Unmittelbar nachdem Ihr Bruder ums Leben kam, wurde ich selbst verwundet. Granatsplitter im Gehirn. Die Chinesen haben die meisten herausgeholt, aber an ein winziges Stück sind sie nicht herangekommen. Nach und nach führte es zu einem fortschreitenden Verlust des Gedächtnisses. Als ich von den Chinesen schließlich entlassen wurde, konnte ich mich nicht einmal mehr an meinen Namen erinnern, konnte mich nicht mehr selbst versorgen.« Er zuckte mit den Schultern. »Sie brachten mich in einer Anstalt unter. Sonst konnten sie nichts mehr für mich tun. Jede Operation stand außer Frage.«

Er bemerkte plötzlich ihre Hand auf seinem Arm, und als er sich ihr zuwandte, stand in ihren dunklen Augen der Ausdruck von tiefem Mitgefühl. »Wie schrecklich. Aber Sie haben gesagt, daß sie erst vor wenigen Tagen entlassen worden sind.«

Er nickte knapp. »Das ist richtig. Vor einem Monat stürzte ich eine Treppe hinunter und zog mir eine schwere Gehirnerschütterung zu. Anscheinend geriet dadurch der Splitter in

Bewegung. Nachdem ich annähernd sieben Jahre in einem undurchdringlichen Nebel gelebt hatte, erwachte ich eines Morgens im Hospital und fühlte mich wie neugeboren.« Er lächelte düster. »Das einzige Problem war, daß wir im Juni 1952 lebten, zumindest soweit es mich betraf. Ich hatte eine ganze Menge nachzuholen.«

Als sie antwortete, klang Verständnis in ihrer Stimme mit. »Jetzt verstehe ich. Das letzte, woran Sie sich erinnerten, war, daß Simon in den Kämpfen gefallen war, kurz bevor Sie selbst verwundet wurden. Deshalb kommen Sie erst heute, um uns das alles zu berichten.«

Er ließ seine Zigarette in eine Regenpfütze auf der Terrasse fallen und beobachtete mit gerunzelter Stirn, wie sie zischend erlosch. Nach einer Weile seufzte er, wandte sich ihr zu und blickte ihr fest in die Augen. »Von einer wichtigen Tatsache abgesehen, haben Sie recht.«

Sie sah überrascht auf. »Ich fürchte, ich verstehe Sie nicht ganz.«

Er lehnte sich gegen die Tür und antwortete ruhig. »Ich meine, daß Sie das alles mißverstanden haben, Miß Faulkner. Verstehen Sie doch, Ihr Bruder ist nicht im Kampf gefallen.

3

Laura Faulkners Gesichtsausdruck verriet ihr fassungsloses Erstaunen. Einen Augenblick lang blickte sie ihn nur schweigend an, dann meinte sie nachdenklich. »Darüber möchte ich vollkommen ungestört mit Ihnen sprechen. Ich habe meinen Vater zwar in sein Bett gebracht, aber er ist durchaus in der Lage, hier jeden Augenblick wieder zu erscheinen.«

Shane nickte verstehend, und sie ging durch das Zimmer voraus in die Diele, führte ihn durch einen schmalen Gang zur Küche, griff dort nach einem alten Regenmantel, den sie sich achtlos über die Schultern warf.

»Ich fürchte, Sie werden wieder naß werden«, sagte sie und öffnete die Hintertür.

Der Garten fiel in stufenförmigen Terrassen zu einer niederen Mauer und einer großen Holzhütte ab, die auf Pfählen einige Fuß über dem Boden stand. Laura Faulkner lief, den Kopf wegen des Regens gesenkt, den Weg hinab voraus, und Shane folgte ihr. Sie stiegen die Stufen zu der Plattform hinauf, auf der die Hütte errichtet war, und sie öffnete die Tür und ging hinein.

Die gegenüberliegende Seite der Hütte bestand aus einem einzigen großen Fenster, durch das man in das tiefe Tal hinabblickte, durch das sich der Fluß hinunter zur Stadt schlängelte. Es war ein unerwartet schöner Ausblick. Als Shane nähertrat, erschreckte ihn ein drohendes Knurren, und ein kräftiger schwarzer Dobermann, der auf einem Diwan unter dem Fenster lag, hob den Kopf und sah ihm mißtrauisch entgegen. Laura Faulkner beschwichtigte das Tier mit gedämpfter Stimme und warf ihren Regenmantel auf einen Stuhl.

In jeder Ecke des Raums standen Stapel von Bildern wahllos gegen die Wände gelehnt, und auf einer Staffelei beim Fenster ruhte ein unvollendetes Landschaftsbild in Öl. Shane zündete sich eine Zigarette an und deutete mit dem Kopf auf das Bild. »Bestreiten Sie damit Ihren Lebensunterhalt?«

Sie lachte flüchtig. »Nein. Mehr als alles andere ist das ein Hobby. Ich arbeite freiberuflich als Designer für Industrieerzeugnisse, praktisch alles von Möbeln bis zu Materialbearbeitung.« Sie gab dem Hund eine Klaps und setzte sich neben ihn auf den Diwan. »Aber wir sind nicht hier, um uns darüber zu unterhalten, wie ich mein Geld verdiene. Sie haben etwas über meinen Bruder gesagt, was mich sehr überrascht hat.«

Er nickte. »Was hat das Kriegsministerium Ihnen genau mitgeteilt, als es Sie von seinem Tod benachrichtigte?«

Sie hob die Schultern. »Daß er im Juni 1952 im Kampf gefallen sei. Am Yalu River soll es gewesen sein, glaube ich.«

Shane zog sein Notizbuch aus der Tasche und blätterte

darin. »Sagen Ihnen die folgenden vier Namen irgend etwas?« fragte er. »Adam Crowther, Joe Wilby, Reggie Steele und Charles Graham?«

Sie schüttelte den Kopf, die Augenbrauen leicht zusammengezogen. »Nein, nicht daß ich wüßte. Sollte ich diese Leute kennen?«

Er steckte das Notizbuch wieder ein und hob flüchtig die Schultern. »Sie waren alle mit ihrem Bruder zusammen, als er starb, und sie leben alle in Burnham.«

Sie runzelte die Stirn. »Aber ist das nicht mehr oder weniger ein ungewöhnlicher Zufall?«

Er schüttelte den Kopf. »Als der Koreakrieg begann, erließ die Regierung einen Aufruf, sich freiwillig zu melden. An diesem Tag saß ich in einer kleinen Bar in einer Nebenstraße in der Nähe der Universität. Dort habe ich Ihren Bruder kennengelernt. Ich hatte gerade meinen Job als Texter bei einer Werbeagentur in Manchester verloren, und auf dem Weg nach London war ich auf der Durchreise in Burnham. Simon und ich fingen an, uns gegenseitig zu Drinks einzuladen, und als dann im Radio der Appell der Regierung verlesen wurde, waren wir beide halb betrunken. Er hatte seine Stellung satt, und ich hatte keine, und so sind wir dann zusammen zu dem Rekrutierungsbüro gegangen.«

»Und in diesem Zustand wurden Sie angenommen?« fragte sie ungläubig.

»Nicht nur wir, sondern Dutzende andere auch«, antwortete er. »Und alle waren aus Burnham, und wir wurden alle demselben Infanterieregiment zugeteilt.«

»Und Sie waren dann die ganze Zeit über mit meinem Bruder zusammen?«

Er lächelte flüchtig und öffnete seinen Manschettenknopf. Als er den Hemdsärmel hochzog, sah sie, daß auf seinem Unterarm in Rot und Grün eine Schlange tätowiert war und darunter der Schriftzug »Simon und Martin – Freunde fürs Leben«.

In ihren Augen funkelte etwas, das man beinahe für Belustigung halten konnte, und ihre Lippen zitterten leicht. »War das nicht ziemlich albern?«

Er grinste. »Um die Wahrheit zu gestehen, wir waren auch bei dieser Gelegenheit ziemlich betrunken. In Singapur hatten wir Landurlaub. Es war die letzte Station, bevor wir nach Korea kamen, und...« Er hob die Schultern. »Wir mußten auf das Schiff zurückgetragen werden. Als wir am nächsten Morgen wieder nüchtern waren, hatten wir beide die Schlange auf dem Arm.« – »Und was geschah dann?« fragte sie.

Er zögerte und zündete sich wieder eine Zigarette an. »Nichts von besonderer Bedeutung. Eben das Übliche, was in einem Krieg passiert. Die Front, Tod und Gewalt. Selbstverständlich war das Klima nicht gerade angenehm. Im Winter ist es in Korea ganz schön kalt.«

Sie nickte nüchtern. »Das glaube ich gern. Aber wie ist mein Bruder nun tatsächlich gestorben?«

Er fuhr sich mit den Fingern durch das Haar, spürte einen leichten Schmerz hinter der Stirn, legte sie in Falten, als ob es ihm Mühe mache, sich zu erinnern. »In unserem Frontabschnitt war ein großer Vorstoß geplant. Sechs Stunden vor Beginn des Angriffs wurde ich mit einer Patrouille losgeschickt, der Simon und die vier von mir genannten Männer angehörten. Wir sollten das Minenfeld auf dem anderen Ufer des Flusses erkunden.«

»Und was passierte?«

Shane zuckte mit den Schultern. »Wir gerieten in einen Hinterhalt. Wir gingen in der Dunkelheit vor, und plötzlich fielen sie von allen Seiten über uns her. Wir kamen nicht mal dazu, auch nur einen einzigen Schuß abzugeben.«

»Und was haben sie mit Ihnen gemacht?« fragte sie.

Er schob die Hände tief in die Taschen und lehnte sich gegen die Wand. »Ganz in der Nähe waren ein kleiner buddhistischer Tempel und ein Kloster. Dort hatte ein chinesischer Nachrichtenoffizier seinen Gefechtsstand, ein Colonel Li.« Als er den Namen aussprach, war ihm die Kehle wie zugeschnürt, und Schweißperlen traten ihm auf die Stirn.

Erschreckt neigte sie sich vor. »Fehlt Ihnen etwas?«

Er schüttelte abwehrend den Kopf. »Nein, nein, es ist alles in Ordnung.« Er ging an ihr vorüber zum Fenster und blickte hinaus. »Colonel Li war ein unscheinbar wirkender, kleiner Mann mit einer dicken Brille und einem Klumpfuß. Irgendwie hatte er erfahren, daß ein Angriff bevorstünde, und wollte wissen, wann er erfolgen sollte. Deshalb nahm er uns in die Mangel.«

Laura Faulkners Augen weiteten sich. »Was soll das heißen – er nahm Sie in die Mangel?«

Wieder hob er wie ratlos die Schultern. »Ich möchte eigentlich annehmen, daß Ihnen diese mittelalterlichen Methoden hinreichend bekannt sind, die beim Verhör von Gefangenen in unserer ach so hochzivilisierten Welt gang und gäbe sind.«

Ihr Blick verfinsterte sich, und sie nickte nüchtern. »Ich verstehe. Sprechen Sie bitte weiter, und versuchen Sie nicht, meine Gefühle zu schonen. Ich möchte genau wissen, wie es gewesen ist.«

Shane verzog die Lippen zu einem gezwungenen Lächeln. »Im Erdgeschoß des Klosters lag ein großer Raum, den früher einmal der Abt bewohnt hatte. Dort führte Colonel Li seine Verhöre durch. Von dort zweigte ein schmaler Gang ab, an dem fünf Zellen lagen, in denen die Mönche ihre Bußübungen verrichtet hatten. Er zwang uns dazu, uns in dem Verhörzimmer nackt auszuziehen und ließ uns dann in die Zellen sperren. Eine teilte ich mit Charles Graham. Die anderen hatten je eine für sich allein.«

Es schien ihr schwerzufallen, etwas darauf zu sagen. Nach einigem Zögern gelang es ihr zu fragen: »Und was geschah dann?«

Er schüttelte den Kopf. »Ich möchte Ihnen die Einzelheiten ersparen. Li erschien und ließ uns einzeln vorführen, einen nach dem anderen, und dabei schleifte sein Klumpfuß über die Steinplatten des Ganges. Er versuchte es drei Stunden lang, aber keiner von uns sagte ein Wort. Schließlich brachten sie Charles Graham zu mir in die Zelle zurück, und Colonel Li erklärte mir, er würde jetzt noch einmal von vorn anfangen, doch diesmal nannte er seine Bedingungen. Er würde jeden nur noch einmal auffordern auszusagen, und wer sich weigerte zu antworten, würde sofort hinaus auf den Klosterhof gebracht und auf der Stelle erschossen.«

»Der Mann muß wahnsinnig gewesen sein«, sagte sie voller Entsetzen.

Shane schüttelte den Kopf und entgegnete ruhig: »Nein, er war nicht wahnsinnig. Ich glaube nicht einmal, daß ihm das, was er da tat, persönlich Vergnügen bereitet hat. Er war kein Sadist. Das machte alles nur noch schlimmer. Er wirkte während der ganzen Zeit so unglaublich nüchtern und unbeteiligt.

Er nahm wieder eine Zigarette, rollte sie wie geistesabwesend zwischen den Fingern. Schließlich fragte sie: »Und auf diese Weise wurde Simon getötet?«

Er nahm die Zigarette zwischen die Lippen und zündete sie an. »Ja, so war es. Er kam als erster an die Reihe. Ich hörte die Schüsse, die draußen abgefeuert wurden, und kurz darauf kam Colonel Li in meine Zelle und sagte, er habe die Informationen erhalten, die er brauche. Er sagte noch, er bedauere, daß er Simon habe erschießen lassen müssen, aber Krieg sei nun mal Krieg. Es klang fast so, als ob er das ehrlich meinte.«

»Und wer hat geredet?« fragte Laura Faulkner leise.

Während der Pause, die ihrer Frage folgte, herrschte völlige Stille, nur der Regen klopfte wie mit Geisterfingern gegen die Fensterscheibe. Shane wandte sich um, sein Gesicht war unbewegt und ausdruckslos. »Um das herauszufinden, bin ich hergekommen«, antwortete er.

»Soll das heißen, daß Sie es nicht wissen?« fragte sie mit weit aufgerissenen Augen.

Er schüttelte den Kopf. »Etwa zwei Stunden später wurde das Kloster durch amerikanische Jagdbomber zerstört. Das war der Augenblick, in dem für mich der Vorhang fiel.«

Sie erhob sich von dem Diwan und trat vor die Staffelei mit dem Bild der unvollendeten Landschaft. Nach einer Weile fragte sie mit seltsam fremd klingender Stimme: »Sagen Sie mir eines: Was wurde aus Ihrem Regiment bei diesem Angriff?«

Shane neigte sich vor und kraulte mit der rechten Hand sanft den Hund am Ohr. »Das habe ich erst gestern erfahren, als ich im Kriegsministerium anrief. Der Angriff war ein völliger Fehlschlag. Wir erlitten gewaltige Verluste, über zweihundert Tote.«

Sie griff nach Pinsel und Palette und begann mechanisch an dem Bild zu arbeiten. »Haben Sie irgend jemandem im Kriegsministerium das mitgeteilt, was Sie mir gerade erzählt haben?«

Er schüttelte den Kopf. »Es ist zu lange her. Was sollte man jetzt noch tun können, selbst wenn man wollte? Ich erfuhr, daß die vier anderen davongekommen waren und alle noch leben. In Burnham. Der Archivar im Ministerium war sehr hilfreich. Aus irgendeinem Grund schien er die Vorstellung zu haben, ich wolle eine Zusammenkunft organisieren, ein Veteranentreffen.«

Sie schien sich mit besonderer Aufmerksamkeit auf ein bestimmtes Detail ihres Bildes zu konzentrieren und fragte tonlos: »Und ist das Ihre Absicht?«

Shane durchquerte das Zimmer, blieb hinter ihr stehen und betrachtete das Bild. »Ich will wissen, wer vor sieben Jahren bei Colonel Li geplaudert hat«, antwortete er mit leicht bebender Stimme. »Ich bin davon wie besessen, daß ich nicht davon ablassen kann. Ich weiß, daß ich es nicht gewesen bin, und Graham kann es auch nicht gewesen sein, weil er die ganze Zeit über bei mir in der Zelle war. Danach bleiben Crowther, Wilby und Reggie Steele.«

Sie legte Pinsel und Palette mit einer heftigen Bewegung hin und drehte sich aufgebracht mit funkelnden Augen zu ihm um. »Und was wollen Sie tun, wenn Sie es herausgefunden haben?« fragte sie angriffslustig. »Was soll denn das nach all den vielen Jahren nützen?«

Er wollte sich wortlos abwenden, aber sie packte ihn am

Aufschlag seiner Jacke, um ihn festzuhalten. Dabei stieß sie mit der Hand gegen den Griff der Pistole in seiner Innentasche. Mit einem scharfen Zischen atmete sie aus. Einen Augenblick lang blickte sie ihm mit verstörten Augen ins Gesicht, dann griff sie unter sein Jackett und zog die Luger heraus. »Sie Narr«, sagte sie erregt. »Sie dummer, hoffnungsloser Narr. Was soll dabei herauskommen? Bringt es auch nur einen dieser Männer ins Leben zurück? Kann es Simon noch helfen?«

Er nahm ihr die Waffe behutsam aus den Händen und schob sie wieder in seine Tasche zurück. Während er seinen Trenchcoat zuknöpfte, sagte er mit ruhiger Stimme: »Nehmen wir einfach an, ich täte es um meiner selbst willen, und belassen wir es dabei.«

Mit ineinander verkrampften Händen wendete sie sich von ihm ab. »Welches Recht haben Sie, sich in dieser Weise in unser aller Leben einzumischen?« fragte sie eindringlich. »Das ist doch eine alte Geschichte, seit langem tot und begraben. Warum können Sie sich nicht damit abfinden?«

Er ignorierte ihren Ausbruch, wandte sich um und ging auf die Tür zu. Als er nach der Klinke griff, schrie sie wild auf: »Man wird Sie dafür hängen! Ist Ihnen das nicht bewußt?«

Ein eigenartig entrücktes Lächeln trat auf sein Gesicht. »Tut mir leid, daß ich Sie da enttäuschen muß, aber ich fürchte, dafür werde ich nicht mehr zur Verfügung stehen.«

Etwas in seiner Stimme, der entschlossene Ton, der in ihr lag, ließ sie unwillkürlich schaudern. »Was wollen Sie damit sagen?«

Ich meine, daß ich bald nicht mehr am Leben sein werde, Miß Faulkner«, erwiderte er kalt, und seine Stimme hatte einen harten, endgültigen Klang.

Als er die Tür öffnete, lief sie ihm nach und hielt ihn am Arm zurück. »Was meinen Sie damit?« fragte sie eindringlich.

Er hob die Schultern. »Bei diesem Sturz auf der Treppe geschah mehr, als daß ich nur mein Gedächtnis wiederfand. Der Splitter in meinem Gehirn wurde in einen gefährlichen

Bereich verlagert. Das bedeutet, daß ein Versuch, ihn zu entfernen, für mich lebenswichtig ist. Heute in einer Woche habe ich einen Termin bei einem Gehirnchirurgen in Guys Hospital. Wenn ich diesen Termin nicht einhalte, bin ich innerhalb von vierzehn Tagen tot, und die Chancen für einen Erfolg stehen für mich hundert zu eins. Dazwischen kann ich wählen.«

Er trat auf die Veranda hinaus, ohne ihre Antwort abzuwarten, und stieg die Stufen in den Garten hinunter. Laura stand unter der Tür und war hemmungslos in Tränen ausgebrochen. Er blickte einmal zurück, sah sie im Türrahmen stehen, neben ihr den Dobermann, der ihm schwanzwedelnd nachsah.

Er folgte dem Weg am Haus entlang, und bevor er die Ecke erreichte, wandte er sich noch einmal um, doch jetzt war die Tür geschlossen und die Veranda lag verlassen da.

4

Es regnete noch immer heftig, während das Haus mehr und mehr hinter ihm blieb. Als er die Hauptstraße erreichte, blieb er einen Augenblick zögernd stehen und sah sich nach einer Bushaltestelle um. Gegenüber auf der anderen Straßenseite lag ein kleiner Gemischtwarenladen, er ging hinein und kaufte sich Zigaretten und vergewisserte sich noch einmal, daß er von Charles Graham die richtige Adresse hatte. Das Haus lag nur wenige hundert Meter weiter an der Hauptstraße Richtung Stadtzentrum, und er entschloß sich, zu Fuß dorthin zu gehen.

Er dachte darüber nach, ob Graham sich wohl sehr verändert haben mochte. Sieben Jahre waren eine lange Zeit, aber Graham war damals noch nicht sehr alt gewesen. Er konnte jetzt kaum älter als zweiunddreißig oder dreiunddreißig Jahre sein. Während er durch den stetig niedergehenden Regen lief, versuchte er, sich die anderen vorzustellen. Wilby. Wilby, ein grober Klotz von einem Burschen mit einem langen Vorstrafenregister für kleinere Vergehen und Übeltaten, aber er war ein guter Soldat gewesen. Crowther hatte studiert, kam direkt von der Universität, und Charles Graham hatte für seinen Onkel gearbeitet, bei dem er als Wollkaufmann ausgebildet wurde. Doch was war mit Reggie Steele? Shane gab sich alle Mühe, doch es gelang ihm nicht, sich an dessen Aussehen zu erinnern.

Das war eine Sache, an die er inzwischen anfing sich zu gewöhnen, ein beunruhigendes Überbleibsel seines Leidens, durch das er zahllose unwichtige Dinge vergessen hatte, das aber auch andere schwerwiegende Lücken in seinen Erinnerungen geschlagen hatte.

Er fand Grahams Haus ohne Schwierigkeiten. Es war ein großer, ansehnlicher Bau in spätviktorianischem Stil aus grauem Stein, der von der Straße ein Stück zurückgesetzt in einem Meer aus gepflegtem Rasen und Blumenrabatten stand. Das Gebäude wies ein ungewöhnliches Merkmal auf. Der größte Teil des obersten Stockwerks bestand aus einem großen Gewächshaus mit einer Terrasse, von der aus man auf die tieferliegende Stadt hinunterblickte. Shane überprüfte noch einmal die Adresse, zuckte gleichzeitig mit den Schultern und schritt die Auffahrt zur Eingangstür hinauf. Er drückte auf einen Klingelknopf, und ein perlendes Glockenspiel erklang melodisch irgendwo im Innern. Nach einer Weile vernahm er innen näherkommende Schritte. Die Tür ging auf, und eine freundliche, mütterlich wirkende ältere Frau sah ihm entgegen. Sie trug eine weite weiße Schürze, und an ihren Händen haftete noch Mehl.

»Ich würde gern Mr. Graham sprechen, wenn er zu Hause ist«, sagte Shane.

Der Ausdruck ratlosen Erstaunens machte sich auf ihrem Gesicht breit. »Aber Mister Graham empfängt nie Besucher, Sir. Nicht mehr seit seiner Verletzung. Ich hatte geglaubt, das sei allgemein bekannt.«

Shane verbarg seine Überraschung und lächelte freundlich. »Ich glaube schon, daß er mich empfangen wird, wenn Sie ihm sagen, daß ich ihn sprechen will. Wir sind sehr alte Freunde. Ich war mehrere Jahre fort, und wir haben uns schon sehr lange nicht mehr gesehen.«

Sie schien unsicher zu sein und wischte sich die Hände an der Schürze ab. »Ich werde Mister Graham sagen, daß Sie da sind, Sir, wenn Sie darauf bestehen, aber ich glaube nicht, daß es etwas nützen wird.«

Shane nannte ihr seinen Namen und sie ging durch die Vorhalle und stieg eine breite Treppe hinauf. Er wandte sich der eichenholzgetäfelten Wand zu und betrachtete einige der Bilder, die dort hingen. Sie schienen alle sehr wertvoll, überwiegend Originale, und als sein Blick auf eine exquisite chinesische Vase auf dem Tisch neben der Tür fiel, spitzte er die Lippen zu einem lautlosen Pfeifen. Welche Sorgen Charles Graham während der vergangenen sieben Jahre auch geplagt haben mochten, eines jedenfalls war offensichtlich: Geldmangel war nicht dabei gewesen.

Hinter ihm war ein leises Hüsteln zu vernehmen, und als Shane sich umdrehte, stand die ältliche Frau mit einem völlig verdutzten Gesicht vor ihm. »Mister Graham bittet Sie, ihn in dem Gewächshaus aufzusuchen. Es ist in der obersten Etage. Ich darf Ihnen vorangehen.«

Er folgte ihr die mit einem dicken Läufer belegte Treppe hinauf. Sie gingen durch einen langen Gang, und Shane folgte der Alten über eine weitere Treppe ins zweite Obergeschoß. Dann standen sie vor einer mit schmiedeeisernen Bändern verstärkten Eichentür, die sie öffnete und ihn eintreten ließ.

Noch immer trommelte Regen auf das Glasdach, und über allem lag eine brütende Stille. Es war, als ob man ein türkisches Bad beträte, und die schwüle Wärme legte sich beinahe lähmend auf Shane, dem der Schweiß auf die Stirn trat. Er streifte seinen Trenchcoat ab und warf ihn über einen Stuhl neben der Tür.

Der Raum glich einem Dschungel. Ein Gewirr grüner Blätter und wildwuchernder Ranken war mit einer Fülle exotischer Blüten übersät, und ein fremdartig lastender Duft legte sich wie mit unsichtbaren Händen auf alles und bereitete Shane ein dumpfes Unbehagen. Dazu breitete sich der beißende, penetrante Geruch des Dschungels nach Verwesung und verrottendem Laub überall aus. Schweratmend ging er den schmalen Pfad entlang, der vor ihm lag.

Rechts von sich vernahm er ein undeutliches, gespenstisches Rascheln, als ob sich dort jemand verstohlen vorwärtsbewegte. Als er das Ende des Treibhauses erreichte, stieß er auf einen Tisch mit zwei Korbsesseln, die vor der Tür standen, die auf die Terrasse hinausführte. Von Graham war keine Spur zu entdecken.

Shane zögerte, überlegte, und gerade als er im Begriff war, auf die Terrasse hinauszutreten, wurde ihm plötzlich bewußt, daß er beobachtet wurde. Er wandte sich um und fragte laut: »Bist du hier, Graham?«

Einen Augenblick lang herrschte Stille, in die sich ein tiefer Seufzer mischte, als ob ein sanfter Windstoß durch die dichten Blätter gestrichen wäre. Eine Stimme antwortete mit einem gebrochenen heiseren Flüstern: »Es tut mir leid, Shane, aber ich mußte mich vergewissern. Ich konnte nicht glauben, daß du es wirklich bist. Ich hatte geglaubt, du seist nicht mehr am Leben.«

Beim Klang dieser Stimme zuckte Shane unwillkürlich zusammen. Sie hatte etwas Furchterregendes und Unwirkliches an sich. Etwas, das einen leisen Akkord der Angst in ihm anklingen ließ. Er zwang sich zu einem Lächeln und sagte so gelassen, wie es ihm möglich war: »Schon gut, Graham. Ich bin es tatsächlich.«

Die Blätter vor ihm raschelten in einer leichten Bewegung, dann wurden sie beiseite geschoben und Graham kam in Sicht. Shanes Augen weiteten sich vor Entsetzen, und eine Gänsehaut lief ihm unwillkürlich über den Rücken. Der Mann, der vor ihm stand, hatte schneeweißes Haar und ein

Gesicht wie aus einem Horrorfilm. Aus einer Masse zerfetzter und zernarbter Haut heraus mit einem Mund, der wie eine offene Wunde wirkte, blickte ihn ein Paar Augen fest und unverwandt an.

Langsam und erschreckend verzog sich dieses zerstörte Gesicht zu einem qualvollen Lächeln, und Graham streckte ihm eine Hand entgegen. »Tut mir leid, daß ich dich so schockieren muß. Vielleicht verstehst du jetzt, warum ich niemanden ermutige, mich zu besuchen.«

Shane ergriff die ausgestreckte Hand. »Es tut mir leid, Graham«, antwortete er befangen. »Ich hatte keine Ahnung. Wie ist das geschehen?«

Graham wies achselzuckend auf eine der Korbsessel. »Lassen wir das im Augenblick«, antwortete er. »Wie ist es dir ergangen? Das letzte, was ich damals von dir gesehen habe, war ein Bein, das unter einem Trümmerhaufen hervorragte, nachdem die Bomben diesen verdammten Tempel zerstört hatten.«

Er sprach wieder mit diesem gespenstischen, heiseren Krächzen. Shane bot ihm eine Zigarette an und sagte: »Ich wurde schwer verwundet. Eine Gehirnverletzung. Sie hatte vollkommene Bewußtlosigkeit zur Folge. Es ist erst wenige Tage her, daß ich meine Erinnerungen wiedergewonnen habe.«

Graham gab ihm Feuer und lehnte sich in seinen Sessel zurück. »Das kann nicht gerade angenehm gewesen sein«, sagte er, »aber es klingt interessant. Erzähle mir Genaueres.«

Shane blickte in das Tal hinab auf die Stadt, die verschwommen in Dunst und Regen unter ihm lag, und begann zu berichten. Zunächst versuchte er, Graham nicht anzusehen, aber es erwies sich als unmöglich, seinem Anblick ständig auszuweichen, und jedesmal, wenn er ihn ansah, stellte er fest, daß Graham ihn nicht aus den Augen ließ.

Als er seinen Bericht beendet hatte, seufzte Graham tief auf. »Dann hatte ich gar nicht mal so unrecht. In gewisser Weise warst du tot. Für dich ist das eine Art Wiedergeburt.

Sehr interessant. Ich bin überzeugt, daß die Psychiater in dir ein lohnendes Studienobjekt sehen.«

Unangenehm berührt sah Shane auf. »Was meinst du damit?« fragte er schroff.

Graham hob begütigend die Hand. »Eine Erfahrung, wie du sie gemacht hast, dürfte genügen, eine weniger empfindsame Person als dich vollkommen aus dem Gleichgewicht zu bringen. Schließlich muß es doch ein höllischer Schock gewesen sein, eines Morgens aufzuwachen und festzustellen, daß man sieben Jahre älter ist, als man gestern noch geglaubt hat. Das ist ein großes Stück Weges im Leben eines Menschen. Kannst du dich an überhaupt nichts mehr erinnern?«

Shane schüttelte langsam den Kopf und beugte sich vor. »Nein, ich erinnere mich an rein gar nichts, und ich weiß nur das, was die Ärzte mir gesagt haben. Ich erinnere mich noch an die sechs Stunden in dem Tempel, bevor die Bomben fielen. Ich erinnere mich an Colonel Li und an die Salve Gewehrschüsse draußen, als sie Simon erschossen haben.«

Einen Augenblick lang herrschte Schweigen, dann sagte Graham gedämpft: »Daran erinnerst du dich also noch. Auch an unseren alten Freund Colonel Li.«

Shane überlief ein heftiger kalter Schauder. »In meinen Träumen höre ich noch immer das Schlurfen seines Klumpfußes auf den Steinplatten«, sagte er. »Wie er durch den Gang schlurfte und dann vor einer der Zellen stehenblieb.«

Graham seufzte. »Zugegeben, es würde auch mir schwerfallen, ihn völlig zu vergessen, aber später hat sich manches ereignet, was meine Erinnerung an ihn weit in das Unterbewußtsein abgedrängt hat.«

»Und was ist danach alles geschehen?« fragte Shane. »Als ich mich im Archiv des Kriegsministeriums nach dir erkundigte, sagte man mir, daß du nie in Kriegsgefangenschaft geraten bist. Du wurdest dort als im Kampf verwundet und als dienstuntauglich aus dem Dienst entlassen geführt. Das habe ich einfach nicht verstanden.«

Graham zuckte mit den Schultern. »Dabei war wirklich

alles ganz einfach. Nach dem Bombardement war ich zwar reichlich mitgenommen, aber sonst unverletzt. Der Tempel lag völlig in Trümmern. Außer mir schien es keine Überlebenden gegeben zu haben, und um ganz ehrlich zu sein, ich hielt mich auch nicht lange damit auf, nach anderen Überlebenden zu suchen. Ich fand unsere Uniformen in Colonel Lis Verhörraum. Auch von dem Colonel war übrigens nicht viel übrig geblieben. Ich griff nach der ersten Uniform, die mir in die Hände fiel, und machte, daß ich fortkam. Sie deckten die Umgebung noch mit schwerem Artilleriefeuer ein, als ich den Berg hinunterrannte.

»Und was passierte dann?« fragte Shane.

Wieder hob Graham die Schultern und nahm eine Zigarette aus einem schmalen goldenen Etui. »Es gelang mir noch, den Fluß zu überqueren.« Ein flüchtiges Lächeln spielte um seinen verstümmelten Mund. »Ich war noch etwa zweihundert Meter von unserer Stellung entfernt, als ich auf eine Landmine trat.«

»Das war aber verdammtes Pech«, meinte Shane mitfühlend. Graham hob resigniert die Hand. »Jedenfalls haben sie für mich alles getan, was sie konnten. Es war im Ergebnis nicht gerade überwältigend, wie du bemerkt haben wirst, aber es war ja auch nicht mehr allzu viel von mir vorhanden, was sie hätten zusammenflicken können. Ein Jahr lang konnte ich so gut wie überhaupt nicht sprechen, schließlich haben sie dann einen deutschen Chirurgen hinzugezogen, der meine Stimmbänder noch einmal operierte, und irgendwie lernte ich dann allmählich wieder sprechen.«

Shane wußte nicht, was er darauf sagen sollte. Er stand auf und trat näher an das Fenster. »Wenigstens scheint es dir nicht gerade an Geld zu mangeln, nach dem Haus hier zu urteilen.«

Graham nickte. »Mein Onkel war eine Woche, bevor wir auf diese letzte Patrouille gingen, gestorben. Erinnerst du dich daran, als ich den Brief von seinen Anwälten erhielt? Ich habe euch allen damals eine große Party versprochen, wenn wir das nächstemal auf Urlaub nach Tokio kämen, um das Ereignis zu feiern. Als ich aus dem Lazarett entlassen wurde, verkaufte ich alles an einen großen Konzern und erwarb dieses Haus. Das Gewächshaus hier hatte es mir angetan. Die Orchideenzucht ist für mich ein ausfüllendes Hobby geworden. Ihre Aufzucht ist gar nicht so einfach, mußt du wissen.«

»Hat es dich sehr überrascht, als du erfuhrst, daß auch Wilby, Crowther und Steele den Krieg überlebt hatten?«

»Das ist sehr milde ausgedrückt«, erwiderte Graham. »Crowther war der erste, der nach Hause zurückkehrte. Anscheinend ist er in einem anderen Lager gewesen als die beiden anderen.«

»Hast du irgend etwas von ihnen gehört?« fragte Shane verhalten.

»Über Crowther stand etwas in den hiesigen Zeitungen, als er zurückkam. Ich schrieb ihm ein paar Zeilen und bat ihn, mich zu besuchen, um die alte Bekanntschaft aufzufrischen. Für ihn wurde es kein besonders amüsanter Abend, und offen gesagt, wir hatten uns auch nicht viel zu sagen. Vor ein paar Jahren hat er geheiratet. Nach dem, was ich zuletzt von ihm gehört habe, ist er Lektor an der Universität.«

»Und was ist aus Wilby und Reggie Steele geworden?« fragte Shane.

»Ich habe mir nicht die Mühe gemacht, mit den beiden Verbindung aufzunehmen. Nach dem unerfreulichen Abend mit Crowther hatte ich kein Verlangen danach. Wilby habe ich einmal zufällig vor ungefähr einem Jahr an einem Samstag abend gesehen, als ich durch die Stadt fuhr. Er schien betrunken zu sein, und so, wie ich ihn in Erinnerung hatte, fand ich das nicht weiter überraschend. Steele betreibt in der Stadt ein Lokal, Garland Club nennt es sich, glaube ich. Teils Stripschuppen, teils Eßlokal für müde Handlungsreisende. Mit einem Wort, das Letzte. Abends geht es da, glaube ich, ganz munter zu.«

Shane antwortete nicht. Er stand am Fenster und starrte in den Regen hinaus, und nach einer Weile des Schweigens fragte Graham: »Willst du sie besuchen, solange du hier in der Stadt bist?«

Shane nickte langsam. »Ja, ich werde sie aufsuchen.«

»Wozu das? Wiederbelebung der Vergangenheit?«

Ohne sich umzudrehen, antwortete Shane: »Ich bin heute vormittag bei Simon Faulkners Vater und seiner Schwester gewesen.«

Seinen Worten folgte eine kurze, nachdenkliche Stille, und plötzlich war die Atmosphäre spannungsgeladen. »Mein Gott!« rief Charles Graham aus. »Bist du etwa deswegen hierhergekommen?«

Langsam wandte Shane sich um und nickte knapp. »Genau das ist es«, bestätigte er. »Ich will wissen, wer bei Colonel Li ausgepackt hat. Ich bin es nicht gewesen, und du kannst es nicht gewesen sein. Demnach bleiben nur noch Wilby, Crowther oder Steele. Such dir's aus.«

Graham schüttelte verständnislos den Kopf. »Du mußt verrückt sein. Wie um alles in der Welt willst du das feststellen? Erwartest du, daß der Betreffende zusammenbricht und ein Geständnis ablegt? Und überhaupt, spielt das heute noch eine Rolle?«

Shane ging ernst und mit zusammengezogenen Augenbrauen langsam auf Graham zu. »Spielt das heute noch eine Rolle?« platzte er heraus. »Mein Gott im Himmel! Hast du vergessen, was da draußen geschehen ist? Hast du vergessen, was wir durchgemacht haben? Und was sie mit Simon gemacht haben?«

Graham blickte zu ihm auf. Seine Augen hatten einen seltsamen Ausdruck angenommen. »Ich habe das nicht vergessen«, erwiderte er. »Aber wie steht es mit dir?«

Trotz der schwülen Wärme überlief Shane eine merkwürdige Kälte. Er runzelte die Stirn und entgegnete gequält: »Ich erinnere mich genau an alles, was damals geschehen ist.«

Graham schüttelte den Kopf. »Wie kannst du dessen so

sicher sein? Sieben Jahre lang hast du dich doch an überhaupt nichts erinnern können. Wie willst du jetzt sicher sein, daß du noch weißt, was damals in dem Tempel geschehen ist? Wie kannst du denn sicher sein, daß du selbst es nicht gewesen bist, der Colonel Li alles sagte, was er wissen wollte? Vielleicht ist es gerade das, woran dein Gedächtnis sich nicht erinnern will?«

Einen Augenblick lang hatte Shane das Gefühl, als ob eine riesige Hand seine Brust zusammenpreßte, so daß er kaum mehr atmen konnte. Er rang nach Luft, seine Kehle war wie zugeschnürt, sein Kopf zuckte hin und her, als er zu sprechen versuchte. Taumelnd wankte er zu dem Tisch hinüber und schenkte mit zitternder Hand aus einer Karaffe Wasser in ein Glas. Würgend schluckte er und dann rann ihm das Wasser durch die Kehle, und er konnte wieder freier atmen.

Mit totenbleichem Gesicht wandte er sich Graham zu. »Das ist unmöglich. Wir beide waren zusammen in der gleichen Zelle. Du weißt, daß ich es nicht gewesen bin, genauso wie ich weiß, daß du es nicht gewesen sein kannst.«

Graham schüttelte besänftigend den Kopf. »Aber ich war bewußtlos, als sie mich in die Zelle zurückbrachten nach diesem letzten Verhör. Fast eine Stunde lang bin ich bewußtlos gewesen.«

Eine geraume Weile blickte Shane forschend in das verwüstete Gesicht, dann wandte er sich ab und ging den Weg zwischen den wuchernden Gewächsen zurück zur Tür. Graham folgte ihm überraschend schnell, und während Shane sich seinen Mantel anzog, stand Graham an seiner Seite.

»Ich wollte dich nicht aus der Fassung bringen«, krächzte Graham heiser. »Ich habe einfach nur versucht, dir zu zeigen, wie absurd diese ganze Geschichte ist.«

Shane knöpfte den Mantel zu und öffnete die Tür. »Du hast mich nicht aus der Fassung gebracht«, entgegnete er schroff. »Nur eine andere Möglichkeit angedeutet, auf die ich selbst hätte kommen müssen.«

Er ging schnell die Treppe hinunter. Graham blieb ihm auf

den Fersen, und als sie die Halle passiert hatten, öffnete Graham die Haustür und trat mit ihm auf den Vorplatz hinaus.

Dort blieben sie noch eine Zeitlang nebeneinander stehen, bis Shane unvermittelt sagte: »Du hast mir sehr geholfen. Dafür bin ich dankbar.«

Graham schüttelte abwehrend den Kopf und antwortete bedrückt: »Welchen Sinn soll das alles haben? Wem kann das überhaupt nützen?«

Shane zuckte mit den Schultern und schlug den Kragen seines Mantels hoch. Sein Gesichtsausdruck war wild entschlossen und erbittert. »Ich weiß es nicht. Immer wird behauptet, den Toten könne keiner mehr helfen. Aber sieh mich an. Ich bin ein lebender Leichnam und damit vielleicht eine Ausnahme. Ich weiß nur das eine: daß diese Geschichte mich von innen her auffrißt und daß ich an nichts anderes mehr denken kann. Ich muß wissen, wer es gewesen ist.«

»Selbst auf die Gefahr hin, daß sich herausstellen sollte, daß du selbst es warst?« fragte Graham verhalten.

Shane nickte. Die Haut über seinen Backenknochen war straff gespannt. »Selbst wenn sich ergeben sollte, daß ich selbst es gewesen bin.«

»Und wenn das eintreten sollte? Was geschieht dann?« fragte Graham lauernd.

Einen Augenblick lang standen sie sich gegenüber und blickten sich hart in die Augen. Dann wandte Shane sich ohne zu antworten ab, ging die Stufen hinunter und die Auffahrt entlang auf das Gartentor zu.

5

Als Shane an der Haltestelle bei der Universität aus dem Bus stieg, hatte es nahezu aufgehört zu regnen, aber der Nebel kroch über die Straße und die Umrisse der Häuser waren verschwommen und nur undeutlich zu erkennen.

Er überquerte die Straße, ging auf den Haupteingang der Universität zu und erkundigte sich an der Pförtnerloge nach Adam Crowther. Ein kleiner, rotgesichtiger Mann in einer blauen Uniform mit goldenen Tressen verwies ihn an die Fakultät für Archäologie, die auf der anderen Seite der Hauptstraße an einer Nebenstraße lag.

Das Gebiet rund um die Universität war vor vierzig oder fünfzig Jahren offensichtlich ein vornehmes Wohnviertel gewesen. Zu den meisten der Häuser führten weitgeschwungene Auffahrten hinauf, und sie standen inmitten weitläufiger Gärten. Das eine oder andere schien mittlerweile ein Institut der Universität zu beherbergen.

Ohne Schwierigkeiten fand Shane die Fakultät für Archäologie und stieg die Stufen zum Eingang des Gebäudes hinauf. Im Innern war es dunkel und düster, die Wände waren abweisend grün und beige gestrichen. Die Halle war nüchtern und schmucklos und während er sie durchschritt, knarrten die polierten Dielen bei jedem Schritt laut unter seinen Füßen.

Er kam an einer großen Anschlagtafel vorüber und ging weiter zur Tür des Sekretariats, bemerkte aber einige Schritte weiter im Korridor eine weitere Tür und daran eine kleine Holztafel mit Crowthers in sauberen weißen Buchstaben gemaltem Namen. Er klopfte kurz und trat ein.

Crowther saß an einem Schreibtisch neben dem einzigen hohen Fenster, den Rücken halb der Tür zugewandt, und hielt ein Stück Feuerstein ins Licht. »Ja, was gibt's denn?« fragte er in ungehaltenem Ton. »Ich habe doch gesagt, daß ich heute nachmittag nicht gestört zu werden wünsche.«

Shane trat langsam näher, bis er Crowther gegenüber vor dem Schreibtisch stand. »Hallo, Crowther«, grüßte er. »Es ist lange her, seit wir uns das letztemal gesehen haben.«

Crowther richtete sich abrupt in seinem Sessel auf. Sein Gesicht nahm einen ungläubigen Ausdruck an. »Aber das ist ja unglaublich – Martin Shane. Aber das ist doch unmöglich. Du bist doch tot, Mann, du bist vor sieben Jahren in Korea gefallen.«

Shane winkte ab. »Das will mir jeder einreden. Langsam fange ich an, mich zu fragen, ob es nicht doch stimmt.«

Crowther musterte ihn eindringlich, das Stück Feuerstein immer noch zwischen Daumen und Zeigefinger haltend.

»Was hast du denn da?« fragte Shane.

»Eine Pfeilspitze, die einer meiner Studenten bei einer Grabung gefunden hat. Neolithikum, vermute ich«, antwortete Crowther automatisch. Dann lachte er gekünstelt. »Aber wovon schwätze ich. Setz dich, Mann, setz dich und erzähle mir, was du in der Zeit seit den schlimmsten Jahren unseres Lebens so alles getrieben hast. Als ich dich das letzte Mal sah, lagst du mit aufgespaltenem Schädel auf einer Bahre. Damals wurde mir gesagt, du wärst so gut wie tot.«

Shane zog sich einen Stuhl heran und knöpfte lächelnd seinen Trenchcoat auf. »Was sie dir erzählt haben, stimmte nicht ganz. Ich war ziemlich übel zugerichtet, das ist richtig, aber ich bin durchgekommen. Ich habe allerdings Jahre im Lazarett zugebracht.« Er griff nach einer Zigarette. »Wie ist es dir ergangen? Bis vor wenigen Tagen, als ich mich beim Kriegsministerium nach dir erkundigte, hatte ich geglaubt, du wärst tot.« Crowther nahm eine Pfeife vom Schreibtisch und stopfte sie aus einem ledernen Tabaksbeutel. »Als sie mich nach dem Bombardement ausgruben, war ich so gut wie unverletzt. Wilby und Steele waren beide verwundet, und die Chinesen schafften sie mit einem Sanka weg. Ich habe sie nie wiedergesehen.«

»Und was haben sie mit dir angestellt?« fragte Shane.

Crowther verzog das Gesicht. »Na ja, das übliche. Ich wurde einer Kolonne Gefangener zugeteilt, und dann schickten sie uns nach Norden. Es war ein ziemlich langer Marsch. Bei dem einbrechenden Winter war es alles andere als ein Vergnügen, das kannst du mir glauben.«

Shane sah sich in dem Zimmer um und lächelte flüchtig. »Dir scheint es inzwischen aber ganz gut gegangen zu sein. Der Pförtner hat mir gesagt, du bist inzwischen Doktor Crowther. Wann hast du denn promoviert?«

Crowther zuckte mit den Schultern. »Das liegt zwei Jahre zurück. Ich habe einige Forschungen angestellt, und zufällig kam dabei etwas heraus. Das war alles.« Er lächelte. »Inzwischen bin ich auch verheiratet und habe eine kleine Tochter. Du mußt einen Abend zum Essen zu uns kommen und meine Frau kennenlernen.«

»Das tue ich gerne«, versprach Shane. Er stand auf und trat vor eine Vitrine, die archäologische Fundstücke enthielt. Während er sie betrachtete, fragte er: »Siehst du noch jemanden von der alten Truppe?«

Crowther schüttelte den Kopf. »Irgendwann habe ich Charles Graham einmal besucht. Es war ein so schockierendes Erlebnis, daß ich keine Lust zu einer Wiederholung verspüre.« – »Ja, das kann ich verstehen«, stimmte Shane zu. »Ich war heute nachmittag bei ihm. Doch was ist mit den beiden anderen. Hast du die je gesehen?«

»Privat nicht, falls du das meinen solltest«, antwortete Crowther. »Ich bin Reggie Steele einmal zufällig in der Stadt begegnet, und er lud mich zu einem Drink ein, aber ich war in Eile und lehnte ab.« Er lachte verhalten. »Ehrlich gesagt, ich war nicht besonders scharf drauf.«

»Warum nicht?« fragte Shane plötzlich sehr aufmerksam.

Crowther verzog das Gesicht. »Es ist wohl die alte Geschichte. Jemand, den man beim Militär kennengelernt hat, ist nicht unbedingt mehr der gleiche, wenn man ihm später wiederbegegnet.«

Shane sah ihn forschend an. »Bedeutet dir das, was damals da draußen passiert ist, denn gar nichts?«

Crowther blickte überrascht auf. »Korea?« fragte er. »Das sind verblassende Erinnerungen. Gott sei Dank.«

»Und was ist mit dem Tempel und Colonel Li?«

Crowther hielt ein brennendes Streichholz an seine Pfeife und steckte sie in Brand. »Zuerst hatte ich eine Zeitlang unruhige Nächte, aber das hielt nicht lange an. Es ist verblüffend, wie schnell die Natur uns hilft, die wirklich unerfreulichen Erlebnisse zu vergessen.«

Shane schüttelte den Kopf und sagte mit großem Nachdruck: »Ich kann und werde es nie vergessen. Nachts denke ich an Li und seinen verdammten Klumpfuß und an Simon Faulkner und an das, was sie mit ihm gemacht haben.« Er kam zu seinem Stuhl zurück und setzte sich wieder. Sein Blick war gebannt auf Crowther gerichtet. »Vor allem kann ich eins nicht vergessen: daß einer von uns Li alles gesagt hat, was er wissen wollte.« Er lächelte seltsam. »Wir haben nie erfahren, wer der Betreffende gewesen ist.«

Einen Augenblick lang sah Crowther ihn mit ausdruckslosem Gesicht fest an, dann lachte er leichthin auf. »Nein, das haben wir nie erfahren, nicht wahr?«

Darauf folgte wieder ein kurzes bedrückendes Schweigen, bis Shane sagte: »Ich weiß, daß ich es nicht gewesen bin und daß Graham es nicht gewesen sein kann, weil er zu der Zeit bewußtlos bei mir in der Zelle lag.«

Crowther legte seine Pfeife behutsam beiseite und lehnte sich in seinem Sessel hinter dem Schreibtisch zurück. Gelassen entgegnete er: »Willst du damit andeuten, daß ich es gewesen bin, Shane? Bist du nach all den Jahren hergekommen, um das festzustellen?«

Shanes Blicke bohrten sich in die Crowthers. »Warst du es?« drängte er.

Plötzlich herrschte eine vibrierende Spannung im Zimmer, in dem die beiden Männer wie am Rand eines Abgrunds einander gegenübersaßen, doch dann lachte Crowther auf, beugte sich vor und schnürte seinen rechten Schuh auf, streifte ihn ab, zog die Socke aus und hob den Fuß, damit Shane ihn deutlich sehen konnte. Er hatte keine Zehen, nur ein wulstiges Narbengewebe. »Sieh es dir genau an«, forderte Crowther Shane auf.

Shane beugte sich vor, sein Gesichtsausdruck verriet nichts. »Wie ist das passiert?« fragte er dann.

Crowther zog Socke und Schuh wieder an. »Auf dem Marsch mit dieser Gefangenenkolonne nach Norden. Ich habe vergessen zu erwähnen, daß wir nach China marschieren mußten. Es dauerte annähernd fünf Monate, und in dem Jahr herrschte ein harter Winter. Die meisten von uns starben. Ich hatte Glück. Ich habe nur die Zehen erfroren. Als Gangräne einsetzte, blieb mir nur eins übrig: ich schnitt mir die Zehen ab, mit einem Taschenmesser.«

Er schnürte seinen Schuh zu und stand auf. Er humpelte leicht, als er hinter dem Schreibtisch hervorkam. »Wenn ich es also gewesen sein sollte, hat es mir nicht sehr viel eingebracht, oder?« sagte er herausfordernd.

Shane stand auf und streckte seine Hand aus. »Nein, das kann man nicht behaupten – falls du es warst.«

Er ging zur Tür, und als er sie öffnete, rief Crowther hinter ihm her: »Mann, gib das um Himmels willen auf. Es ist vergangen und vergessen. Wem kann es irgend etwas nützen, wenn jetzt alles wieder ausgegraben wird?«

Langsam wandte Shane sich noch einmal um. Ein seltsames Lächeln stand auf seinem Gesicht. »Du bist heute der Dritte, der mir das sagt. Langsam fange ich an, mich zu fragen, warum sich jeder darüber so viele Gedanken macht.«

Crowther ließ die Schultern sinken, und etwas, das an Verzweiflung denken ließ, trat in seine Augen. Sie blickten sich noch einen Augenblick an, bis Shane zwischen sich und dem hageren Gesicht dieses Mannes behutsam die Tür schloß.

6

Joe Wilby wohnte in der Gower Street, einer öden Reihe baufälliger Mietshäuser nahe dem Zentrum der Stadt, die zu einem abbruchreifen Slumviertel gehörte. Nummer 15 sah aus, als ob das Haus jeden Augenblick einstürzen würde. Die Vordertür war mit Brettern vernagelt.

Shane folgte dem Weg zu einem Seitengang, der ihn in einen mit leeren Konservendosen und Abfällen aller Art übersäten Hinterhof führte. In einem Hinterfenster war Licht. Er stieg vier abgetretene Steinstufen hinauf und klopfte.

Schritte näherten sich, die Tür wurde einen Spaltbreit geöffnet und eine weibliche Stimme fragte: »Wer ist da?«

»Ich suche Joe Wilby«, antwortete Shane. »Ich bin ein alter Freund von ihm.«

Eine Kette klirrte, und die Tür wurde geöffnet. »Dann kommen Sie mal rein«, sagte die Frau und ging ihm durch einen düsteren Korridor voraus.

Shane schloß die Tür hinter sich und folgte ihr. Der abgestandene Brodem aus Küchendünsten und menschlichen Ausdünstungen ließ ihn die Nase rümpfen und unwillkürlich angewidert schaudern. Die Frau öffnete eine Tür, knipste einen Schalter an und ging voraus in ein Zimmer am hinteren Ende des Ganges. Es war einigermaßen sauber und behaglich, mit einem Teppich auf dem Boden und einem Doppelbett an der hinteren Wand.

Sie wandte sich ihm zu, um ihn zu mustern; eine große, kräftig gebaute Person, näher an die Vierzig als an den Dreißig, und einer nicht zu übersehenden Neigung, dick zu werden. Dennoch ging von ihr eine gewisse ordinäre Attraktivität aus, und das plötzliche Lächeln auf ihrem Gesicht verriet Interesse.

»Ich bin Joes Frau – Bella«, stellte sie sich vor. »Im Augenblick ist er nicht da, aber kann ich irgend etwas für Sie tun?«

In ihrem Ton lag eine unmißverständliche Aufforderung, und er mußte lächeln. »Mein Name ist Shane, Martin Shane«, antwortete er. »Ich war in Korea mit Ihrem Mann zusammen. Da ich gerade auf der Durchreise hier bin, wollte ich versuchen, ihn wiederzusehen.«

»Oh, das ist aber nett«, sagte sie. »Joe hat nie viel über seine Kriegserlebnisse gesprochen.« Sie setzte sich auf die Bettkante und lächelte. »Geben Sie mir eine Zigarette und setzen Sie sich zu mir und erzählen Sie mir alles, was Sie wissen.«

Sie klopfte neben sich auf das Bett, und Shane folgte der Aufforderung. Der grellfarbene Hausmantel, den sie trug, klaffte auf, als sie die Knie übereinanderschlug, und enthüllte schwarze Strümpfe und weißes Fleisch, das über deren Saum quoll.

»Sie waren also mit Joe zusammen in Korea?« begann sie, als ihre Zigarette brannte. »Das ist aber lange her?«

Shane nickte. »Ich bin für eine ganze Reihe von Jahren im Ausland gewesen. Erst vergangene Woche bin ich nach England zurückgekommen.«

Sie faßte nach seiner Hand und drückte sie. »Das ist ein guter Anlaß für einen kleinen Drink, oder meinen Sie nicht?« Sie stand auf, ging zu einem Buffet, aus dem sie eine Ginflasche und zwei Gläser nahm, die sie füllte. Sie reichte Shane das eine Glas und setzte sich auf das Bett. »Auf unser Wohl«, sagte sie und leerte ihr Glas.

Shane nahm einen kleinen Schluck und fragte lächelnd: »Wo ist Joe heute nachmittag? Bei der Arbeit?«

Sie schüttelte den Kopf. »Nein, er arbeitet abends als Barmann in einem Club in der Stadt. Nachmittags um diese Zeit ist er immer da, wo er gerade ist. Trinkt ein Bier in irgendeiner Kneipe in der Nähe.«

Shane versuchte Mitgefühl zu zeigen. »Das muß für Sie aber ziemlich langweilig sein.«

Sie lehnte sich an ihn, ihre Lippen öffneten sich leicht, und sie legte eine Hand auf seinen Oberschenkel. »Sie können sich nicht vorstellen, wie langweilig das sein kann«, flüsterte sie leise.

Die äußere Tür wurde plötzlich lärmend aufgestoßen, und sie zog sich schnell von ihm zurück, als Schritte durch den Gang stampften und Wilby hereinplatzte.

Er war ein Bulle von einem Mann, mit Armen, die ihm fast bis zu den Knien reichten. Sein Gesicht war mürrisch und vom Alkohol verquollen. Er blieb schwankend stehen und betrachtete die beiden mit einem gehässigen Funkeln in den Augen.

»Das also geht hier vor, wenn ich mal gerade nicht da bin.«

Bella trat auf ihn zu und sagte besänftigend: »Das ist ein

alter Freund von dir, Joe. Ich habe mich mit ihm unterhalten, während du weg warst.«

Er packte ihr Haar und zog ihren Kopf nach hinten zurück. »Und das soll ich glauben?« entgegnete er. Shane wandte sich Wilby zu, damit er sein Gesicht erkennen konnte.

Einen Augenblick lang war es völlig still. Wilby öffnete langsam den Mund, und sein Gesicht nahm eine kränklich grüne Farbe an. »Shane«, stieß er wie benommen hervor, »Martin Shane.«

»Ja, Joe, ich bin's tatsächlich«, sagte Shane.

Eine Weile noch starrte Wilby ihn an, dann stieß er seine Frau durch die offenstehende Tür aus dem Zimmer und schloß sie hinter ihr. »Ich hatte geglaubt, du bist tot«, sagte er stockend.

Shane schüttelte freundlich den Kopf. »Du mußt mich mit einem anderen verwechseln, Joe. Mit Simon Faulkner vielleicht. Der ist doch tot, oder nicht?«

Wie gebannt starrte Wilby ihn noch immer an, dann griff er gierig nach der Ginflasche, ließ sich auf das Bett sinken und setzte die Flasche an den Mund. Er wischte sich mit dem Ärmel über die Lippen und sagte herausfordernd: »Ja, Faulkner ist tot. Sie haben ihn vor meinem Fenster erschossen. Und was weiter?«

Shane lächelte nachsichtig. »Ich meine, daß Faulkner tot ist, du aber nicht«, antwortete er. »Weist das nicht auf eine gewisse Möglichkeit hin?«

Wilbys Augen quollen weit aus den Höhlen hervor, und er schleuderte die Flasche wütend gegen die Wand. »Worauf, zum Teufel, willst du raus?« brüllte er. »Weshalb bist du hergekommen? Du warst immer ein hinterhältiger Schuft.« Er erhob sich mühsam und deutete auf die Tür. »Raus. Mach, daß du rauskommst, und zur Hölle mit dir.«

Shane handelte schnell. Seine rechte Hand packte Wilby beim Kragen, und er riß den großen schweren Mann zurück und schleuderte ihn mit aller Wucht durch das Zimmer und zu Boden.

Doch Wilby richtete sich mit einem Sprung sofort wieder auf und kam geduckt mit ausgestreckten Armen auf ihn zu. Shane wartete, bis er nahe genug heran war, und schlug ihm dann mit aller Kraft seine rechte Faust in den Magen. Wilby schrie auf vor Schmerz, sackte langsam in die Knie und fiel dann quer über das Bett.

Shane stützte sich gegen den Kaminsims und wartete. Es vergingen mehrere Minuten, bis Wilby sich stöhnend aufrichtete und seinen schmerzenden Leib massierte. Als er zu Shane aufsah, standen Angst und Haß in seinen Augen. »Was suchst du hier eigentlich?« fragte er gequält. »Weshalb bist du hergekommen?«

Shane zerrte ihn auf die Beine. Sein Gesichtsausdruck war grimmig, und in seiner Stimme lag eine eiserne Härte. »Ich suche nach der miesen Ratte, die uns damals an Colonel Li verraten hat.«

Plötzlich stand wieder die nackte Angst in Wilbys Augen, und der Unterkiefer sank ihm herunter. Verzweifelt schüttelte er den Kopf. »Ich bin das nicht gewesen, Shane«, beteuerte er eindringlich. »Ich habe den Mund gehalten.«

Shane zog ihn dicht zu sich heran. Seine Blicke bohrten sich in das vom Alkohol aufgeschwemmte Gesicht, und Wilby schien völlig die Haltung zu verlieren. »Du mußt es mir glauben«, flehte er. »Ich war es nicht.«

Einen Augenblick lang hielt Shane ihn noch gepackt, dann stieß er ihn von sich, daß er quer durch das Zimmer taumelte und auf das Bett zurückfiel. Wilby blieb keuchend liegen, während sich Shane zur Tür wandte. »Ich bin noch nicht fertig mit dir«, sagte er drohend. »Ich muß noch jemanden sprechen, und dann komme ich vielleicht zu dir zurück.«

Er warf die Tür hinter sich ins Schloß und stieß auf Bella Wilby, die sich in dem dunklen Korridor an die Wand drückte. »Was bedeutet das denn alles?« fragte sie verängstigt. »Sie hatten doch gesagt, Sie und Joe wären Freunde.«

Shane grinste boshaft. »Warum fragen Sie mich denn? Sie haben doch an der Tür gelauscht, oder etwa nicht?« Mit einem empörten Schrei wollte sie ihm ausweichen, doch er packte sie am Arm und hielt sie zurück. »Sagen Sie ihm, daß ich im Embassy Hotel wohne, falls er mir doch etwas zu sagen hat.« Dann ließ er sie in der Dunkelheit stehen, ging den Gang entlang und verließ die Wohnung.

Es regnete noch immer, und der Nebel war dichter als je zuvor. Mit raschen Schritten ging er Richtung Stadtzentrum und dachte über die Ereignisse des Tages nach. Das Mädchen Laura, Charles Graham und Adam Crowther – zwischen diesen drei Menschen bestand keine Verbindung, doch alle drei hatten sie ihn bedrängt, die Sache aufzugeben. Und Wilby hatte Angst, eine panische Angst. Aus dem Gefühl der Schuld heraus, oder stand etwas anderes dahinter?

Er dachte angestrengt nach, aber da war plötzlich wieder der dumpfe Schmerz unmittelbar hinter der Stirn. Er schlug die direkte Richtung zu seinem Hotel ein, als der Schmerz noch stärker zu werden begann. Nebelschwaden wogten um ihn herum, das Gefühl völliger Vereinsamung bemächtigte sich seiner, und Angst stieg in ihm auf. Die Welt war ein schwankendes, nebuloses Traumbild, in dem nichts wirklich existierte. Einer Panik nahe schlurfte er über die Straße.

Gerade als er den Bürgersteig auf der anderen Straßenseite fast erreichte, erkannte er Laura Faulkner, die, der Dobermann ihr auf den Fersen, an ihm vorüberging. Ihr Anblick traf ihn so völlig unerwartet, daß er verstört zurückzuckte, und dann war sie auch schon im Nebel verschwunden. Einen Augenblick lang blieb er regungslos stehen. Erst ein Wagen, der ihn beinahe gestreift hätte, brachte ihn in die Wirklichkeit zurück. Er trat vollends auf den Bürgersteig und eilte hinter ihr her.

Er erreichte die nächste Straßenecke gerade noch so rechtzeitig, daß er erkennen konnte, wie sie ein paar Stufen hinaufging, bevor sie hinter einer Haustür verschwand. Auf einem beleuchteten Schild über der Tür stand »Hotel«, und er blieb am Fuß der Treppe zögernd stehen, dann stieg er langsam die Treppe hinauf und folgte ihr in das Gebäude.

Die unscheinbare Rezeption bestand nur aus einem kleinen Pult, hinter dem ein alter Mann mit einer Hornbrille saß und Zeitung las. Auf der anderen Seite des Raums befand sich eine Tür, die zur Bar führte. Shane ging darauf zu.

Der alte Mann hüstelte diskret. »Tut mir leid, Sir«, sagte er. »Ich fürchte, die Bar öffnet erst um sechs Uhr.«

Shane ging zum Empfang hinüber. »Ich suche nach der jungen Dame, die gerade hier hereingekommen ist«, erklärte er.

Der alte Mann machte ein überraschtes Gesicht. »Eine junge Dame, sagten Sie?«

»Ja, die junge Dame mit dem Hund«, meinte Shane ungeduldig. »Ich habe gesehen, wie sie gerade hier hereingekommen ist.«

Der alte Mann faltete seine Zeitung auf dem Pult zusammen und schüttelte den Kopf. »Es tut mir leid, Sir. Das muß ein Irrtum sein. Ich sitze seit einer halben Stunde hier, und ich habe mich nicht von der Stelle gerührt. Sie sind der erste, der während dieser Zeit durch diese Tür dort hereingekommen ist.«

Shane verspürte plötzlich eine unerklärliche Kälte im Nakken. Langsam sagte er: »Aber ich habe sie doch hier hereingehen sehen. Ich bin ihr nur wenige Augenblicke später gefolgt.«

Der alte Mann schüttelte erneut verneinend den Kopf und sagte eigensinnig: »Ich bedaure, Sir. Sie müssen sich irren.«

Als er sich wieder setzte und nach seiner Zeitung greifen wollte, beugte Shane sich vor, packte ihn am Revers seiner Jacke und zog ihn zu sich heran. »Sie lügen«, knurrte er drohend. »Laura Faulkner ist gerade durch diese Tür hier hereingekommen. Sie müssen sie gesehen haben.«

Die Augen des alten Mannes verrieten plötzlich Furcht, er machte sich los und wich vor Shane zurück. »Sie täuschen sich«, sagte er ängstlich. »Und wenn Sie nicht sofort gehen, rufe ich die Polizei.«

Shane atmete schwer ein, mühsam seine Fassung bewahrend, und sagte dann beherrscht: »Hören Sie zu, wir können das gleich klären. Haben Sie ein Telefonbuch?« Der alte Mann nahm es aus dem Regal hinter seinem Rücken und schob es über das Pult. Shane blätterte darin, bis er die gesuchte Adresse gefunden hatte. »Darf ich diesen Apparat benutzen?« fragte er und deutete auf das Telefon auf dem Pult.

»Ich muß Ihr Gespräch am Klappenschrank vermitteln«, entgegnete der alte Mann voller Mißtrauen.

Shane wartete ungeduldig, während der alte Mann ein Kabel einstöpselte und dann die Nummer wählte, die Shane ihm nannte. Kurz darauf drehte er sich um und murmelte: »Hier ist Ihre Verbindung, Sir.«

Shane hob den Hörer ans Ohr und lauschte auf das Rufzeichen am anderen Ende der Leitung. Schweißperlen rannen ihm über die Stirn, und er versuchte sie mit einer ungeduldigen Armbewegung fortzuwischen, dann knackte es in der Leitung, und er hörte fern und kühl Laura Faulkners Stimme: »Ja, wer ist dort, bitte?«

Einen Augenblick lang herrschte eine bedrückende Stille, während er sich bemühte, seine Fassung wiederzugewinnen, und schließlich herausbrachte: »Hier ist Martin Shane.«

Er hörte, wie sie heftig einatmete, doch als sie sprach, klang ihre Stimme kühl und unpersönlich an seinem Ohr: »Ja, Mister Shane, was kann ich für Sie tun?«

»Es ist eigentlich nichts«, sagte er verlegen. »Nichts von Bedeutung. Ich dachte nur, ich hätte Sie vor wenigen Augenblicken hier in der Stadt gesehen und wollte mich nur vergewissern.«

Sie klang überrascht. »Aber ich bin den ganzen Tag nicht aus dem Haus gegangen.«

Als er antwortete, blieben ihm die Worte beinahe in der Kehle stecken. »Entschuldigen Sie, wenn ich Sie gestört habe. Es ist einfach ein dummes Versehen.« Er legte den Hörer auf die Gabel zurück, durchquerte unsicheren Schrittes die Hotelhalle und stolperte die Stufen hinunter, zurück in den Nebel.

Ihm war etwas widerfahren, was er nicht verstand – etwas,

das die Furcht in ihm wie eine schwarze Woge aufsteigen ließ, die ihn zu ersticken drohte. Er war überzeugt, daß er Laura Faulkner auf der Straße gesehen hatte, doch in diesem Augenblick befand sie sich vier Meilen weit entfernt in einem anderen Teil der Stadt. Dafür mußte es eine Erklärung geben.

Er eilte durch die engen Nebenstraßen zu seinem Hotel. Die bohrenden Schmerzen in seinem Kopf verschlimmerten sich mehr und mehr, und bevor er eine Seitenstraße überqueren mußte, blieb er für einen Augenblick stehen und mußte sich in einem plötzlichen Schwächgefühl an einen Laternenpfahl lehnen.

Durch den dichten Nebel hindurch nahm er eine Bewegung wahr. Er hob lauschend den Kopf, dann sträubte sich ihm das Haar im Nacken, und ihn überfiel kalte Angst. Langsam kam jemand auf ihn zu. Jemand, der einen Fuß nachzog, einen Klumpfuß, der erschreckend auf dem nassen Pflaster scharrte, während er immer näher kam.

Shane ging durch den Nebel darauf zu. »Wer ist da?« rief er laut. Die Schritte verhielten und es folgte Stille. Shane selbst verharrte tief erregt, versuchte mit den Augen den Nebel zu durchdringen, wandte sich dann abrupt ab und rannte so schnell ihn seine Beine trugen in der anderen Richtung davon.

An der nächsten Straßenecke hielt er wieder an, lehnte sich erschöpft gegen eine Hausmauer und rang schweratmend nach Luft. Und da war es wieder, ganz in seiner Nähe – durch den Nebel gedämpft – das Schlurfen des Klumpfußes, das über das Pflaster schleifend sich ihm wieder näherte.

Jetzt packte ihn völlige Panik, und er rannte durch die nächste Straße davon, als ob sämtliche Hunde der Hölle hinter ihm her hetzten. Als er in die schmale Nebenstraße einbog, die zu seinem Hotel führte, explodierte der Schmerz in seinem Kopf und laut stöhnend taumelte er weiter.

Er bemerkte schwach, daß links neben ihm eine Gestalt aus dem Nebel auftauchte und ein Bein ausstreckte, so daß er der Länge nach auf das Pflaster stürzte. Er wälzte sich zur Seite, wich einem Tritt aus, der nach seinem Kopf zielte, und war gleich wieder auf den Beinen. Eine mörderische Wut erfaßte ihn. Das war etwas Greifbares, etwas, gegen das er kämpfen konnte.

Er erkannte ein hartes brutales Gesicht mit kalten Augen über der plattgedrückten Nase wie der eines Preisboxers und wich dem Schlag einer Faust aus, so daß sie seine Wange nur streifte. Shane holte mit einem Fuß aus und trat dem Angreifer mit voller Wucht in den Bauch. Der Mann schrie vor Schmerz auf und krümmte sich zusammen, während er gegen die Hauswand zurücktaumelte. Er packte ihn vorn am Mantel und schleuderte ihn gegen die Ziegelmauer. »Wer hat dich auf mich gehetzt?« schrie er wild.

Der Mann rang mit vorquellenden Augen nach Luft. »Wilby«, stöhnte er. »Er hat mir einen Fünfer dafür geboten, daß ich Sie fertigmache.«

Shane versetzte ihm noch einen harten Schlag, der den Fremden kopfüber in den Nebel eintauchen ließ, dann wandte er sich ab und eilte seinem Hotel zu. Mit Wilby würde er später abrechnen. Im Augenblick mußte er Wichtigeres erledigen.

Die Treppe hinauf zu seinem Hotelzimmer schien kein Ende nehmen zu wollen, und er fürchtete schon, er würde es nicht schaffen. Als er schließlich die Tür zu seinem Zimmer öffnete, waren die Schmerzen in seinem Kopf so unerträglich geworden, daß er glaubte, der Schädel müsse ihm bersten. Er taumelte ins Badezimmer, suchte nach dem kleinen Röhrchen mit den roten Pillen, stopfte sich vier davon in den Mund und spülte sie mit Wasser hinunter.

Schwankend ging er in sein Zimmer zurück und warf sich aufs Bett. Farbige Lichter begannen in seinem Kopf zu explodieren, und ein großer dunkler Teich breitete sich um ihn aus, in den er sich hineinfallen ließ.

7

Vollkommene Dunkelheit war hereingebrochen, als Shane wieder zu sich kam. Er blieb noch ein paar Minuten regungslos auf dem Bett liegen, starrte ins Leere und fragte sich, wo er sich befand. Nach einer Weile begann sein Verstand wieder zu arbeiten, und er erinnerte sich.

Er richtete sich auf, setzte die Füße auf den Boden und knipste die Lampe neben dem Bett an. Als er auf seine Armbanduhr blickte, stellte er zu seiner Überraschung fest, daß es erst sechs Uhr dreißig war. Er hatte nur etwas über eine Stunde geschlafen und fühlte sich überraschend erfrischt. Die bohrenden Schmerzen in seinem Kopf waren völlig verflogen.

Er hatte noch seinen feuchten Trenchcoat an. Er legte ihn ab und ging ins Bad. Während er heißes Wasser in das Waschbecken laufen ließ, betrachtete er sein Gesicht prüfend im Spiegel. An seiner rechten Wange bemerkte er eine leichte Schramme, wo der Angreifer ihn mit der Faust gestreift hatte. Er betastete sie behutsam, zuckte zusammen, weil es schmerzte. Er dachte an Joe Wilby, und ihn packte die Wut.

Schnell wusch er sich das Gesicht und zog ein frisches Hemd an. Fünf Minuten später verließ er das Zimmer und ging die Treppe hinunter. Draußen war der Nebel noch dichter geworden, und es regnete noch immer. Er stellte den Mantelkragen hoch und schlug die Richtung zum Stadtzentrum ein.

Der Garland Club lag am St. Michaels Square in einem ruhigen Viertel in der Nähe des Rathauses. Ansehnliche Gebäude im georgianischen Stil beherbergten vorwiegend die Kanzleien von Rechtsanwälten und gleichartigen Berufen. Der Garland Club mit seiner Neonleuchtschrift und dem gestreiften Baldachin über dem Eingang schien in dieser Umgebung fehl am Platze.

Der St. Michaels Square war nahezu menschenleer, und nachdem Shane die Stufen zu der gläsernen Eingangstür des

Clubs hinaufgestiegen war, mußte er feststellen, daß sie verschlossen war. Im Inneren bemerkte er aber einen Mann in einer roten Uniformhose und Hemdsärmeln, der den gefliesten Fußboden wischte. Auf Shanes Klopfen kam er mit mürrischem Gesicht zur Tür geschlurft und schloß auf.

»Tut mir leid, Sir. Wir öffnen nicht vor acht.«

Shane stellte rasch seinen Fuß in die Tür. »Ich komme nicht als Gast«, erklärte er. »Ich suche Mister Steele.«

Der Mann brummte unfreundlich. »Sie vergeuden Ihre Zeit, Mister. Er kommt nie vor neun Uhr hierher.«

»Wo kann ich ihn finden?« bohrte Shane hartnäckig. »Es ist sehr dringend. Treffe ich ihn vielleicht bei sich zu Hause an?«

Der Mann schüttelte den Kopf. »Gewöhnlich ist er um diese Zeit in seinem anderen Lokal. Es heißt Club Eight.« Shane zog seinen Fuß zurück, der Mann verschloß die Tür und machte sich wieder an seine Arbeit.

Shane betrat die Telefonzelle auf der anderen Seite des Platzes und suchte im Telefonbuch nach dem Club Eight. Er lag etwa eine Meile weit entfernt am Rand des Stadtzentrums, und Shane entschloß sich, zu Fuß dorthin zu gehen.

Der Eingang zu dem Lokal befand sich in einer schäbigen Seitenstraße neben der Niederlassung eines Textilgroßhandels. Auf der anderen Seite des Hauses mündete eine schmale Seitengasse. Er ging durch einen schmalen, kahlen Gang auf eine Tür zu. Da sie sich nicht öffnen ließ, klopfte er.

Eine winzige Klappe wurde geöffnet, und ein hartes Augenpaar blickte ihm scharf entgegen. »Mitgliedskarte bitte«, forderte eine schroffe Stimme.

Shane schüttelte den Kopf. »Ich habe keine«, antwortete er. »Ich bin ein Freund von Mister Steele.«

Die Klappe fiel klirrend zu, und gleich darauf wurde die Tür geöffnet. Der Mann, der ihn einließ, trug einen angeschmuddelten Smoking über einem schmutzigen weißen Hemd und einen schwarzen Querbinder. »Wenn der Boß Ihnen gesagt hat, daß Sie kommen können, dann geht das wohl in Ordnung«, sagte er. »Tragen Sie sich bitte im Gästebuch ein.«

Shane beugte sich über das schäbige Schreibpult, zögerte aber einen Augenblick, bevor er sich schwungvoll als Raymond Hunt eintrug. »Ist Mister Steele schon da?« fragte er dann.

»Noch nicht«, antwortete der Mann. »Das macht zehn Schilling Mitgliedsbeitrag.« Shane gab ihm eine Pfundnote und sagte, er könne den Rest behalten. Grinsend zeigte der Mann gelbe Stummelzähne. »Ich bringe Ihnen die Mitgliedskarte in die Bar, Sir«, verkündete er und zog sich in ein winziges Büro zurück.

Shane ging durch eine Tür am Ende des Ganges und stand vor einer nach unten führenden Treppe. Unten lag eine Tanzfläche, die von dicht nebeneinander stehenden Tischen eingerahmt wurde. Eine Vier-Mann-Combo auf einem kleinen Podest versuchte angestrengt ihr Bestes zu geben. Er stieg die Stufen hinunter und ging zur Bar hinüber, die sich in einer Ecke befand.

Der Club war nur spärlich besucht, und auf den ersten Blick schienen mehr Frauen als Männer anwesend zu sein. Shane setzte sich auf einen Hocker am Ende der Bar, mit dem Rücken zur Wand. Der Barmann stand über das Spülbecken gebeugt und spülte Gläser. Als er sich aufrichtete, erkannte er zu seiner Überraschung Joe Wilby.

Zunächst zeigte Wilbys Gesicht unverhohlene Verblüffung, die aber gleich einem mürrischen Ausdruck wich. Er kam zu Shane herüber und beugte sich über die Bar. »Wer, zum Teufel, hat dir gesagt, daß ich hier arbeite?« wollte er aufgebracht wissen. »War das etwa Bella?«

»Das braucht mir keiner zu sagen«, antwortete Shane gleichmütig. »Ich brauche nur meiner Nase zu folgen.«

Wilbys kräftige Hände umschlossen krampfhaft die Kante der Barplatte, und Shane fuhr unbekümmert fort. »Übrigens bin ich heute nachmittag einem deiner Freunde begegnet. Er hat mich gebeten, dir etwas mitzuteilen. Er habe einen leichten Unfall erlitten, meinte er, und sei deshalb nicht in der Lage, den versprochenen Fünfer bei dir zu kassieren.«

Wilbys Gesicht lief dunkelrot an, und seine Augen funkelten mordlüstern. »Schon gut, du Klugscheißer. Du bekommst noch bald genug, was du verdienst.«

Shane zündete sich eine Zigarette an und blies Wilby eine Rauchwolke ins Gesicht. »Jetzt machst du mir aber wirklich Angst.« Er lächelte verächtlich. »Bring mir ein Bier, ehe ich mich vergesse.«

Ohne ein weiteres Wort stellte Wilby das Bier auf die Theke, zog sich dann an seinen Platz am anderen Ende des Tresen zurück und begann mit grimmigem Gesicht Gläser zu polieren. Nach einer Weile schien er einen Entschluß gefaßt zu haben. Er verließ seinen Platz am Ende der Bar, drängte sich zwischen den Gästen hindurch und verließ die Bar durch die Eingangstür.

Shane runzelte die Stirn und fragte sich, was der bullige Mann wohl im Sinn haben mochte, zuckte dann gleichmütig mit den Schultern und drehte sich nach der Tanzfläche um. Die meisten der anwesenden Frauen waren offensichtlich Prostituierte, grell geschminkt und aufreizend gekleidet.

An den Tischen verteilt saßen typische Vertreter jener Schicht zum Fettansatz neigender und bereits kahlköpfig werdender Handelsvertreter, die sich in einer fremden Stadt etwas gönnen wollten und das suchten, was nach ihrer Vorstellung ein fröhlicher Abend sein mochte. Im ganzen gesehen waren die anwesenden Männer nicht weniger ordinär als die Nutten, ihrem Aussehen nach kleine Ganoven und Hinterhoftypen, die sich für stark hielten und das zur Schau stellten, was in ihren Kreisen als elegant gelten mochte.

Von Reggie Steele war keine Spur zu entdecken. Als Shane nach seinem Glas griff, um sein Bier auszutrinken, bemerkte er eine junge Frau neben sich. Sie hielt eine unangezündete Zigarette zwischen den Fingern und sah in prüfend von der Seite an. Er lächelte und hielt ihr ein brennendes Streichholz hin.

Bei näherem Hinsehen erkannte er, daß sie trotz ihres grellen Make-ups eigentlich noch ein junges Mädchen war, und von ihrem schlanken jugendlichen Körper ging eine gewisse animalische Anziehungskraft aus. In diesem Augenblick drängte Wilby sich durch die Tanzenden und nahm seinen Platz hinter der Bar wieder ein. Shane fragte das junge Mädchen lächelnd: »Darf ich Sie zu einem Drink einladen?«

»Niemand hat je erlebt, daß ich das abgelehnt habe.« Sie setzte sich auf den Hocker neben ihm. Dabei rutschte ihr enger Rock weit über ihr Knie hinauf und sie machte keinen Versuch, ihn wieder herunterzuziehen. »Ich möchte einen Orangensaft mit Gin, wenn es Ihnen recht ist.«

Er gab ihre Bestellung an Wilby weiter, und als sie ihren Drink bekam, hob sie ihr Glas. »Ich heiße Jenny Green. Und wie heißen Sie? Ich habe Sie noch nie hier gesehen.«

»Raymond Hunt«, antwortete er. »Ich bin nur auf der Durchreise hier in der Stadt.«

Sie neigte sich zu ihm hinüber, und ihre weit ausgeschnittene Bluse gewährte ihm einen Blick auf den prallen Ansatz ihrer vollen Brüste. »Dann müssen wir uns ja Mühe geben, daß Ihr Aufenthalt hier für Sie erfreulich ist.«

Noch bevor Shane darauf antworten konnte, klopfte ihm jemand auf die Schulter, und als er sich umwandte, sah er den Mann vor sich, wohl der Manager des Lokals, der ihn eingelassen hatte. Mit einem breiten Grinsen bleckte er seine schmutzigen Zähne und wedelte mit einer Pfundnote. »Tut mir leid, Sir«, sagte er, »aber ich mußte gerade feststellen, daß unsere Mitgliederliste bereits voll belegt ist.«

Wilby kam mit einem Gummiknüppel in der Hand um die Bar herum, und augenblicklich senkte sich Totenstille über das Lokal. Shane war der Meinung, daß er für einen Abend eigentlich schon genug erlebt hätte, und nahm die Pfundnote an sich.

Das Mädchen war eilig zwischen den anderen Gästen untergetaucht. Shane zuckte gleichmütig mit den Schultern, schlenderte an dem Manager vorüber und stieg die Stufen zur

Tür hinauf. Der Manager folgte ihm, und als sie die Eingangstür erreicht hatten, schloß er auf und trat zur Seite. »Tut mir leid, Sir, daß wir Ihnen nicht dienlich sein können.«

»Schon in Ordnung. Es war mir ein Vergnügen«, erwiderte Shane und ging hinaus.

An der Ecke der Seitengasse blieb er stehen, um sich eine Zigarette anzuzünden, als er hinter sich ein Zischen vernahm und Jenny Green aus dem Nebel auftauchte. »Es gibt einen Nebenausgang für den Fall eines unerwünschten Besuchs von der Polizei«, erklärte sie.

Shane seufzte. »Kommen Sie mir jetzt bloß nicht mit irgendwelchen irren Vorschlägen.«

Sie lächelte breit. »Und bilden Sie sich nichts ein. Sagen Sie mir lieber, was Sie da drin gewollt haben.«

»Ich suche Reggie Steele«, antwortete er.

Plötzlich wurde ihr Gesicht abweisend. »Sind Sie mit ihm etwa befreundet?«

Shane schüttelte nachdrücklich den Kopf. »Nein. So kann man das, glaube ich, nicht nennen.«

Sie wurde sofort wieder freundlicher. »Wenn er um diese Zeit noch nicht hier war, kommt er auch nicht mehr. Wahrscheinlich können Sie ihn jetzt im Garland Club treffen.«

»Und wie komme ich dort hinein?«

Sie öffnete ihre Handtasche und nahm eine kleine weiße Karte heraus. »Sie müssen ein Pfund Mitgliedsbeitrag bezahlen, aber wenn Sie dem Empfangschef diese Karte geben, wird er Sie einlassen.«

»Vielen Dank«, sagte Shane. Er wollte sich schon abwenden, hielt dann jedoch noch einmal inne. »Hoffentlich hat niemand bemerkt, daß Sie mir gefolgt sind. Ich würde es nicht gern sehen, wenn Sie meinetwegen Schwierigkeiten kriegen.«

Sie lächelte wieder, ihre Zähne schimmerten hell in der Dunkelheit. »Machen Sie sich meinetwegen keine Sorgen. Ich weiß mir schon zu helfen.«

Sie lehnte sich an die Mauer und zog ihn an sich. Er spürte

die Wärme ihres festen jungen Körpers und legte seine Hände leicht auf ihre Schultern.

»Aber eines möchte ich gern wissen«, sagte sie. »Raymond, das ist doch nicht Ihr richtiger Name?«

Er lächelte sie an. »Nein – ich heiße Martin, Martin Shane.«

Sie nickte nüchtern. »Ja, das paßt viel besser zu Ihnen.« Sie zog seinen Kopf zu sich herunter und preßte ihre Lippen fest gegen die seinen, stieß ihn dann leicht von sich, lief davon und verschwand in der dunklen Nebengasse.

Er wischte sich ihren Lippenstift vom Mund. »Mach's gut, Jenny«, rief er ihr leise in die Dunkelheit nach.

»Auf bald, Martin«, antwortete ihre Stimme von irgendwo her, dann schlug eine Tür zu. Shane wandte sich ab und ging davon.

Die Straßen waren inzwischen zum Leben erwacht, während er mit schnellen Schritten das Stadtzentrum durchquerte und sich dann dem St. Michaels Square näherte, der jetzt von parkenden Wagen dicht gesäumt war.

Der Mann, der früh am Abend den Fußboden aufgewischt hatte, stand jetzt in einer imponierenden rot-goldenen Uniform draußen vor dem Garland Club. Als Shane sich dem Haus näherte, öffnete der Türsteher einen Flügel der Glastür und grüßte höflich einen hochgewachsenen Mann in einem dunklen Mantel, der gerade den Club verließ.

Der Mann hob die Hand und blickte auf seine Armbanduhr. In dem hellen Lichtschein, der aus dem Eingang des Clubs fiel, erkannte Shane deutlich sein Gesicht. Es war Adam Crowther.

Als Crowther vom Bürgersteig heruntertrat, rief Shane ihn an, und Crowther blickte über die Schulter zurück. Einen Augenblick lang schien er zu zögern. Doch dann humpelte er mühsam über die Straße und stieg schnell in einen parkenden Wagen. Shane lief hinter ihm her, mußte aber hastig einen Sprung zur Seite tun, weil ein anderes Fahrzeug schnell an ihm vorbeifuhr. Inzwischen war Crowther in dem

Wagen bereits angefahren, und Shane sah noch, wie er um die nächste Ecke verschwand.

Eine Weile blieb Shane nachdenklich am Rand des Bürgersteigs mit zusammengekniffenen Augen stehen, während er nach einer möglichen Erklärung für Crowthers Anwesenheit im Garland Club suchte.

Schließlich drehte er sich um und ging auf den Eingang des Clubs zu. Die Geschichte fing allmählich an, reichlich undurchsichtig zu werden, und als er durch die Glastür eintrat, zeigte sein Gesicht noch immer einen sehr nachdenklichen Ausdruck.

8

Ein weißhaariger, fremdartig aussehender Mann trat auf Shane zu und sagte höflich: »Zutritt nur für Mitglieder, Sir.«

Shane hielt ihm die Karte von Jenny Green hin. Der Mann prüfte sie mit ausdruckslosem Gesicht. »Würden Sie bitte nähertreten und sich in die Besucherliste eintragen, Sir?« bat er. Shane folgte ihm zu dem kleinen Empfangspult. Er trug sich mit seinem Namen ein, und der Mann kontrollierte die Eintragung. Als er wieder aufblickte, spielte ein leises Lächeln um seinen Mund. »Der Mitgliedsbeitrag beträgt ein Pfund, Mister Shane.«

Shane reichte ihm eine Banknote, und der Mann winkte von der Garderobe auf der anderen Seite des Foyers ein Mädchen heran. Als Shane sich von ihm aus dem Mantel helfen ließ, fragte er: »Habe ich nicht gerade, bevor ich hereinkam, Mister Crowther gesehen, wie er den Club verließ? Mister Adam Crowther?«

Der Mann machte ein nachdenkliches Gesicht und fragte dann zurück: »Einen Mister Crowther, Sir? Nein, ich glaube nicht, daß bei uns jemand dieses Namens Mitglied ist.« Dann ging er an das Pult und blätterte in der Mitgliederliste. Gleich darauf kam er mit einem um Nachsicht bittenden Lächeln zu Shane zurück. »Sie müssen sich irren, Sir. Heute abend hat niemand mit diesem Namen den Club besucht.«

Shane bedankte sich für die Auskunft und gab ihm eine Pfundnote. Der Mann verbeugte sich leicht und trat beiseite. »Vielen Dank, Sir. Ich wünsche Ihnen einen angenehmen Abend in unserem Haus.«

Der Tonfall seiner Worte ließ einen Hintersinn vermuten, und als Shane sich ein paar Schritte durch den Gang von ihm entfernt hatte, sah er sich um. Der Mann blickte ihm aufmerksam nach und sprach mit gedämpfter Stimme in ein Telefon.

Shane schritt weiter durch den mit einem roten Läufer ausgelegten Gang. Seine Sinne waren hellwach und erwarteten gespannt etwas Unvorhergesehenes. Als er sich dem offenen Durchlaß am Ende des Ganges näherte, schallte ihm lauter Applaus entgegen. Er trat durch die Öffnung auf eine kleine Balustrade hinaus. Breite Stufen führten in ein gut besetztes Lokal hinunter. Zwischen den Tischen führte ein Laufsteg zu einer Tanzfläche, auf der eine Gruppe spärlich bekleideter Mädchen eine Tanznummer vorführte.

Ein kleiner, vogelartig wirkender Italiener stand oben an der Treppe und ergötzte sich an der Vorführung. Aus dem Augenwinkel nahm er Shane wahr und wandte sich ihm mit einem dienstbereiten Lächeln zu. »Guten Abend, Sir. Darf ich Sie zu einem Tisch führen?«

Shane winkte ab. »Später. Ich möchte erst einen Drink an der Bar nehmen.«

Er ging die Stufen hinunter, bahnte sich zwischen den Gästen den Weg zur Bar und bestellte einen Drink. Er stand mit dem Rücken zur Bar, als er ihm serviert wurde, und sah sich in dem Lokal um. Die Gäste wirkten im großen und ganzen recht respektabel und gutsituiert. Die meisten waren vermutlich Geschäftsleute, Männer in mittleren Jahren, die sich offenkundig gut amüsierten. Ihre Ehefrauen ahnten wahrscheinlich nicht, wo sie sich aufhielten.

Der Lärm war ohrenbetäubend. Sechs junge halbnackte Mädchen tanzten den Laufsteg hinaus und führten einen Cancan vor. Shane hatte sie beinahe unmittelbar vor sich und konnte sie genau betrachten, als sie an ihm vorübertanzten. Sie waren wie üblich zu stark geschminkt und trugen einen herausfordernden Gesichtsausdruck zur Schau. Während sie ihre Beine durch die Luft wirbeln ließen, kreischten sie vergnügt, als ob sie selbst sich prächtig amüsierten, und ihr Publikum applaudierte begeistert.

Eine gute halbe Stunde blieb Shane an der Bar stehen und sah sich die Schau an, wobei er stets Ausschau nach Reggie Steele hielt. Als er einen dritten Drink bestellte, bemerkte er den Mann, der ihn eingelassen hatte und jetzt oben an den Stufen stand. Der Mann überblickte suchend das Lokal. Als er Shane entdeckte, schien er zusammenzuzucken. Er eilte die Stufen herunter, drängte sich zwischen den Tischen hindurch und verschwand durch eine Tür neben der Bühne.

In diesem Augenblick ertönte ein ohrenbetäubender Trommelwirbel und eine hochgewachsene, schlanke Gestalt erschien auf der Bühne. Die Besucher brachen in lauten Beifall aus, und sie schritt über den Laufsteg vor und blieb nur wenige Schritte von Shane entfernt stehen. Ihre Blicke begegneten sich, und ein herausforderndes Lächeln lag auf ihren Zügen. Es war Jenny Green.

Sie blinzelte ihm zu, und Shane hatte Mühe, seine Überraschung zu verbergen und winkte ihr. Sie trug schwarze Netzstrümpfe, und nur der Hauch eines Schleiers umgab ihre Hüften, ihre vollen Brüste wurden von zwei goldenen Blüten gekrönt, die knapp die Warzen bedeckten. Ein Vorhang senkte sich vor der Bühne, und sie begann zu sprechen.

Es war eine alltägliche Nummer, die sie ansagte: Berühmte Frauen der Geschichte. Jedesmal, wenn sie einen Namen ankündigte, hob sich der Vorhang und enthüllte ein lebendes Bild, in dem nackte Schönheiten ihr Bestes versuchten, Eva im Garten Eden, die schöne Helena in Troja und andere darzustellen.

Die Show dauerte etwa zehn Minuten, und jede Szene wurde vom Publikum mit beifälligem Klatschen belohnt. Als der Vorhang sich über dem letzten Bild gesenkt hatte, vollführte Jenny mit ausgebreiteten Armen eine Pirouette und verbeugte sich. Sie blickte Shane unmittelbar an, drehte sich dann um, lief auf dem Laufsteg zur Bühne zurück und verschwand hinter dem Vorhang.

Shane leerte sein Glas und drängte sich zwischen den Gästen hindurch zu der Tür neben der Bühne vor. Er öffnete sie, stieg einige Stufen hinauf, die ihn hinter die Kulissen der Bühne führten. Einige Bühnenarbeiter waren voll davon in Anspruch genommen, die Dekoration für den nächsten Auftritt umzubauen und schenkten Shane keinerlei Beachtung, als er an ihnen vorbei zu einer eisernen Treppe ging, die weiter nach oben führte. Dort erreichte er einen Gang, in den mehrere Türen mündeten. Als er weiterging, öffnete sich eine Tür, und aus dem Raum dahinter drang lautes, fröhliches Gelächter, und Jenny Green erschien auf dem Gang. Sie wandte sich so schnell und unvermittelt um, daß sie beinahe zusammenstießen. Mit überraschtem Gesicht blickte sie zu ihm auf. »Ihnen begegne ich offenbar überall«, sagte sie.

Er lachte vergnügt. »Sie müssen sich sehr beeilt haben, um noch rechtzeitig zu Ihrem Auftritt hierzusein.«

Sie zog gleichmütig die Schultern hoch. »Ein paar von uns Mädchen waren auch drüben. Wir haben uns zusammen ein Taxi genommen.« Sie lächelte schelmisch. »Sie suchen doch nicht etwa nach mir?«

Er schüttelte bedauernd den Kopf. »Im Augenblick nicht. Heute abend suche ich nach Reggie Steele.«

Sie drehte sich um und deutete den Gang hinunter. »Da hinten, die letzte Tür. Sein Name steht drauf. Sie können sie nicht verfehlen.« Sie lächelte ihm zu. »Wir sehen uns später vielleicht, mein Lieber.« Damit ging sie in ihre Garderobe zurück.

Er stieg über zwei weitere Stufen in eine etwas höher gelegene Ebene des Korridors hinauf. Sie war mit einem dicken Teppich ausgelegt, und hier stieß er auf die Tür, die in goldenen Buchstaben Steeles Namen trug.

Einen Augenblick lang zögerte er, lauschte auf ein Geräusch aus dem halbgeöffneten Oberlichtfenster über der Tür, als er eine Bewegung hinter sich wahrnahm und sich schnell umdrehte.

Zwei Schritte von ihm entfernt stand ein großer, breitschultriger Mann, der ihn mißtrauisch musterte. Dunkles krauses Haar lag über einer niedrigen Stirn, und eine wulstige Narbe, die sich über seine rechte Wange zog, verlieh ihm einen finsteren, bedrohlichen Ausdruck.

»Um was geht's denn, Jack?« fragte er herausfordernd.

Shane betrachtete ihn von oben bis unten und erwiderte kalt: »Ich suche Mister Steele.« Ein gehässiges Funkeln trat in die Augen des Mannes, doch Shane wandte sich schnell ab, öffnete die Tür und trat ohne zu zögern in das Zimmer.

Der Raum war in Creme und Gold ausgestattet, und in dem aufwendigen Kamin flackerte ein Feuer. Steele saß hinter einem Schreibtisch, der von Papieren bedeckt war. Als die Tür sich öffnete, sah er überrascht auf.

Für einige Augenblicke blickten er und Shane einander fest in die Augen, dann verzog Steeles Mund sich zu einem Grinsen. »Hallo, Shane«, sagte er. »Ich habe dich schon erwartet. Was hat dich so lange aufgehalten?«

Der breitschultrige Mann war Shane in das Zimmer gefolgt. »Ich hab' den da draußen vor der Tür gefunden, wie er hier gelauscht hat, Boß«, meldete er.

Steele erhob sich von seinem Platz und winkte mit einer Hand ab. »Schon in Ordnung, Frenchy. Mister Shane und ich sind alte Freunde. Sehr alte Freunde sogar.«

Die Tür schloß sich leise, als Frenchy sich zurückzog, und die beiden waren allein.

Steele trat vor eine Hausbar und ergriff eine Flasche. »Ist dir Whisky recht?«

Shane nickte und zündete sich eine Zigarette an. »Ich konnte mich nicht mehr genau erinnern, wie du aussiehst«, begann er, »aber sobald ich durch diese Tür kam, erinnerte ich mich wieder an dich und alles andere. Das hier ist genau die Umgebung, in der ich dich mir immer vorgestellt habe.«

Steele reichte ihm ein Glas und nahm wieder hinter dem Schreibtisch Platz. »Ich habe keinen Grund, mich zu beklagen«, antwortete er. »Ich habe es mit meinem kleinen Arrangement hier eigentlich ganz gut getroffen.«

Sein Abendanzug war offensichtlich maßgeschneidert. Das Zigarettenetui, das er aus seiner Innentasche zog, war aus Platin. Der sauber gestutzte Oberlippenbart verlieh ihm ein gefälliges Aussehen, doch das Kinn unter den etwas wulstigen Lippen war wenig markant. Er blies den Rauch seiner Zigarette zur Decke. »Wie ich höre, hast du in meinem anderen Lokal für ein bißchen Unruhe gesorgt?«

Shane zog die Augenbrauen hoch. »Wer hat dir das gesagt? Wilby?«

Steele lächelte überlegen. »Der arme alte Joe. Du hast ihm wirklich Angst eingejagt. Anscheinend fürchtet er, du könntest ihn jeden Augenblick umlegen.«

»Dann weißt du also, weshalb ich hier bin?« fragte Shane.

Steele nickte gelassen. »Ja, er hat mir einiges darüber gesagt.«

»Und was ist mit Adam Crowther?« fragte Shane. »Was hatte er dir zu sagen?«

Steele schien ehrlich überrascht zu sein. »Was soll das denn bedeuten? Ich habe Crowther seit Monaten nicht mehr gesehen.«

»Das finde ich aber verdammt komisch«, entgegnete Shane, »wenn man bedenkt, daß ich ihn vor kaum einer halben Stunde gesehen habe, als er dieses Haus hier verließ.«

Steele schüttelte den Kopf. »Da mußt du dich getäuscht haben.«

Shane ballte die Fäuste und versuchte, sich zu beherrschen. »Lüge mich nicht an«, zischte er wütend.

Steele lächelte nachsichtig. »Warum sollte ich das, mein Freund?«

Einen Augenblick lang herrschte Schweigen, dann fragte Shane gedämpft: »Bist du es gewesen, damals, Reggie?«

Steele griff nach seinem Glas und sah Shane fest in die Augen. »Und wenn ich zugeben würde, daß ich es war? Was dann?«

Shane griff in seine Innentasche und zog die Pistole heraus. »Wenn du es gewesen bist, dann bringe ich dich auf der Stelle um«, zischte er mit heiserer Stimme.

Steele starrte einen Augenblick verblüfft in die Mündung der Waffe, dann warf er unvermittelt den Kopf in den Nacken und lachte lauthals heraus. »Gott bewahre. Ich habe bei diesem chinesischen Halunken nicht geplaudert, und selbst wenn ich es getan hätte, würde ich es dir bestimmt nicht sagen.« Er beugte sich über den Schreibtisch vor und schob den Lauf der Luger zur Seite. »Steck doch, um Gottes willen, das Ding da weg; sonst sperren sie dich wieder ins Irrenhaus.« Shane ließ die Pistole wieder in die Innentasche seines Jacketts gleiten und ging langsam zur Tür. Als er sie erreicht hatte, drehte er sich noch einmal mit haßerfüllten Augen um. »Wenn ich dir's je beweisen kann, daß du es warst, bringe ich dich auf der Stelle um. Das schwöre ich dir.«

Steele lachte erneut auf und schüttelte den Kopf. »Ich kenne dich besser, als du selbst dich kennst, Shane. In Korea Chinesen umbringen, ist eine Sache, aber mich hier kaltblütig umzulegen, ist etwas völlig anderes. Du würdest nie den Mut aufbringen, die Waffe da abzudrücken, solange du deiner Sache nicht völlig sicher bist, und du wirst niemals in der Lage sein, einen lückenlosen Beweis zu führen. Es ist zu lange her.« Shane ließ sich nicht beirren und entgegnete kalt: »Ich werde den Beweis finden. Und wenn sich herausstellt, daß du es gewesen bist, dann komme ich wieder.« Er warf die Tür hinter sich ins Schloß und entfernte sich durch den Gang Richtung Ausgang.

Jenny Green lehnte in der offenen Tür ihrer Garderobe und lächelte ihm entgegen. Als er vor ihr stand, neckte sie: »Sie sehen aus, als wäre Ihnen die Ernte verhagelt.«

Er versuchte zu lächeln. »Ich bin nur müde. Das ist alles.«

Sie schob ihm eine Clubkarte in die Hand. »Auf der Rückseite steht meine Adresse. Falls Sie mal Lust haben sollten, mich zu besuchen.«

Shane nahm eine Bewegung hinter sich wahr und drehte sich rasch um. Frenchy stand hinter ihm und beobachtete ihn. »Belästigt der Bursche Sie etwa?« fragte der Jenny.

Ihre Augen verrieten Angst, und sie schüttelte schnell den Kopf. »Nein, nein, Frenchy. Es ist alles in Ordnung. Er ist ein Bekannter von mir.« Sie lächelte Shane noch einmal flüchtig zu und verschwand in ihrer Garderobe.

Shane wollte sich abwenden, doch Frenchy hielt ihn am Arm zurück. »Mister Steele hat es nicht gern, wenn jemand die Mädchen belästigt, Jack.« Seine Finger fühlten sich an wie eine Stahlfessel, als er Shanes Arm umklammerte.

»Und ich hab's nicht gern, wenn man mich Jack nennt. So heiße ich nämlich nicht«, entgegnete Shane kalt. Seine freie Hand schoß vor und umspannte Frenchys Unterarm unmittelbar unter dem Ellbogen, und sein Daumen preßte sich hart gegen den Druckpunkt des Gelenks.

Mit schmerzverzerrtem Gesicht taumelte Frenchy zurück, und Shane versetzte ihm noch einen wuchtigen Tritt gegen das linke Schienbein, dann ließ er den Mann, der sich obszön fluchend, schweratmend gegen die Wand lehnte, stehen und eilte die eiserne Treppe zur Bühne hinunter.

Es war erst kurz nach neun, als er den Klub verließ und durch die nächtlichen Straßen zu seinem Hotel zurückging. Der Nebel schien ihn noch dichter einzuhüllen, mit einem unheimlichen gewichtslosen Druck, der ihn benommen und schwindlig machte.

Tief hinter seinen Augen in den Höhlen begann ein dumpfer Schmerz zu hämmern, und er fühlte sich schwach und völlig gefühllos. Als er sein Hotel erreicht hatte, ließ er sich von dem Nachtportier am Empfang seinen Schlüssel geben und stieg mühsam die Treppe zu seinem Zimmer hinauf.

In dem Zimmer war es still – zu still, wie ihm schien, und

ihn überkam ein vages, unerklärbares Unbehagen. Er ließ sich im Dunkeln auf das Bett fallen, und als er die Augen schloß, flackerten grellfarbige Bilder vor ihm auf, und die Nacht nahm tausend bizarre Gesichter an.

So hatte er erschöpft vielleicht fünf oder zehn Minuten dagelegen, als er ein Geräusch wahrnahm, das ihm Wellen des Schauderns über den ganzen Körper jagte. In dem Raum über ihm bewegte sich jemand hin und her, jemand, der einen Fuß nachzog, der unheimlich über die Dielen schlurfte.

Vor Entsetzen unfähig sich zu bewegen, blieb er auf dem Bett liegen, starrte zur Decke empor, während ihm eiskalte Schauer über den Rücken rannen. Als ihm die Angst die Kehle zuzuschnüren drohte, sprang er vom Bett auf, rannte durchs Zimmer, öffnete mit einem Ruck die Tür und hastete den Gang entlang auf der Suche nach einer Treppe, die in die nächste Etage hinaufführte.

Es gab keine Treppe, aber am Ende des Korridors stieß er auf eine Tür, die verschlossen war. Vergeblich rüttelte er an der Klinke, dann eilte er zurück und die Treppe zum Empfang hinunter.

»Ich will wissen, wer in dem Zimmer über meinem wohnt«, forderte er keuchend.

Der Portier blickte ihn verwundert an. »Aber über Ihrem Zimmer wohnt niemand, Sir. Über Ihrer Etage befindet sich nur noch der Dachboden.«

»Aber ich habe jemanden gehört, der in dem Zimmer über mir auf und ab ging«, beharrte Shane.

Der Portier schüttelte verneinend den Kopf. »Das ist ganz unmöglich, Sir. Die Tür zum Dachboden ist abgeschlossen. Es gibt nur einen Schlüssel, und den habe ich hier.«

Er nahm ihn von einem Haken ab und hielt ihn hoch. Shane verspürte plötzlich eine tiefe Leere in seinem Bewußtsein, und für einen Augenblick schloß er die Augen. Als er sie wieder öffnete, brachte er mühsam beherrscht hervor: »Hätten Sie etwas dagegen, daß wir oben mal nachsehen? Ich bin überzeugt, daß ich da oben jemanden gehört habe.«

Der Portier nickte zustimmend und hob die Klappe des Durchgangs an seinem Pult. »Aber gewiß, Sir. Ich komme selbst mit Ihnen.«

Sie gingen die Treppe hinauf und den Gang entlang bis zu der Tür, die den Zugang zur Bodentreppe versperrte. Der Portier schloß auf, schaltete Licht an und ging vorsichtig voraus. Shane folgte ihm auf den Fersen. Als sie oben ankamen, standen sie auf einem Treppenabsatz, hinter dem sich über die ganze Länge und Breite des Hauses der Dachboden erstreckte. Er war völlig leer. Das grelle Licht einer nackten Glühbirne erhellte ihn bis in die hintersten Winkel.

Der Portier wandte sich an Shane mit einem verlegenen Lachen. »Nun, Sie sehen selbst. Sie müssen sich tatsächlich getäuscht haben, Sir.«

Shane nickte benommen und verwirrt, ging voraus und über die Treppe wieder nach unten. Er wartete, bis der Portier hinter ihnen die Bodentür wieder verschlossen hatte, und ging dann mit ihm zusammen bis zu dem Treppenabsatz den Gang entlang zurück. »Tut mir leid, daß ich Sie umsonst behelligt habe«, murmelte er.

Der Portier blickte ihn prüfend an. »Entschuldigen Sie, daß ich davon spreche, Sir, aber Sie sehen wirklich nicht besonders gut aus. Kann ich irgend etwas für Sie tun?«

Shane schüttelte den Kopf und wollte sich auf sein Zimmer begeben. »Danke, nein. Das wird besser, sobald ich etwas geschlafen habe«, wehrte er ab. »Ich bin nur sehr müde. Das ist alles.«

Er schloß die Tür hinter sich ab, lehnte sich mit dem Rücken dagegen und lauschte. Aber es war kein Laut zu hören, nur die stummen Schatten lauerten drohend in den Zimmerekken. Er schwankte zum Bett hinüber, setzte sich auf die Kante und rauchte eine Zigarette, während seine Gedanken sich überschlugen. Es mußte für seine Wahrnehmung eine rationale Erklärung geben, denn wenn er auch nur für einen Augenblick zuließ, die Möglichkeit einzugestehen, daß er sich das alles nur eingebildet hatte, war er verloren.

Er inhalierte den Rauch der Zigarette tief in die Lungen und bemühte sich, wieder Herr seiner selbst zu werden. Klar, es brauchte sich doch nur jemand den Schlüssel zur Bodentür zu beschaffen. Jemand, der ein Interesse daran hatte, ihm Furcht einzujagen, um ihn in die Flucht oder vielleicht in den Wahnsinn zu treiben. Was auch der Grund gewesen sein mochte, der Betreffende hatte reichlich Zeit gehabt, den Dachboden unbemerkt zu verlassen, während er zu dem Portier hinuntergelaufen war.

Er trat noch einmal in den Korridor hinaus und ging hinunter bis zu seinem Ende. Er versuchte, die Bodentür zu öffnen, aber sie war fest verschlossen. Gegenüber befand sich eine weitere Tür, und als er sie öffnete, stand er vor einer dunklen Treppe, die er schnell hinunterstieg.

Muffiger Küchendunst schlug ihm entgegen, und von irgendwoher aus dem trüb beleuchteten Gang vernahm er Stimmen und hörte das Klappern von Geschirr. Er stieß wiederum eine Tür auf, und als er sie öffnete, blickte er in die Seitengasse neben dem Hotel hinaus. Er schloß die Tür wieder und ging zurück auf sein Zimmer, während seine Gedanken fieberhaft rasend arbeiteten.

Es mußte jemand gewesen sein, mit dem er an diesem Tag zusammengetroffen war, jemand, der ihm Furcht einjagen wollte, weil der Betreffende selbst Angst hatte. Und dann kam ihm Adam Crowther in den Sinn. Über seine Kontakte mit Steele hatte dieser zweifellos die Unwahrheit gesagt, und wenn er nichts zu verbergen hatte, warum war er dann einer Begegnung mit ihm, Shane, vor dem Garland Club so auffällig ausgewichen?

Eine Zeitlang blieb Shane mit nachdenklich gerunzelter Stirn mitten in seinem Zimmer stehen und überdachte noch einmal alles, was sich im Verlauf des Tages ereignet hatte. Dann faßte er plötzlich einen Entschluß und ergriff seinen Mantel. Gleich darauf verließ er sein Zimmer, schloß die Tür hinter sich ab und eilte die Treppe hinunter.

Um Zeit zu sparen, nahm er am nächsten Taxistand ein

Taxi. Crowther wohnte in einem ruhigen Viertel in der Nähe der Universität, und Shane ließ den Fahrer ein paar Häuserblocks früher anhalten, um den Rest der Strecke zu Fuß zu gehen. Zum Schutz vor dem noch immer niedergehenden Regen hatte er den Mantelkragen hochgeschlagen.

Das Haus, nach dem er suchte, erwies sich als ein Bungalow modernster Bauart; helle Ziegel, Holzverkleidungen in Verbindung mit Naturstein. Es stand eingerahmt von zwei großen Villen aus grauem Sandstein, die jede von einer gepflegten Rasenfläche und üppigen Blumenbeeten umgeben war.

Shane ging langsam die Auffahrt hinauf, und über einige flache Stufen gelangte er auf eine Veranda. Er drückte den Klingelknopf und wartete. Flüchtig nahm er eine Bewegung hinter einem der Fenster in der Diele wahr. Ein Vorhang bewegte sich leicht, und als Shane den Blick direkt dorthin wandte, zog sich eine Gestalt hastig in die Dunkelheit des dahinterliegenden Raumes zurück und eine Hand schob den Vorhang wieder an seinen Platz.

Shane wartete geduldig, daß die Tür geöffnet werden würde, doch es geschah nichts. Nach einer Weile drückte er nochmals auf den Klingelknopf, preßte den Finger fest darauf und hörte den schrillen Ton durch das Haus schallen. Kaum hatte er den Finger vom Klingelknopf gelöst, hörte er Schritte sich von drinnen der Haustür nähern, und sie wurde geöffnet.

Eine sympathische, dunkelhaarige junge Frau mit offen blickenden grauen Augen und einem schmallippigen Mund sah ihm fragend entgegen: »Ja, Sie wünschen?«

»Mrs. Crowther?« fragte Shane, und als sie bestätigend nickte, fuhr er fort: »Mein Name ist Shane – Martin Shane. Ich bin ein alter Freund Ihres Mannes. Wäre es möglich, daß ich ihn sprechen kann?«

Sie zögerte, und ihr Gesicht verriet Unsicherheit. »Ich fürchte, daß es im Augenblick nicht möglich ist, Mister Shane«, antwortete sie. »Adam kam heute abend mit Fieber aus der Universität nach Hause und hat sich sofort hingelegt. Im Augenblick schläft er fest.«

»Oh, wie bedauerlich«, erwiderte Shane. »Hoffentlich ist es nichts Ernstes?«

»Ich hoffe nicht«, entgegnete sie hastig. »Ein leichter Grippeanfall, glaube ich.« Sie strich eine Haarsträhne aus dem Gesicht zurück. »Es tut mir leid, daß Sie den Weg vergeblich gemacht haben, Mister Shane. Vielleicht rufen Sie Adam in zwei oder drei Tagen einmal in der Universität an. Bis dahin ist er sicher wieder auf dem Damm.« Es klang, als ob es ihr wirklich leid täte.

Shane lächelte. »Ja, ich glaube, das werde ich tun, Mrs. Crowther. Grüßen Sie Adam inzwischen von mir und sagen Sie ihm, daß ich ihn anrufen werde.«

Er drehte sich um, eilte die Stufen hinunter und ging Richtung Gartentor davon. Von dort blickte er zurück. Sie stand noch vor der Haustür und sah ihm nach. Erst als er sich abwandte und das Grundstück verließ, kehrte sie ins Haus zurück, und gleich darauf erlosch das Licht auf der Veranda.

Nach ein paar Schritten blieb Shane im Schutz der Gartenmauer stehen und wartete zwei oder drei Minuten ab, bevor er sich lautlos wieder dem Bungalow näherte, am Rand des Rasens entlangschleichend, der seine Schritte verschluckte. Die junge Frau hatte ihn angelogen, davon war er überzeugt. Adam Crowther wollte nicht nur einem Gespräch mit ihm aus dem Wege gehen, er wollte darüber hinaus den Anschein erwecken, als habe er den ganzen Abend über sein Haus nicht verlassen, und das aus einem plausiblen Grund.

Shane schlich leise zu der Garage hinüber, einem flachen Ziegelbau an der linken Seite des Bungalows. Die Tür war nicht verschlossen, und er trat schnell hinein. Er riß ein Streichholz an und hielt es mit ausgestrecktem Arm vor sich in die Höhe. Crowthers Wagen stand in der Garage, dieses kleine dunkle Coupé, das er schon vor dem Garland Club gesehen hatte, und es war noch vom Regen perlnaß.

Als das Streichholz erlosch, verließ er die Garage wieder.

Dadurch war zumindest ein Punkt geklärt: Es mußte Crowther gewesen sein, den er beim Verlassen des Clubs beobachtet hatte.

Er huschte am Haus entlang auf dessen Rückseite. Die Küche lag im Dunkeln, aber die Hintertür gab seinem Druck nach, und er drang lautlos in das Haus ein. Angestrengt lauschend blieb Shane stehen. Von irgendwo aus dem vorderen Teil des Hauses waren Stimmen zu hören. Vorsichtig näherte er sich dem Stimmengewirr und erreichte einen schmalen Korridor, der zur Diele führte. Links von sich nahm er durch einen Türspalt einen Lichtschimmer wahr, und er trat näher heran und lauschte.

Crowther und seine Frau stritten sich über etwas. Sie bedrängte ihn mit leiser eindringlicher Stimme. Shane konnte nicht verstehen, was sie sagte, aber plötzlich unterbrach Crowther sie mit einem lauten und sehr heftigen »Nein!«. Dann erfolgte eine unerwartete Bewegung, die Tür wurde aufgestoßen, und Mrs. Crowther stand vor ihm.

Als sie Shane bemerkte, flog ihre Hand zum Mund, und sie schrie erschrocken leise auf. Shane schob sie sanft in das Zimmer zurück, folgte ihr und schloß die Tür hinter sich.

Adam Crowther stand vor dem Kamin und stopfte sich aus einem alten Lederbeutel eine Pfeife. Er starrte Shane überrascht an, dann verzog sich sein Gesicht zu einer wütenden Grimasse. Er legte die Pfeife auf den Rauchtisch vor sich ab und trat mit geballten Fäusten auf Shane zu. »Du hast zehn Sekunden Zeit, von hier zu verschwinden«, fauchte er wutentbrannt.

Shane lehnte sich gegen die Tür und betrachtete ihn gelassen. »Nicht bevor ich Antworten von dir auf ein paar Fragen erhalte«, erwiderte er. »Zum Beispiel, warum hat deine Frau mich vorhin angelogen.«

Crowther runzelte die Stirn. »Ich weiß nicht, wovon du redest.«

Shane schüttelte den Kopf. »Jetzt lügst du, Crowther. Genauso wie du heute nachmittag gelogen hast, als du mir weismachen wolltest, du hättest keine Verbindung zu Steele. Du hast ihn heute abend im Garland Club aufgesucht.«

»Du mußt den Verstand verloren haben.« Crowther lachte verächtlich auf. »Ich bin den ganzen Abend über nicht aus dem Haus gegangen.«

»Du warst bei Steele im Garland Club«, entgegnete Shane bestimmt. »Danach bist du in mein Hotel gegangen und hast versucht, mir auf eine gewisse Weise einen tödlichen Schrekken einzujagen. Aber das hattest du heute schon einmal beabsichtigt, oder nicht, Crowther? Du bist mir durch die ganze Stadt gefolgt, hast dabei ständig deinen verdammten Fuß nachgeschleift, um mich glauben zu machen, jemand anderes käme hinter mir her.«

Einen Augenblick lang herrschte Schweigen, während er seinem Gegenüber forschend in die Augen blickte. Schließlich fragte Crowther lauernd: »Wovor fürchtest du dich eigentlich, Shane. Wer, glaubst du, soll dich denn in dem Nebel verfolgt haben?«

Plötzlich traten Shane Schweißperlen auf die Stirn. »Colonel Li«, flüsterte er heiser.

Crowther schüttelte nachsichtig den Kopf. »Der ist doch lange tot, Shane. Schon sehr, sehr lange.« Er lächelte begütigend. »Du brauchst einen Arzt, mein Freund.«

Wie ein Vulkanausbrauch wurde Shanes Inneres von kaltem nackten Entsetzen gepackt, und seine Hände begannen zu zittern. »Du bist es gewesen«, flüsterte er. »Du mußt es gewesen sein.«

Mrs. Crowther tat ein paar Schritte auf ihn zu und legte eine Hand auf seinen Arm. In ihren Augen stand so etwas sie Mitleid, als sie zu ihm aufsah. »Aber mein Mann sagt die Wahrheit, Mister Shane«, versicherte sie. »Er hat den ganzen Abend nicht das Haus verlassen.«

Einen Lidschlag lang blickte Shane in diese ehrlichen grauen Augen, bemüht, seine innere Leere zu durchbrechen, und dann erinnerte er sich. Er packte ihren Arm und zog sie näher an sich heran. »Ich bin eben in der Garage gewesen«, knurrte er. »Ich habe Ihren Wagen kontrolliert. Er ist noch naß vom Regen. Das haben Sie nicht bedacht.«

Sie stöhnte plötzlich auf und stieß ihn mit ihrer freien Hand gegen die Brust. »Lassen Sie mich los. Sie tun mir weh.«

Mit einem Wutschrei machte Crowther einen Satz vorwärts. Shane schob die Frau zur Seite und wandte sich ihm zu. Er duckte sich unter Crowthers Arm, machte eine schnelle Drehung und stieß ihn wuchtig in den Rücken, so daß Crowther durch das Zimmer taumelte und gerade noch die Kante des Sekretärs zu fassen bekam, um sein Gleichgewicht wiederzugewinnen.

Als Shane sich ihm näherte, wich Crowther auf die andere Seite des Schreibtischs aus, riß eine Schublade auf und nahm einen Revolver heraus, den er auf Shane richtete.

Dieser blieb wie erstarrt stehen und rang nach Luft. »Hast du dafür auch einen Waffenschein?« fragte er dann übertrieben gleichgültig.

Crowther hielt die Mündung des Revolvers direkt auf ihn gerichtet, seine Augen verrieten Angst und Verzweiflung. »Wenn du dir Ärger ersparen willst, verschwinde von hier, bevor dieses Ding losgeht.«

Mrs. Crowther näherte sich Shane laut schluchzend, ergriff seinen Arm und sagte flehend: »Gehen Sie jetzt bitte. Gehen Sie bitte, bevor er etwas tut, was uns allen nur leid tun würde.«

Shane warf einen kurzen Blick in ihr verängstigtes Gesicht. Dann zog er sich langsam aus dem Zimmer und in die Diele zurück. Mrs. Crowther folgte ihm, öffnete die Tür zur Veranda, und Shane ging langsam hinaus. Als er sich umdrehte, sah er Crowther in der Diele stehen, den Revolver in seiner schlaff herabhängenden Hand. Er sagte mühsam nach Atem ringend: »Komm nicht noch einmal zurück, Shane. Komm nie wieder hierher. Verschwinde für immer aus Burnham.«

Für einen Augenblick sahen sie sich hart in die Augen,

dann wandte Shane sich ab, stolperte die Stufen hinunter und verschwand in Richtung Gartentor im Nebel. Er hörte noch, wie die junge verängstigte Frau laut zu weinen begann.

Ihr Schluchzen verfolgte ihn auf seinem Weg zurück ins Hotel. In seinem Zimmer angekommen, ließ er sich aufs Bett fallen. In seinem Kopf drehte sich alles. Er war nicht fähig, einen Sinn in dem zu erkennen, was er erlebt hatte.

Er zündete sich eine Zigarette an, starrte in die Dunkelheit, bis ihn nach geraumer Zeit ein leises Klopfen an der Tür aufstörte. Er fuhr sich mit den Fingern durch das Haar und richtete sich auf. Als er die Tür öffnete, stand Laura Faulkner vor ihm.

Er trat verblüfft zur Seite, um sie eintreten zu lassen. Er schloß die Tür hinter ihr und fragte erstaunt: »Wie haben Sie mich gefunden?«

Sie zuckte mit den Schultern. »Das war nicht schwierig. Ich habe mir das Telefonbuch vorgenommen und der Reihe nach alle in Frage kommenden Hotels angerufen.«

Er runzelte die Stirn. »Dann muß es etwas sehr Dringendes sein, weshalb Sie mich sprechen wollen.«

»Ich habe mir Ihretwegen Sorgen gemacht«, antwortete sie. »Besonders nach Ihrem Anruf heute nachmittag.«

Er lachte auf. »Das hat nichts zu bedeuten. Ich hatte geglaubt, ich hätte Sie in der Stadt gesehen, und wollte mich nur vergewissern. Das war alles.«

Sie trug einen weiten, offenstehenden Mantel über einem schwarzen Cocktailkleid, das ihre Figur vorteilhaft hervorhob. Ihr dunkles Haar fiel bis auf die Schultern hinab, rahmte ihr apartes Gesicht ein. Der schwache Hauch eines betörenden Parfüms umschmeichelte sie, der Shane in Erregung versetzte.

»Wer kümmert sich denn um Ihren Vater?« fragte er schließlich. »Oder können Sie ihn gelegentlich sich selbst überlassen?«

Sie schüttelte den Kopf. »Nein, aber ich habe mit meiner Aufwartefrau vereinbart, daß sie kommt, wenn ich einmal ausgehen will. Sie ist eine sehr zuverlässige Frau. Ich war von einer Freundin zu einer Party eingeladen, aber ich habe es mir anders überlegt.«

»Doch nicht etwa meinetwegen?« fragte Shane überrascht.

»Ihretwegen«, bestätigte sie.

Einen Augenblick lang herrschte ein verlegenes Schweigen zwischen ihnen, bis dann plötzlich ein aufgeregtes Winseln und ein kratzendes Geräusch an der Tür zu hören war.

Sie lachte hell auf. »Oh, dieser Hund. Er sollte unten auf den Wagen aufpassen.«

Sie öffnete die Tür, und wie ein schwarzer Schatten schlüpfte der Dobermann ins Zimmer und schnüffelte mißtrauisch an Shanes Beinen, bevor er sich seiner Herrin zu Füßen legte.

Aus einem ihm unerklärlichen Grund erwachten in Shane wieder plötzlich alle Lebensgeister. Er griff nach seiner Jacke und sagte: »Anscheinend habe ich Ihre Pläne für diesen Abend verdorben. Gibt es irgendwo ein nettes Lokal, das Sie mögen, wo wir etwas trinken können und man vielleicht sogar tanzen kann?«

Sie lächelte. »Das hört sich gut an. Die Einladung nehme ich gerne an.« Einen Augenblick lang schien sie zu überlegen und nickte dann. »Mir fällt da genau das richtige ein. Es ist ein Rasthaus etwa fünf Meilen vor der Stadt. An Wochentagen ist es dort immer angenehm ruhig und gemütlich.«

»Sicher genau das, was wir brauchen«, sagte er und zog seinen Mantel an.

Er öffnete die Tür und trat beiseite, um ihr den Vortritt zu lassen. Sie blieb vor ihm stehen und berührte leicht die Ausbuchtung über dem Griff der Pistole in seiner Jackentasche. »Müssen Sie das wirklich mitnehmen?«

Er zögerte, dann ging er zurück ins Zimmer und schob die Luger unter das Kopfkissen. Sie erwartete ihn lächelnd an der Tür und schob eine Hand unter seinen Arm. »Danke«, sagte sie einfach. Er schloß die Tür ab, und sie verließen das Hotel.

Die Sicht war noch immer schlecht, und sie fuhr langsam und vorsichtig aus der Stadt hinaus. Als sie den Berg überwunden und den Talkessel verlassen hatten, in dem die Stadt lag, lichtete sich der Nebel, und die Sicht wurde besser.

Der rote Schein der Neonreklame kündete das Rasthaus schon von weitem an, lange bevor sie es erreichten. Es war ein flaches, weitläufiges Gebäude mit einem großen Parkplatz davor. Laura Faulkner lenkte den Wagen durch die Toreinfahrt und hielt an. »Was machen Sie mit dem Hund?« fragte Shane.

Sie lächelte. »Ich lasse ihn im Wagen. Wir können ohnehin nicht sehr lange bleiben. Spätestens um Mitternacht muß ich wieder zu Hause sein.«

Sie betraten das Lokal. Einige Paare tanzten auf der kleinen Tanzfläche. Ein Kellner führte sie an einen Ecktisch, und Shane bestellte zwei Martinis. Er bot Laura Faulkner eine Zigarette an und seufzte. »Es ist schön hier, wirklich sehr schön. Es ist eine Ewigkeit her, seit ich zum letztenmal so ein Lokal besucht habe.«

Sie legte behutsam eine Hand auf seinen Arm. »Sie sehen erschöpft aus.«

Er nickte. »Es war ein anstrengender Tag für mich.«

Ein Schatten legte sich auf ihr Gesicht. »Haben Sie – haben Sie irgend jemanden gesehen?«

Er lachte bitter. »Irgend jemanden? Ich habe sie alle gesehen. Gesehen und mit ihnen gesprochen.«

Ihre Augen weiteten sich, und ein ungläubiger Ausdruck erschien auf ihrem Gesicht. Nach einer Weile fragte sie zögernd: »Wollen Sie mir nicht mehr erzählen?«

Er zuckte mit den Schultern. »Warum sollte ich nicht? Möchten Sie vorher noch einen Drink?« Sie schüttelte verneinend den Kopf, und er lehnte sich in seinen Sessel zurück und begann zu erzählen.

Er berichtete von seinem Besuch bei Charles Graham, schilderte dann alle anderen Erlebnisse dieses Tages und endete mit einem Bericht über seine zweite Begegnung mit

Adam Crowther. Das einzige, was er überging: Er erwähnte mit keinem Wort die schlurfenden Schritte.

Als er geendet hatte, saß sie eine Weile schweigend und nachdenklich da, bis sie schließlich zögernd sagte: »Ich kann nicht erkennen, daß Sie irgendwie weitergekommen sind. Sie haben alle drei Überlebenden von damals gesprochen. Einer von ihnen muß es gewesen sein, aber was hilft Ihnen das schon? Können Sie ehrlich behaupten, daß einer der drei Ihnen stärker belastet erscheint als die anderen?«

Seufzend schüttelte er den Kopf. »Nein, gerade das kann ich nicht. Zunächst hatte ich geglaubt, daß ich Crowther von meiner Liste streichen könnte, aber jetzt bin ich mir dessen keineswegs sicher. Mir scheint, daß ihm sehr viel daran gelegen ist, daß ich meine Nachforschungen einstelle. Wilby hat eindeutig zu erkennen gegeben, daß er Angst hat, aber irgendwie habe ich die Überzeugung gewonnen, daß seine Angst eine andere Ursache hat.«

»Und was ist mit Steele?« fragte sie.

Er hob ratlos die Schultern. »Steele scheint mir der Verdächtigste zu sein, nicht nur, weil er von Natur aus skrupellos ist. Er ist so total egoistisch, einer der immer nur das tut, was für ihn am meisten Vorteile bringt.«

»Und was beabsichtigen Sie jetzt zu unternehmen?« fragte Laura. »Sie sind doch offenbar in einer Sackgasse gelandet.«

Nachdenklich runzelte er die Stirn. »Da bin ich nicht so sicher. Ich weiß, daß es so aussieht, aber ich mache mir so meine Gedanken über Joe Wilby. Irgendwie liegt bei ihm der Schlüssel zu der ganzen Sache. Wenn er selbst nicht der Schuldige sein sollte, dann weiß er zumindest, wer es ist. Davon bin ich überzeugt. Und wenn ich es mir genau überlege, dann halte ich Steele für den Schuldigen.«

Nach diesen Worten saßen sie einander schweigend gegenüber, bis die Kapelle einen alten romantischen Schlager aus der Vorkriegszeit zu spielen begann. »Wollen wir tanzen?« unterbrach er das Schweigen. Sie nickte mit dem Anflug eines Lächelns auf den Lippen, und sie gingen zur Tanzfläche.

Laura schmiegte sich eng in seine Arme, legte ihren Kopf an seine Schulter. Sie umhüllte der betörende Duft ihres Parfüms, und er spürte die verlockende Wärme ihres Körpers, der seinem so nahe war.

Als die Kapelle geendet hatte, blickte sie zu ihm auf. Ihr Gesicht hatte einen seltsamen Ausdruck. »Tut mir leid, Martin«, sagte sie unvermittelt, »aber es wird Zeit für mich. Wir müssen gehen.« Verständnisvoll nickte er und winkte dem Kellner.

Als sie den Wagen vom Parkplatz auf die Straße hinauslenkte, machte sie einen überraschenden Vorschlag. »Es geht mir schon die ganze Zeit durch den Kopf: Ich würde Sie gern malen, Martin. Hätten Sie morgen nachmittag Zeit, mich zu besuchen? Ich würde zunächst gern eine Bleistiftskizze entwerfen.«

»Warum das? Um mich der Nachwelt zu erhalten?« fragte er leichthin. Sie antwortete nicht, und den Rest des Weges legten sie schweigend zurück.

Als sie vor seinem Hotel anhielt, ließ sie den Motor laufen. »Ich fürchte, ich muß mich beeilen«, sagte sie. »Aber wie ist es? Werden Sie kommen?«

Er nickte zustimmend. »Ja. Kurz nach der Mittagszeit.«

Einen langen Augenblick sahen sie sich schweigend an, und dann wandte er sich ab, um die Wagentür zu öffnen. Als er die Hand auf den Türgriff legte, sagte sie plötzlich mit einem atemlosen Flüstern: »Martin!«

Er beugte sich ihr zu und nahm sie in seine Arme. Ich weicher Körper schmiegte sich eng an ihn, und ihre warmen Lippen öffneten sich den seinen lockend wie die Blütenblätter einer Blume. Einen Augenblick lang hielten sie sich eng umschlungen, dann schob sie ihn sacht von sich und rang nach Luft. »Ich muß jetzt fort, Martin. Wir sehen uns morgen.«

Er wollte sie noch einmal umarmen, aber sie legte ihre Hand fest gegen seine Brust und drängte ihn zurück. Widerstrebend öffnete er die Wagentür und stieg aus.

Sie winkte ihm noch einmal zu, dann tauchte der Wagen im Nebel unter. Das Blut rauschte ihm in den Ohren, und sein ganzer Körper vibrierte und war zum erstenmal seit Jahren von wirklichem Leben erfüllt.

Zwei Stufen auf einmal nehmend, eilte er die Treppe hinauf und schloß seine Zimmertür auf. Er durchquerte den Raum und schaltete die Lampe neben dem Bett ein, doch als aus den Ecken des Zimmers wiederum die dunklen Schatten nach ihm griffen, war seine gehobene Stimmung mit einem Schlag verflogen.

Er holte die Reisetasche aus dem Schrank, nahm die Whiskyflasche heraus und setzte sie an die Lippen. Als der Whisky ihm brennend durch die Kehle rann, ließ er sich auf die Bettkante sinken. Wie zufällig schob er seine Hand unter das Kopfkissen.

Alarmiert fuhr er hoch, richtete sich vom Bett auf und riß das Kissen beiseite. Er konnte es nicht glauben, aber die Pistole war verschwunden.

9

Fieberhaft überprüfte er seine übrigen Sachen, aber sonst fehlte nichts. Es waren keinerlei Spuren von einem gewaltsamen Eindringen zu entdecken, und auch am Türschloß hatte sich offensichtlich niemand mit irgend etwas zu schaffen gemacht. Die Tür war mit einem Schlüssel geöffnet worden, das war unverkennbar.

Einen Augenblick lang überlegte er, ob er den Nachtportier zur Rede stellen sollte, ließ den Gedanken aber sogleich wieder fallen. Wenn der Mann irgend jemandem das Betreten des Zimmers erlaubt haben sollte, würde er es zweifellos bestreiten, und das protestierende Gezeter, das er dadurch heraufbeschwören würde, brächte ihn auch nicht weiter. Nur zwei Personen, mit denen er an diesem Tag gesprochen hatte, wußten, daß er eine Waffe besaß. Die eine war Laura Faulkner, doch der Gedanke, daß sie etwas mit ihrem Verschwinden zu tun haben konnte, erschien ihm absurd.

Danach blieb nur Reggie Steele, und eine plötzliche kalte Wut packte Shane. Er blieb noch eine Zeitlang auf der Bettkante sitzen und dachte darüber nach. Dann stand er auf, schaltete das Licht aus und verließ das Zimmer. Die Tür schloß er hinter sich ab.

Der Nachtportier schnarchte leise in einem Sessel in einer Ecke des Foyers. Lautlos ging er an ihm vorüber und trat in die Nacht hinaus.

Der Regen hatte nicht nachgelassen, während er durch die verlassenen Straßen ging, und der Nebel behinderte noch immer die Sicht. Es war kurz nach ein Uhr, als er den Garland Club erreichte. Auf dem Platz vor dem Lokal parkten noch zahlreiche Wagen. Langsam ging er an dem Eingang vorbei und näherte sich der schmalen Seitengasse, die anscheinend zu einem Nebeneingang des Gebäudes führte. Doch dann fiel sein Blick auf etwas, das ihn wie erstarrt innehalten ließ. Wenige Schritte von ihm entfernt parkte Laura Faulkners Wagen am Straßenrand.

Zuerst glaubte er, daß er sich irrte, dann näherte er sich dem Auto, um es sich genauer anzusehen. Ein leises Knurren veranlaßte ihn, sich hastig zurückzuziehen, da der Dobermann seinen Kopf durch das halbgeöffnete Seitenfenster streckte.

Während er noch vor dem Wagen stand, rasten ihm tausend Gedanken durch den Kopf, und dann hörte er hinter sich Schritte, und eine fröhliche Stimme rief: »Hallo, Hübscher. Sie warten doch nicht zufällig auf mich?«

Als Shane sich umdrehte, tauchte Jenny Green aus der Seitengasse auf. In dem fahlen gelben Licht der Straßenlaterne sah sie blaß und übermüdet aus und hatte dunkle Ringe unter den Augen.

Als sie näherkam, trat ein skeptisches Stirnrunzeln an die Stelle ihres Lächelns. »Sie sehen nicht besonders gut aus«, meinte sie besorgt. »Fehlt Ihnen irgend etwas?«

Er zwang sich zu einem Lächeln. »Ich bin sehr müde. Eine Woche Bettruhe würde mir sicher guttun, aber das ist alles. Im übrigen sehen Sie selbst auch nicht gerade wie das blühende Leben aus.«

Sie machte eine wegwerfende Handbewegung. »Nach drei Vorstellungen am Abend in diesem Stall habe ich auch keine Kraft mehr für irgend etwas anderes, als schlafen zu gehen.« Sie seufzte tief auf. »Es kann einem wirklich den Spaß am Leben verderben.«

Er lächelte verkniffen. »Auch mir scheint gegenwärtig nicht viel Zeit zu bleiben, um mich zu amüsieren.«

Sie trat dicht an ihn heran und legte eine Hand auf seinen Arm. Als sie zu ihm aufblickte und in sein Gesicht sah, lag ein teilnahmsvoller Ausdruck in ihren Augen. »Sie sind innerlich gespannt wie eine Stahlfeder. Sie sollten dafür sorgen, daß Sie bald Entspannung finden, sonst könnten Sie eine unangenehme Überraschung erleben.«

Er lächelte sie an. »Sie sind ein liebes Mädchen, Jenny, aber mir bleibt nicht mehr viel Zeit für das, was ich noch tun muß.«

Sie wollte sich schon abwenden, zögerte dann aber. »Bis zu mir nach Hause sind es nur zwanzig Minuten«, sagte sie schüchtern, »und ich mache einen guten Kaffee.«

Noch bevor er antworten konnte, hörten sie, wie die Seitentür des Garland Club zu der Gasse hin geöffnet wurde und sich jemand aus dieser Richtung näherte. Shane packte das Mädchen am Arm und zerrte sie rasch in die Deckung eines Hauseingangs. Sie wollte protestieren, doch er legte einen Arm um ihre Schultern und drückte sie fest an sich.

Sie lachte tief und verhalten auf und preßte ihren jungen geschmeidigen Körper fest gegen ihn. »Das gefällt mir schon viel besser«, neckte sie, doch Shane legte ihr sanft einen Finger über die Lippen, als zwei Personen aus der Seitengasse auftauchten.

Mit ungläubigen Augen sah er aus der Dunkelheit Laura Faulkner und Reggie Steele auftauchen und zu Lauras Wagen gehen. Sie blieb stehen, streichelte mit einer Hand über den

Kopf des Hundes, und Steele redete mit leiser Stimme auf sie ein. Einmal lachte er auf und legte auf eine vertrauliche Weise eine Hand auf ihren Arm, dann stieg sie in ihren Wagen und fuhr davon.

Steele wandte sich ab. Sein Weg führte ihn an dem Hauseingang vorüber, in dem Shane und das Mädchen sich versteckt hielten. Shane zog Jenny fest an sich und verbarg sein Gesicht an ihrer Schulter, aber Steele warf ihnen nur einen flüchtigen Seitenblick zu und ging davon.

Shane verließ den Hauseingang, blickte ihm nach, wie er um die nächste Ecke verschwand, und der Blick aus seinen verbitterten Augen wurde hart. Hinter sich hörte er Jenny sagen: »Also, was soll das eigentlich bedeuten? Interessieren Sie sich auch für sie?«

Er drehte sich zu Jenny um. »Haben Sie diese Frau schon einmal gesehen?«

Sie nickte. »Sie besucht ihn im Klub, seit ich hier arbeite, und das sind jetzt annähernd zwei Jahre.«

Die Hände tief in die Taschen seines Mantels vergraben, trat er langsam auf die Straße hinaus. Sein Gesicht glich einer Maske, die Haut spannte über den Backenknochen, daß sein Gesicht im bleichen Licht der Straßenlaternen einem Totenschädel glich, und in seinem Herz loderte eine kalte, mörderische Wut.

Laura Faulkner hatte ihn zum Narren gehalten. Sie hatte ihn an diesem Abend nur aus einem einzigen Grund besucht: Um ihn aus seinem Zimmer zu locken, um Steele oder einem seiner Komplizen die Möglichkeit zu geben, nach seiner Waffe zu suchen. Und am niederträchtigsten daran war, daß gerade sie ihn dazu veranlaßt hatte, die Luger zurückzulassen. Die ganze Sache war von Anfang an raffiniert geplant worden. Sie hatten darauf gesetzt, daß er sie zu einem Drink einladen würde, und wenn er es nicht getan hätte, dann würde sie es vermutlich vorgeschlagen haben.

Er wandte sich zum Gehen, blieb noch einmal stehen und überlegte, was er als nächstes unternehmen sollte. Er fühlte sich plötzlich entsetzlich müde, erschöpfter, als er sich seit langer Zeit gefühlt hatte. Mit Laura Faulkner zu reden, konnte bis zu ihrer Verabredung am nächsten Tag warten. Er stöhnte seufzend auf. Wenigstens das hatte sich für ihn daraus ergeben. Jetzt hatte er die Gewißheit, daß etwas vor ihm verborgen wurde. Was dieses Etwas war, wußte er nicht, doch auch das konnte bis zum nächsten Nachmittag warten.

Er wollte weitergehen, als er Jenny Green hinter sich fragen hörte: »He, was ist denn mit mir?«

Überrascht, daß sie noch da war, drehte er sich nach ihr um, und dann erschien langsam ein Lächeln auf seinem Gesicht. »Hatten Sie nicht etwas von Kaffee gesagt?«

Sie lächelte, kam auf ihn zu und schob eine Hand unter seinen Arm. Gemeinsam verließen sie den Platz und gingen auf die Hauptstraße zu.

Sie wohnte in einer Nebenstraße in der Nähe der Universität. Ältere Sandsteinhäuser mit schmalen Vorgärten säumten beide Seiten der Straße. Ihre Wohnung befand sich in der obersten Etage, und als sie die Tür öffnete und Licht einschaltete, befand er sich in einem großen, behaglichen Wohnzimmer.

Sie warf ihre Schuhe ab und lächelte ihm mit erleichtertem Gesicht zu. »Ich muß mir das Gesicht abschminken und etwas Bequemes anziehen. Setzen Sie sich inzwischen. Es dauert nur eine Minute.«

Er ging in dem Zimmer auf und ab und sah sich um. Durch die halbgeöffnete Tür zum Schlafzimmer erhaschte er einen flüchtigen Blick auf sie, als sie vor dem Spiegel stand und ihre Strümpfe auszog, unter der hauchzarten Wäsche hoben sich die Formen ihres schlanken Körpers deutlich ab.

Schnell wandte er sich ab, die Kehle wie ausgedörrt, und setzte sich in einen Sessel neben den Kamin. Er griff nach einer Zeitschrift, wobei seine Hände leicht zitterten und sein Atem mühsam und stoßweise ging. Von irgendwo hörte er Wasser rauschen, als ein Hahn aufgedreht wurde. Wenige Minuten später kam sie wieder in das Zimmer, während sie sich noch das Haar am Hinterkopf aufsteckte.

Sie trug einen alten, gesteppten Hausmantel und pelzgefütterte Pantöffelchen. Sie hatte ihr Gesicht abgeschminkt, und ohne das grelle Make-up sah sie überraschend jung und unschuldig aus.

Sie ging in die Küche und füllte einen Wasserkessel. Shane zündete sich eine Zigarette an und trat unter die Küchentür. Seine Stimme klang ratlos, als er zögernd fragte: »Wie, zum Teufel, sind Sie nur in diese Umgebung geraten?«

Sie drehte sich ihm mit einem ernsten Ausdruck in ihrem Gesicht zu. »Kommen Sie nicht auf falsche Gedanken. Ich arbeite im Showgeschäft – nichts anderes. Jeder, der hier bei mir reinkommt, ist deshalb eingeladen, weil ich ihn mag, und aus keinem anderen Grund.«

Er lächelte freundlich. »Tut mir leid, wenn ich mich mißverständlich ausgedrückt habe.« Sie füllte mit einem Löffel Kaffeepulver in einen Filter, und er fragte weiter: »Wie kam es dazu, daß Sie für Steele arbeiten?«

Auf einem Tablett trug sie den Kaffee und Geschirr in den Wohnraum, und er folgte ihr. »Ach, das ist die alte Geschichte. Mein ganzes Leben lang hatte ich mir gewünscht, Schauspielerin zu werden. Ich bin aufgewachsen, wenn man das so nennen kann, in einem Slum von Manchester. Als ich siebzehn war, ging ich nach London, nahm tagsüber eine Stellung als Verkäuferin an und besuchte in den Abendstunden eine drittklassige Schauspielschule.«

»Klingt wie ein schlechter Film«, meinte Shane mitfühlend.

Sie nickte zustimmend. »Als ich schließlich glaubte, ich hätte genug gelernt, um bei einem Theater anzukommen, klapperte ich drei Monate lang alle in Frage kommenden Theateragenturen ab, und mir wurde so ungefähr jede Art von Angebot gemacht, die man sich nur vorstellen kann – selbstverständlich waren sie alle von der gleichen eindeutigen Sorte. Schließlich gelang es mir, einen Job als Tänzerin bei einer billigen Tourneetruppe zu ergattern.«

Shane lächelte bitter, aber verständnisvoll. »Rotnasige Klamottenkomiker und Stripnummern vermutlich.«

Sie nickte. »In Burnham flog das Unternehmen auf, und Reggie Steele bot mir einen Job an.«

»Ohne zusätzliche Bedingungen etwa?« fragte er.

Sie hob abwehrend die Schultern und reichte ihm eine Tasse mit Kaffee. »Zunächst brachte er mir ein gewisses ehrliches Interesse entgegen, aber es war nur vorübergehend. Bei ihm dauert so etwas nie lange.«

Er bot ihr eine Zigarette an, und eine Weile saßen sie sich schweigend gegenüber. Sie hatte den Kopf gegen die Rücklehne ihres Sessels gelegt und hielt die Augen geschlossen, und Shane streckte die Beine von sich und versuchte sich zu entspannen.

Es war unmöglich. Ihr Morgenmantel hatte sich vorn leicht geöffnet und enthüllte die atemberaubende Linie eines nackten Oberschenkels. Ein beklemmender Druck legte sich ihm auf den Magen, als er daran dachte, welchen Anblick sie durch die halbgeöffnete Tür des Schlafzimmers geboten hatte.

Es war lange her, seit er das letzte Mal mit einer Frau zusammen gewesen war. Schon zu lange. Er erhob sich und ging zum Fenster hinüber. Draußen tauchte im Schein einer Laterne ein Streifenpolizist auf. Regen tropfte ihm auf die Mütze, und Jenny Green sagte in die Stille: »Sie stecken in einer schwierigen Situation, nicht wahr? Einer wirklich schwierigen, meine ich.«

Er drehte sich zu ihr um und antwortete mit einem flüchtigen Lächeln: »Nichts, womit ich nicht fertig werden kann.«

Sie nickte nachdenklich. »Ja. Sie sehen so aus wie ein Mann, der mit den meisten Dingen des Lebens fertig werden kann.«

Ihre Augen hatten einen beinahe lockenden Ausdruck, und ihm war wieder die Kehle wie zugeschnürt. Er räusperte sich und sagte: »Ich glaube, es wird Zeit, daß ich gehe. Es ist schon reichlich spät.«

Sie lächelte bittend. »Müssen Sie wirklich? Sie können gern hierbleiben. Ich habe reichlich Platz.«

Er schüttelte den Kopf. »Vielen Dank, aber in meinem Hotel kann eine wichtige Nachricht auf mich warten.«

Sie trat ganz dicht an ihn heran und blickte in sein Gesicht auf. »Ich habe Sie im Spiegel beobachtet, als Sie mir beim Ausziehen zugesehen haben.«

Er ballte die Fäuste und versuchte, seine Stimme zu beherrschen. »Es war ganz zufällig, die Tür stand halboffen.«

Sie lachte. »Was glauben Sie, warum ich die Tür offenstehen ließ?«

Seine Handflächen wurden feucht, und das Würgen in seinem Magen wurde langsam unerträglich. Er legte mit zitternden Händen die Arme um sie. »Es ist lange her, Jenny, so verdammt lange her.«

Sie stellte sich auf die Zehenspitzen und küßte ihn sanft auf den Mund. »Laß mir zwei Minuten Zeit«, bat sie und verschwand im Schlafzimmer.

Er stand da und starrte regungslos vor sich hin. Dann griff er nach seinem Mantel und ging zur Wohnungstür. Als er sie öffnen wollte, rief sie leise nach ihm. Einen Augenblick lang zögerte er, dann warf er mit einem unterdrückten Fluch seinen Mantel von sich und durchquerte mit raschen Schritten das Zimmer zur Schlafzimmertür.

Einen Lidschlag lang zögerte er an der Tür, sah sie ausgestreckt auf dem Bett liegen und ihn erwarten, ehe sie das Licht ausschaltete und ihn mit einem leisen Lachen aus dem Dunkel zu sich lockte.

10

Shane erwachte kurz nach Tagesanbruch. Während der Nacht hatte es durch den offenen Fensterspalt hereingeregnet, und die feuchten Vorhänge bewegten sich leicht in der schwachen Zugluft. Das Mädchen schlief noch fest, den Kopf leicht von ihm abgewandt, ihr schwarzes Haar floß über das Kissen hin.

Er fühlte sich entspannt und zufrieden, und nach einer Weile schlief auch er wieder ein.

Als er später wieder erwachte, war er allein. Auf dem Kissen lag ein Zettel, auf dem Jenny die Nachricht hinterlassen hatte, daß sie zu der Mittagsvorstellung in den Klub gegangen sei. Er sah auf seine Uhr. Es war kurz vor halb eins, und er fluchte vor sich hin, als er sich an seine Verabredung mit Laura Faulkner erinnerte.

Rasch zog er sich an und begnügte sich mit einem kargen Frühstück aus Toast und Kaffee in der Küche. Zwanzig Minuten später strebte er auf der Suche nach einem Taxistand mit schnellen Schritten dem Stadtzentrum zu.

Der Nebel hatte sich etwas gelichtet, aber es regnete nach wie vor ununterbrochen gleichmäßig, als er vor Laura Faulkners Haus aus dem Taxi stieg und auf die Haustür zuging. Irgendwie wirkte die Umgebung des Hauses heute noch verwahrloster als am Tag vorher, und er folgte dem Weg, der um das Haus herum zur Hintertür führte, und ging gleich zu Laura Faulkners Atelier hinüber.

Er stieg die Stufen hinauf, und noch bevor er vor der Tür stand, vernahm er das drohende Knurren des Dobermanns. Er öffnete die Tür und trat ein.

Laura saß vor ihrer Staffelei, ganz auf ihre Arbeit konzentriert. Als sie aufblickte und ihn bemerkte, errötete sie wie ein junges Mädchen, ganz so, als ob sie sich daran erinnere, wie sie sich gestern nacht verabschiedet hatten.

»Hallo, Martin«, begrüßte sie ihn. »Es freut mich, daß Sie kommen konnten.«

Sie trug eine enganliegende Hose und eine spanische, in der Taille mit einem Knoten geschlossene Bluse, und plötzlich wurde ihm zu seiner Verwunderung bewußt, daß sie schön war. Seine Stimme klang ruhig und gelassen, als er antwortete. »Beinahe hätte ich es nicht mehr geschafft. Ich habe verschlafen.«

Sie zog die Augenbrauen hoch. »Sie sind nicht gleich schlafengegangen, nachdem wir uns getrennt hatten?«

Er zündete sich umständlich eine Zigarette an. »Genaugenommen habe ich eine ereignisreiche Nacht hinter mir. Bald nachdem ich mein Zimmer betreten hatte, mußte ich feststellen, daß ich in der Zwischenzeit Besuch bekommen hatte.« Ihre Augen waren plötzlich wachsam, aber sie richtete ihre Blicke gleich wieder auf das Bild, an dem sie malte. »Und wer war das gewesen?«

Er trat hinter sie und blickte ihr über die Schulter. »Wer immer es gewesen ist, er hat meine Pistole mitgehen lassen. Ich habe angestrengt darüber nachgedacht. Ich erinnerte mich daran, daß nur zwei Personen wissen konnten, daß ich eine Waffe besaß. Sie und Reggie Steele. Sie konnten es unmöglich gewesen sein, also blieb nur Reggie Steele, und ich entschloß mich, ihn danach zu fragen.«

Ihre Stimme klang unverändert gefaßt, aber ihre Hand zitterte leicht, als sie mit dem Pinsel Farbe von der Palette aufnahm. »Und was hatte er darauf zu sagen?«

Shane schüttelte bedauernd den Kopf. »Ich kam nicht dazu, ihn danach zu fragen. Er war zu sehr in ein Gespräch mit einer anderen Person vertieft, als ich ihn traf.«

Eine Zeitlang herrschte Schweigen, während Laura anscheinend unbekümmert weitermalte. Plötzlich geriet Shane in Wut. Er packte sie an den Schultern und riß sie zu sich herum. »Sie haben mir gesagt, daß Sie Reggie Steele nie begegnet seien«, zischte er mit heiserer Stimme, während seine Finger sich in ihre Schultern krallten. »Sie haben mich angelogen. Ich will wissen, warum.«

Mit wildem wütenden Jaulen stürzte der Dobermann plötzlich auf Shane los. Shane gab Laura frei und wich zurück. Laura Faulkner packte mit einem schnellen Griff das Halsband des Hundes und zerrte ihn zurück. Sie neigte sich zu dem Tier hinunter, sprach mit leiser eindringlicher Stimme besänftigend auf den Hund ein und streichelte seinen Kopf. Schließlich beruhigte der Dobermann sich wieder und zog sich auf seinen Platz auf dem Diwan zurück. Doch seine schwarzen Augen fixierten Shane weiterhin.

Als Laura sich Shane wieder zuwendete, waren ihre Wangen gerötet und ihre Augen funkelten zornig. Sie griff nach einer Zigarettenpackung und zündete sich eine mit zitternden Fingern an. Als sie sich dann an ihn wandte, zitterte ihre Stimme leicht. »Wenn Sie noch einmal versuchen sollten, handgreiflich zu werden, hetze ich den Hund auf Sie, und glauben Sie mir, das würde kein Vergnügen für Sie.«

Shane tat ein paar Schritte zurück und lehnte sich mit der Schulter gegen die Wand. Als er schließlich darauf erwiderte, klang seine Stimme so ruhig und gelassen wie immer. »Also gut. Sparen wir uns alle Mätzchen und halten wir uns an die nackten Tatsachen. Als ich zum erstenmal mit Ihnen sprach, behaupteten Sie, Sie seien nie einem der Männer begegnet, die mit Ihrem Bruder zusammen in Korea gewesen waren. Gestern abend habe ich beobachtet, wie Sie zusammen mit Reggie Steele den Garland Club verlassen haben, und nach dem, was ich gehört habe, haben Sie ihn seit Jahren regelmäßig besucht.«

Sie machte nervös ein paar Schritte auf und ab, und als sie sich ihm schließlich zuwandte, funkelten ihre Augen vor echtem Ärger. »Also gut, Sie haben nackte harte Tatsachen gefordert – Sie sollen ein paar zu hören bekommen.«

Sie löste den Knoten an ihrer Wickelbluse, ließ sie mit einer geschmeidigen Bewegung fallen und trat ihm so entgegen. »Jetzt kommen Sie bloß nicht auf dumme Gedanken.«

Sie trug keinen Büstenhalter. Ihre festen Brüste waren formvollendet. Unwillkürlich hielt Shane den Atem an und spürte, wie seine Kehle trocken wurde. Die Narbe begann unmittelbar unter der linken Brust und verlief hinauf zur Schulter – eine weiße, gezackte Linie, die sich deutlich von ihrer gebräunten Haut abhob.

Shane schluckte mühsam. »Wer hat das getan?«

Sie zog die Bluse wieder an und verknotete sie wie vorher um die Taille. »Mein lieber Bruder Simon«, antwortete sie. »Oder richtiger, mein Stiefbruder, denn das war er in Wirklichkeit.«

Shane schüttelte verwirrt den Kopf. »Simon?« fragte er verständnislos. »Das verstehe ich nicht.«

»Das ist ganz einfach. Wenn er betrunken war, war er zu allem fähig. Eines Abends versuchte er, zudringlich zu werden. Ich wehrte mich mit allen Kräften, dabei warf ich einen Tisch um, auf dem Flaschen und Gläser standen. Simon stieß mich, und ich fiel in die Scherben einer der zerbrochenen Flaschen.«

»Und was hatte Ihr Vater dazu zu sagen?« wollte Shane wissen.

Sie zuckte mit den Schultern. »Für meinen Vater war Simon die Sonne seines Lebens. Wie konnte ich ihm seine Illusionen rauben? Ich erklärte ihm, es sei ein Unfall gewesen. Wir hätten nur miteinander herumgealbert. Das einzig Gute, was dabei herauskam, war, daß Simon mich von da an in keiner Weise mehr behelligte.«

»Er hat sich selbst nie Schranken auferlegt, das weiß ich«, sagte Shane, »aber, daß er so weit gehen würde...«

Sie lachte gezwungen. »Oh, es gibt noch Schlimmeres. Nachdem mein Vater den Schlaganfall erlitten hatte, übernahm Simon die Leitung der Firma. Zwei Jahre lang warf er das Geld nur so zum Fenster hinaus – anderer Leute Geld. An dem Tag, an dem Sie ihn in der Bar kennengelernt haben, war er dem Staatsanwalt gerade noch um einen Schritt voraus. In der folgenden Woche war eine Betriebsprüfung fällig, und seine Unterschlagungen waren zu offenkundig, um vertuscht werden zu können.«

Shane kniff die Augen zusammen. »Das also war der Grund, warum er sich freiwillig zum Militär gemeldet hat?«

Sie nickte. »Das war sogar recht raffiniert. Beim Militär hätte die Polizei wohl zuletzt nach ihm gefahndet. Wir hatten keine Ahnung, wohin er sich abgesetzt hatte, bis wir vom Kriegsministerium die Nachricht von seinem Tod erhielten.«

Shane seufzte. »Schließlich hat er also doch für alles bezahlt.«

Sie warf den Kopf in den Nacken und lachte zynisch auf.

»Glauben Sie das wirklich? Ich sehe das anders. Meiner Meinung nach konnte er das alles niemals abbüßen. Mein Vater erlitt einen zweiten Schlaganfall, als die Nachricht eintraf. Seitdem vegetiert er in dem Zustand dahin, in dem er heute ist. Beinahe jeder Pfennig, den wir besaßen, ging drauf, um das Defizit in der Firma zu decken.« Sie drehte sich zu ihm und fügte bitter hinzu: »Vielleicht haben Sie bemerkt, in welchem Zustand sich das Haus und der Garten befinden.«

Er nickte und sagte langsam: »Das ist alles sehr überraschend und bedrückend für mich. Es zeigt mir Simon in einem ganz anderen Licht. Aber er ist tot, seit vielen Jahren. Und was hat das alles mit Ihnen und Reggie Steele zu tun?«

Sie trat vor das Fenster und antwortete, ohne ihn anzusehen. »Sechs Monate, nachdem Steele aus Korea zurückkam, suchte er mich auf. Es war kurz, nachdem er sein erstes Lokal eröffnet hatte. Ich war so sehr davon in Anspruch genommen, meinen Vater zu versorgen, daß ich für mich selbst oder einen Mann keine Zeit hatte. Er bemühte sich sehr um mich, war sehr aufmerksam und verdrehte mir sozusagen den Kopf. Er kann sehr charmant sein, müssen Sie wissen.«

»Das bezweifle ich nicht«, bemerkte Shane trocken.

Sie schien seine Bemerkung nicht gehört zu haben. »Ich schrieb ihm ein paar recht kompromittierende Briefe während dieser Affäre. Als ich ihn schließlich durchschaute und erkannte, was für ein Schuft er war, versuchte ich endlich, die Beziehung abzubrechen. Er zwang mich dann, ihn in seinem Büro aufzusuchen. Er zeigte mir diese Briefe und steckte sie in einen Umschlag, den er an meinen Vater adressierte. Damit hat er mich seitdem ständig erpreßt und unter Druck gehalten.«

»Und was ist sein Preis?« fragte Shane.

Sie errötete. »Ich habe ihm zu gehorchen, wenn er mich ruft.«

Shane ballte die Fäuste und fluchte unterdrückt. »Dieser elende Schweinehund.«

Sie zündete sich eine neue Zigarette an. »Es ist nicht ganz

so schlimm, wie es klingt. Manchmal vergißt er mich monatelang, aber gelegentlich erinnert er sich wieder an mich, und dann ruft er eben an.«

»Haben Sie nie erwogen, zur Polizei zu gehen?«

Sie schüttelte abwehrend den Kopf. »Das wage ich einfach nicht. Mein Vater hat seine lichten Augenblicke – Zeiten, in denen er völlig normal ist. Der Schock durch einen weiteren Skandal würde ihn umbringen. Das kann ich nicht riskieren.«

Eine Zeitlang schwiegen beide, bis Shane schließlich fragte: »Und wie war das gestern abend? Hat er Sie aufgefordert, mich aus dem Hotel fortzulocken?«

Mit ernstem Gesicht trat sie auf ihn zu und legte eine Hand auf seinen Arm. »Damit hatte ich wirklich nichts zu tun. Ob Steele die Waffe an sich gebracht hat, weiß ich nicht, jedenfalls hat er mir nichts davon gesagt.«

»Aber warum sind Sie dann zu mir ins Hotel gekommen?«

Ihr Gesicht errötete langsam, dann schlug sie die Augen nieder. »Ich war ehrlich zu Ihnen«, versicherte sie. »Ich habe mir Ihretwegen Sorgen gemacht.«

Er legte eine Hand unter ihr Kinn und hob ihr Gesicht leicht an, dann blickte er direkt in ihre bernsteinfarbenen Augen. »Es tut mir leid.« Er lächelte flüchtig. »Mir tut leid, was ich gedacht und was ich gesagt habe.« Er wandte sich von ihr ab und ging zur Tür.

Als er sie öffnen wollte, sagte sie mit besorgter Stimme: »Martin, was werden Sie jetzt unternehmen?«

Sein Gesicht war ausdruckslos. »Ich glaube, ich werde mich noch einmal ausführlich mit Steele unterhalten«, antwortete er. »Vielleicht kann ich ihm klarmachen, daß er sich in einigen Dingen auf dem falschen Weg befindet.« Ohne sich durch ihr erschrecktes Gesicht aufhalten zu lassen, öffnete er die Tür und ging.

Er fuhr mit einem Bus in die Stadt zurück und suchte gleich sein Hotel auf. Als er die kleine Empfangshalle betrat, stand die junge Hotelangestellte vor einem großen Wandspiegel und zog sich ihre Strümpfe zurecht. Hastig zog sie ihren Rock runter und drehte sich um.

Ein Lächeln erschien auf ihrem Gesicht, und sie versuchte scheu zu wirken. »Ich muß in Zukunft wohl etwas vorsichtiger sein«, meinte sie gespielt verlegen und ging hinter das Empfangspult, um Shane den Zimmerschlüssel auszuhändigen.

Sie trug ein Gabardinekostüm und war offensichtlich gerade beim Friseur gewesen. Shane lächelte, als er seinen Schlüssel entgegennahm. »Sie müssen zu einem Vermögen gekommen sein«, sagte er herausfordernd.

Sie hob die Arme und drehte eine Pirouette. »Gefällt es Ihnen?« fragte sie auf seinen Ton eingehend.

Er nickte. »Gewiß, aber es muß Sie eine Menge Geld gekostet haben.«

Schnippisch entgegnete sie: »Wenn man sich die richtigen Freunde aussucht, kann man es zu etwas bringen.«

Er wollte sich schon abwenden, als sie ihn plötzlich zurückhielt. »Einen Augenblick. Da war noch etwas. Der Nachtportier hat gestern abend noch eine Nachricht für Sie entgegengenommen. Er sagte mir, ich solle ihm Bescheid geben, wenn Sie ins Haus kommen. Er sagte, es sei dringend gewesen. Ich sage ihm, er soll zu Ihnen auf Ihr Zimmer kommen.«

Shane zögerte einen Augenblick mit nachdenklichem Gesicht. Sie hatte inzwischen den Telefonhörer abgenommen und wählte eine Nummer. Er zuckte mit den Schultern und stieg langsam die Treppe hinauf und fragte sich, wer ihm wohl eine Nachricht hatte zukommen lassen wollen.

In seinem Zimmer war es still, und irgendwie erschienen ihm die Ereignisse der vergangenen Nacht unwirklich und weit zurückliegend. Er nahm ein frisches Hemd aus seiner Reisetasche und begann sich umzuziehen. Kurz darauf klopfte es an seiner Tür, und auf seine Aufforderung trat der Nachtportier ein.

»Man hat mir gesagt, Sie hätten eine Mitteilung für mich«, empfing Shane ihn.

Der Portier nickte. »Es kam ein Anruf für Sie, Sir. Es war kurz nach Mitternacht. Ich versuchte, das Gespräch zu Ihnen durchzustellen, aber Sie meldeten sich nicht. Als ich dann zu Ihrem Zimmer hinaufkam, waren Sie nicht da.«

Shane nickte. »Ja, gut. Von wem kam der Anruf?«

Der Portier zog ein kleines Notizbuch aus der Tasche und blätterte darin. Nach ein paar Augenblicken grunzte er befriedigt. »Hier habe ich es, Sir. Es war ein Mister Wilby. Er sagte, sie wüßten, wer er sei.«

Shane räusperte sich, um seiner Stimme Festigkeit zu verleihen. »Was wollte er«, fragte er ruhig.

Der Portier runzelte die Stirn. »Ich bin nicht so recht klug daraus geworden, Sir. Er sagte so etwas wie, wenn Sie eine Antwort auf die Frage haben wollten, die Sie ihm gestellt hätten, wäre es das beste, wenn Sie ihn aufsuchen würden.«

Shane starrte schweigend auf sein eigenes Gesicht, das der Schrankspiegel reflektierte. Der Portier hinter ihm hüstelte diskret. »Haben Sie noch Wünsche, Sir?«

Shane schüttelte langsam den Kopf und antwortete gedankenverloren: »Nein, danke. Wenn ich etwas brauche, werde ich klingeln.« Nachdem sich die Tür hinter dem Portier leise geschlossen hatte, trat Shane ans Fenster und blickte in den Regen hinaus. Ohne zu wissen, warum, fühlte er sich deprimiert und unbehaglich. Ihm war beinahe, als ob er gar nicht wissen wollte, was Wilby ihm hatte sagen wollen.

In der Whiskyflasche war noch ein kleiner Rest vorhanden, den er langsam austrank und sich dann fertig umzog. Als er nach seinem Jackett griff, klopfte es wieder dezent, aber bestimmt an der Tür.

Als er öffnete, stand ihm ein hochgewachsener, schlanker Mann in einem Trenchcoat mit geschlossenem Gürtel und einem Schlapphut gegenüber. Sein hageres, adlerartiges Gesicht zeigte ein flüchtiges Lächeln. »Mister Shane?« fragte er. »Mister Martin Shane?«

Shane nickte und sah seinen Besucher aufmerksam an. »Ja, der bin ich. Was kann ich für Sie tun?«

Der Mann lächelte jetzt gewinnend. »Mein Name ist Lomax – Detektivinspektor Lomax von der Kriminalpolizei in Burnham. Ich möchte Sie gern etwas fragen.«

Er trat in das Zimmer, und Shane schloß die Tür hinter ihm. »Ich fürchte, ich habe nicht sehr viel Zeit, Inspektor«, antwortete er, »aber bitte, was wollen Sie von mir wissen?«

Lomax zog eine Pfeife aus der Manteltasche, die er gemächlich stopfte und mit einem Streichholz in Brand steckte. Als sie zu seiner Zufriedenheit brannte, blickte er Shane offen an. Auf seinem Gesicht stand unverändert ein Lächeln, aber der Blick seiner Augen war kalt und nüchtern. »Kannten Sie einen Mann namens Wilby, Mister Shane?«

Shane war sofort auf der Hut. »Meinen Sie einen Joe Wilby? Ja, ich war mit ihm zusammen in Korea.« Lomax blickte ihn unverändert fest an, auch das leichte Lächeln stand unverändert um seine Lippen. Shane fragte aufgebracht: »Was soll das heißen? Was wollen Sie von mir?«

Lomax schob sich den Schlapphut aus der Stirn und sagte trocken: »Joe Wilby hat heute am frühen Morgen seinen Kopf in einen Gasofen gehalten. Seine Frau hat die Nacht auswärts bei Freunden verbracht. Sie fand ihn erst vor einer Stunde, als sie nach Hause kam.«

Shane atmete tief aus und griff nach einer Zigarette. »Und was habe ich damit zu tun?« fragte er unbewegt.

Lomax runzelte die Stirn und betrachtete die Glut im Kopf seiner Pfeife. »Wilbys Frau scheint zu glauben, daß Sie mit dem Tod ihres Mannes etwas zu tun haben könnten, Mister Shane«, antwortete er ungerührt. »Ich möchte Sie bitten, mich zum Revier zu begleiten. Ich möchte Ihre Aussage zu Protokoll nehmen.«

11

Die Autopsie zur Feststellung der Todesursache von Joe Wilby und Shanes Vernehmung fanden am nächsten Vormittag statt, und danach kehrte Shane in sein Hotel zurück, wobei er von den widersprüchlichsten Empfindungen gequält wurde. Er ließ sich auf dem Bettrand nieder, starrte durch das Fenster in den Regen hinaus und dachte darüber nach, was bisher geschehen war. Nach geraumer Zeit klopfte es an der Tür, und ohne seine Aufforderung abzuwarten, trat Lomax ein.

Der Inspektor blieb am Fußende des Bettes stehen und zündete sich erst seine Pfeife an. Mit ernstem Gesicht blickte er auf Shane hinab.

Shane sah zu ihm auf und fragte mürrisch: »Was, zum Teufel, wollen Sie noch? In der Verhandlung ist alles gesagt worden, was zu sagen war.«

Lomax schüttelte verneinend den Kopf. »Ich fürchte, nicht alles, Mister Shane. Ich weiß, daß Sie in dem Verhör hart angegangen worden sind, und die Fakten wurden geklärt. Allem Anschein nach besteht kein Zweifel, daß Wilby nur aus einem Grund Selbstmord begangen haben kann, und der ist, weil er vor Ihnen Angst hatte. Er hatte das Gefühl, daß Sie Jagd auf ihn machten wegen der Vorkommnisse in Korea. Das beweist der Zettel, den er hinterlassen hat.«

Shane erhob sich und ging zum Fenster hinüber. »Kommen Sie zur Sache, Inspektor. Ich habe noch anderes zu tun.«

»Nicht hier in Burnham«, entgegnete Lomax nachdrücklich.

Kurze Zeit herrschte Schweigen, dann drehte Shane sich langsam um und sah den Inspektor an. »Und was soll das bedeuten?«

Lomax blickte Shane fest und durchdringend an. »Seit gestern nachmittag habe ich eine Menge über Sie in Erfahrung gebracht. Ich weiß, was Ihnen in Korea widerfahren ist, und ich weiß, wo Sie die vergangenen sechs, sieben Jahre verbracht haben. Sie haben harte Zeiten durchgemacht, doch das ändert nichts an den Tatsachen.«

»Und worin bestehen aus Ihrer Sicht die Tatsachen?«

Lomax runzelte die Stirn, und sein Gesichtsausdruck wurde sehr ernst. »Ihre Besessenheit, den Verräter von damals zu finden, hat schon zu viel Unruhe hier gestiftet. Ich meine, Sie sollten noch heute nachmittag einen Zug nach London nehmen. Das beste wäre vielleicht, wenn Sie gleich wieder Ihr Hospital aufsuchten.«

Shane schüttelte den Kopf. »Nichts zu machen«, erklärte er nachdrücklich. »Für mich kommt dieses Hospital an allerletzter Stelle. Bis dahin habe ich noch einige Tage vor mir.«

»Nicht hier in Burnham«, wiederholte Lomax unbeirrt.

Shane lächelte grimmig. »Sie können mich nicht aus der Stadt ausweisen, und das wissen Sie auch.«

»Wirklich nicht?« entgegnete Lomax freundlich. »Sie haben über sechs Jahre in einer Anstalt verbracht. Was wird geschehen, wenn ich den Superintendent anrufe und ihm sage, daß Sie eine Gefahr für sich selbst und Ihre Umgebung darstellen?«

Shane machte mit wutverzerrtem Gesicht einen Schritt auf Lomax zu, doch der Inspektor schüttelte nur den Kopf. »Machen Sie keine Dummheiten, Shane. Das bringt Sie keinen Schritt weiter.« Er ging zur Tür und öffnete sie. Als er sich noch einmal umdrehte, zeigte sein Gesicht Mitgefühl. »Die Geschichte tut mir leid, Shane. Ich sagte ja schon, daß ich weiß, daß Sie Schweres durchgemacht haben, aber wenn Sie heute nachmittag nicht einen Zug nach London nehmen, werde ich mit dem Superintendenten sprechen müssen.« Die Tür fiel leise hinter ihm ins Schloß.

Eine Zeitlang stand Sahne reglos mitten im Zimmer und starrte auf die geschlossene Tür. Dann ging er ins Bad und spritzte sich wieder und wieder kaltes Wasser ins Gesicht. Hinter seinen Schläfen klopfte es, und hinter seinen Augen verspürte er einen pochend pulsierenden Schmerz. Er nahm zwei seiner Pillen, dann kehrte er in das Zimmer zurück und packte seine Reisetasche. Ein paar Minuten später ging er die Treppe hinunter und verlangte am Empfang die Rechnung.

Es regnete noch immer, als er das Hotel verließ. Er ging mit raschen Schritten zu dem Taxistand an der nächsten Straßenecke, stieg in einen Wagen und nannte dem Fahrer die Adresse von Charles Grahams Haus.

Als er die Auffahrt zum Haus hinaufging, verzogen sich, wie vom Regen aufgesogen, die letzten Nebelschwaden. Doch die Schmerzen in seinem Kopf waren unverändert heftig. Er drückte fest auf den Klingelknopf, und augenblicklich wurde die Tür von Graham selbst geöffnet.

»Komm herein, Shane, komm herein«, sagte er. »Ich habe dich die Auffahrt heraufkommen sehen. Heute muß ich ohne Mrs. Grimshaw auskommen. Ich fürchte, daß sie sich erkältet hat.«

Er nahm Shane den Mantel ab und hängte ihn in der kleinen Garderobe neben der Diele auf einen Haken. Dann führte er Shane die Treppe zum Gewächshaus hinauf. Sie nahmen in den Korbsesseln Platz, und Graham bot ihm eine Zigarette an.

Es vergingen ein paar Minuten, bis Shane sagte: »Ich nehme an, daß du die Sache mit Wilby in der Zeitung gelesen hast.«

Grahams Gesicht blieb nichtssagend. »Ich habe eine kurze Meldung über seinen Selbstmord in der gestrigen Abendzeitung gelesen, aber mehr weiß ich nicht.«

Shane lehnte sich in dem Korbsessel zurück und starrte durch das Glasdach in den regengrauen Himmel hinauf. »Er hat eine Notiz hinterlassen, die besagt, ich hätte wegen der Ereignisse in Korea Jagd auf ihn gemacht. Er erklärte, daß er das nicht länger ertragen könne.«

»Und hast du auf ihn Jagd gemacht?« fragte Graham behutsam.

Shane seufzte. »Vermutlich könnte man es so nennen. Ich hatte vorgestern mit ihm in seiner Wohnung ein Gespräch.

Ich erklärte ihm, daß es mir ernst sei. Er war zu Tode verstört. Er hat sogar jemanden dafür bezahlt, mich zusammenzuschlagen.«

»Haben die Untersuchungen über die Todesursache schon stattgefunden?« fragte Graham.

Shane nickte. »Heute vormittag um zehn Uhr, und der Richter hat nicht gezögert, mir die Schuld an dem Vorfall allein zuzuschieben. Ich bin sogar von der Polizei nachdrücklich aufgefordert worden, die Stadt unverzüglich zu verlassen.«

»Und wirst du dem Folge leisten?«

Shane schüttelte den Kopf. »Nein. Deswegen bin ich ja hier. Ich habe mein Hotelzimmer aufgegeben, um sie von meiner Spur abzulenken, aber ich brauche Zeit, um in der Sache Klarheit zu gewinnen. Ich habe mich gefragt, ob ich vielleicht bei dir bleiben könnte.«

»Hältst du das für klug?« meinte Graham zweifelnd. »Schließlich und endlich, weshalb willst du noch länger in der Stadt bleiben? Die ganze Geschichte ist doch jetzt durch Wilbys Tod geklärt.«

Shane stand auf und trat vor die Glaswand. »Meiner Meinung nach nicht. Als ich vor ein paar Tagen mit Wilby sprach, war unverkennbar, daß er Angst hatte, aber nicht vor mir. Es gab dafür einen anderen gewichtigeren Grund. Davon bin ich überzeugt.«

»Bist du etwa der Ansicht, daß er nicht Selbstmord begangen hat?«

Shane drehte sich um und sah Graham lange an. »Nach dem Urteil des Richters war Wilby betrunken, als er seinen Kopf in diesen Gasofen steckte. Vielleicht aber wurde er auch mit dem Kopf in den Ofen hineingeschoben.«

Graham schüttelte unwillig den Kopf. »So geht das nicht, Martin. So geht das wirklich nicht. Ich glaube, daß die Polizei recht hat. Du solltest abreisen.«

»Selbst wenn ich wollte, könnte ich das nicht«, entgegnete Shane schroff. »Ich habe noch einen weiteren Grund zu bleiben. Es geht dabei um Simon Faulkners Schwester. Sie hat sich mit Steele vor ein paar Jahren auf eine äußerst dumme Geschichte eingelassen. Sie hat ihm einige sie selbst kompromittierende Briefe geschrieben, und seitdem wird sie von ihm erpreßt.«

Graham setzte sich mit einem Ruck auf. »Bist du dessen absolut sicher?«

Shane nickte. »So sicher, daß ich fest entschlossen bin, ihm diese Briefe abzunehmen, und wenn ich ihm dabei seinen verdammten Hals umdrehen müßte.«

Graham schüttelte nachdrücklich den Kopf. »Das könnte sich als schwieriger erweisen, als du dir vorstellst. Du kannst kaum erwarten, daß er dir die Briefe widerspruchslos aushändigen wird.«

»Ich glaube schon, daß es mir gelingen wird, ihn dazu zu bringen«, erwiderte Shane. Er drückte seine Zigarette in einem Aschenbecher aus und holte tief Luft. »Nun, wie steht es, Graham? Kann ich ein paar Tage hierbleiben?«

Graham seufzte auf und erhob sich von seinem Sessel. »Ich fürchte, nein, Martin. Ich meine, Laura Faulkner sollte diese Erpressungsgeschichte der Polizei übergeben, und ich finde, du solltest dich zurückziehen, das ist das einzige, was du unter den gegebenen Umständen tun kannst.«

Shane zuckte mit den Schultern und sagte gelassen. »Nun gut, Graham. Das ist deine Entscheidung. Ich muß sie hinnehmen.«

Als sie durch das Gewächshaus zur Tür gingen, fragte Graham: »Du wirst also abreisen?«

Shane schüttelte nur den Kopf. »Nichts zu machen. Ich kenne noch jemanden hier in Burnham, eine Tänzerin aus Steeles Klub. Sie heißt Jenny Green. Ich werde sie fragen, ob sie mir vielleicht helfen kann.«

Graham seufzte erneut und hob ratlos die Schultern. »Nun, ich habe getan, was ich tun konnte.« Er holte Shanes Mantel, und gemeinsam traten sie auf den Vorplatz vor der Haustür und blieben auf der obersten Stufe stehen. Shane wandte sich

Graham zu und streckte ihm die Hand hin. »Ich nehme nicht an, daß wir uns noch einmal sehen.«

Graham legte ihm eine Hand auf die Schulter. »Es ist keine sehr erfreuliche Welt, in der wir gegenwärtig leben, oder? Du und ich, wir beide haben mehr Grund als die meisten anderen, davon überzeugt zu sein.« Er machte abrupt kehrt und ging ins Haus zurück, während Shane mit nachdenklichem Gesicht langsam die Auffahrt hinabschritt.

Shane lenkte seine Schritte zur Hauptstraße hinunter, betrat die erste Telefonzelle, auf die er stieß, und wählte Jenny Greens Nummer. Niemand meldete sich, und nach einem zweiten vergeblichen Versuch wählte er die Nummer des Garland Club.

Mit wachsender Ungeduld wartete er endlos, wie ihm schien, und als er ihre Stimme endlich klar und deutlich in der Leitung vernahm, lehnte er sich erleichtert gegen die Wand der Telefonzelle. »Hier Martin Shane«, meldete er sich. »Ich muß dich dringend sprechen, Jenny.«

Ihre Stimme klang besorgt und aufgeregt. »Ist irgend etwas passiert, Martin. Stimmt etwas nicht?«

Er versuchte, unbeschwert zu klingen. »Nichts Ernstliches. Ich stecke allerdings in einer gewissen Klemme und frage mich, ob du mir vielleicht helfen könntest. Ich muß für ein paar Tage untertauchen und eine Bleibe haben.«

Sie lachte verhalten. »Wenn das alles ist, dann mach dir weiter keine Sorgen. Du kannst bei mir in meiner Wohnung unterschlüpfen.«

»Das ist großartig«, sagte er erleichtert, »aber wie komme ich da rein?«

Jemand rief ihr am anderen Ende etwas zu, und er konnte hören, wie im Hintergrund die Musik einsetzte. Hastig sagte sie: »Ich habe jetzt meinen Auftritt und muß los. Draußen vor der Tür liegt unter der Fußmatte ein zweiter Schlüssel. Mach es dir inzwischen gemütlich. Ich komme, sobald ich kann.«

Sie verabschiedete sich gehetzt und hängte den Hörer ein. Shane fühlte sich plötzlich müde, wirklich müde durch und durch, und er telefonierte noch schnell nach einem Taxi, auf das er vor der Telefonzelle wartete. In tiefen Zügen sog er die vom Regen gereinigte Luft ein.

Als das Taxi auftauchte, gab er dem Fahrer Jennys Adresse an und ließ sich auf dem Sitz zurücksinken. Die Fahrt dauerte nur zehn Minuten. Er bezahlte den Fahrer schnell und ging mit eiligen Schritten auf das Haus zu.

Den Wohnungsschlüssel fand er, wie von ihr angekündigt, unter der Matte vor der Tür, und gleich darauf befand er sich in der stillen Geborgenheit ihrer Wohnung. Er ließ seine Reisetasche einfach zu Boden fallen und ging in die Küche. Dort fand er in einem Schrank eine Flasche Sherry, schenkte sich ein großes Glas voll, das er begierig leerte, wenn er auch wegen des bitteren Geschmacks das Gesicht verzog. Dann ging er ins Schlafzimmer hinüber.

Die Schmerzen in seinem Kopf waren stärker geworden, sehr viel stärker. Er schluckte noch einmal zwei Tabletten und streckte sich, ein Kissen unter dem Kopf, auf dem Bett aus.

Wieder überdachte er der Reihe nach die Ereignisse der vergangenen Tage, aber sie schienen sich in keinen erkennbaren Zusammenhang bringen zu lassen. Ihn überkam das unbehagliche Gefühl, daß er bisher ständig einen wesentlichen Punkt übersehen hatte, ein Detail, das den Schlüssel zum Verständnis des gesamten Ablaufs der Geschehnisse bot. Während er noch darüber nachdachte, schlief er unversehens ein.

Als er wieder erwachte, war es völlig dunkel. Seine Kopfschmerzen hatten nachgelassen. Er blieb noch eine Weile auf dem Bett liegen, starrte auf das bleiche Rechteck des Fensters, bis er sich aufsetzte und die Beine auf den Boden schwang.

Er ging zur Tür und trat in das Wohnzimmer. In diesem Augenblick kam Jenny mit einem Tablett in den Händen aus der Küche. Als sie ihn sah, lächelte sie fröhlich. »Ich wollte dich gerade wecken.«

Shane fuhr sich mit den Fingern durch das Haar und sah auf seine Uhr. Es war kurz vor sieben, und er fluchte leise. »Ich habe gar nicht gemerkt, daß es schon so spät ist.«

Sie reichte ihm eine Tasse Kaffee. »Was du auch vorhast, es hat Zeit.«

Er schüttelte nachdrücklich den Kopf. »Ich fürchte, nein. Um welche Zeit kommt Steele im allgemeinen in den Club Eight?«

Sie runzelte die Stirn. »Gegen sieben. Manchmal etwas später. Warum?«

Er überging ihre Frage. »Wie lange bleibt er?«

Sie hob unsicher die Schultern. »Das weiß ich nicht genau. Vielleicht eine Stunde. Er überprüft mit dem Manager die Einnahmen des vergangenen Abends.«

Shane blickte wieder auf seine Uhr und nickte zufrieden. »Das gibt mir genügend Zeit. Mehr brauche ich nicht.« Er ging ins Schlafzimmer, um seinen Mantel zu holen.

Als er wieder in das Wohnzimmer kam, ging sie, eine Zigarette zwischen den Fingern, nervös vor dem Kamin auf und ab. Sie wandte sich ihm abrupt zu, und ihr Gesicht verriet ihre tiefe Besorgnis. »Bisher habe ich mich immer nur um meine eigenen Angelegenheiten gekümmert, Martin«, sagte sie eindringlich, »aber jetzt mache ich mir deinetwegen ernsthaft Sorgen. Was hast du nur vor?«

Er legte einen Arm um ihre Taille und küßte sie zart auf den Mund. Dann ging er zur Tür. »Mit etwas Glück werde ich zurück sein, bevor du dich zu deiner Vorstellung auf den Weg machen mußt.« Sie machte rasch einen Schritt auf ihn zu, aber schon schloß sich die Tür hinter ihm, und er war fort, noch ehe sie protestieren konnte.

Als er beim Garland Club ankam, hingen noch schwache Nebelfetzen in der Luft, ein beständiger Regen trommelte eintönig auf das Pflaster. Im Foyer des Klubs brannte Licht, und der Pförtner war wieder dabei, den Fußboden zu wischen.

Die Nebengasse lag ruhig und verlassen da, und Shane

öffnete die Seitentür und trat in das Haus ein. Vor ihm erstreckte sich ein schmaler Gang, und aus der Küche konnte er geschäftiges Klappern hören. Links von ihm befand sich eine Treppe, die er lautlos hinaufstieg.

Er erreichte den Absatz des Korridors, der zu Steeles Büro führte. In den Garderoben war es ruhig, als er an ihnen vorüberging, und der hintere Teil des Ganges lag in Dunkelheit gehüllt. Einen Augenblick blieb Shane vor Steeles Büro stehen und lauschte angespannt. Dann versuchte er die Tür zu öffnen, aber sie war verschlossen. Wenige Schritte entfernt, nachdem er um eine Ecke gebogen war, befand sich eine weitere Tür. Sie gab auf seinen Druck sofort nach, und als er das Licht eingeschaltet hatte, stellte er fest, daß er sich in der Toilette befand.

An der hinteren Wand war ein hohes schmales Fenster. Er öffnete es und sah hinaus. Es führte auf ein mit Zinkblech gedecktes flaches Dach. Er knipste das Licht wieder aus, zwängte sich durch das schmale Fenster auf das Blechdach hinaus. Behutsam schlich er weiter bis zu dem Fenster von Steeles Büro und gab ein zufriedenes Brummen von sich, als er entdeckte, daß es einen Spaltbreit offenstand. Er schob die Hand durch den schmalen Zwischenraum und löste den Haken, der es verankerte, stieß es ganz auf und schob ein Bein über das Sims.

Dann hielt er inne, versuchte mit seinen Augen die Dunkelheit zu durchdringen, doch dann begrüßte ihn unvermittelt eine bekannte Stimme. »Wie du siehst, mein Freund, habe ich mit einem weiteren Besuch von dir gerechnet.« Damit flammte gleichzeitig das Licht auf und blendete ihn für einen Augenblick. Shane bemerkte Steele mit einem spöttischen Lächeln im Gesicht neben der Tür stehend. Shane reagierte schnell, sprang mit erhobenen Fäusten auf Steele zu, doch unversehens explodierte etwas in seinem Hinterkopf, überschwemmte ihn mit lähmendem Schmerz, und der Fußboden stürzte ihm entgegen.

Ein ungeheures Dröhnen drang ihm in die Ohren, aber

dennoch vernahm er Steeles Stimme. »Mach saubere Arbeit, Frenchy. Pumpe ihn bis zum Hals mit Whisky voll und schmeiße ihn auf die Eisenbahnschienen hinter der Market Street. Wenn sie finden, was von ihm übrig ist, werden sie glauben, er hätte versucht, seinen Kummer zu ersäufen und wäre in der Dunkelheit dorthin geraten. Ich bin in Hampton zu erreichen, falls du mich brauchen solltest.«

Shane stöhnte vor Schmerz, und Frenchy ließ sich grinsend neben ihm auf ein Knie nieder. »Mach dir nichts draus, Jack«, höhnte er. »Du wirst nicht mehr viel spüren.«

Shane nahm alle seine schwindenden Kräfte zusammen und spie Steele ins Gesicht. Steele stieß einen wilden Fluch aus und sprang von seinem Sessel auf. Er wischte sich das Gesicht mit einem Seidentuch ab und grinste bösartig. »Ich habe dich immer wie die Pest gehaßt, du Schweinehund.« Mit aller Wucht trat er Shane von der Seite gegen den Hals. Shane schrie laut auf und versank in tiefe Bewußtlosigkeit.

12

Eine scharfe Flüssigkeit rann ihm brennend durch die Kehle, und er würgte und versuchte sich zu wehren, doch eine Hand stieß ihn gegen die Brust, drückte ihn fest zurück, so daß er mit dem Kopf gegen die Wand schlug.

Mühsam öffnete er die Augen und versuchte, sie auf das Gesicht vor sich zu richten, gab sich alle Mühe, sich daran zu erinnern, wer das war. Dann hörte er eine Stimme: »Vielleicht hast du ihn zu hart getroffen, Frenchy.«

Ein Grunzen antwortete. Dann Frenchys Stimme: »Und wenn schon. Er muß auf jeden Fall dran glauben.«

Mit festem Griff packte eine Hand Shane vorn am Mantel und zerrte ihn in eine sitzende Stellung. Es war Frenchy. Er grinste bösartig. »O.k., Jack. Nun nimm wie ein guter Junge deine Medizin.«

Die Öffnung einer Flasche wurde Shane zwischen die Zähne gezwängt, und Whisky rann ihm in die Kehle. Übelkeit überkam ihn. Sein Körper zuckte krampfhaft, und er übergab sich in einem prustenden Strahl.

Fluchend sprang Frenchy zurück und trat ihm brutal in den Leib. »Das Schwein versaut mir meine Jacke«, fluchte er. »Den Gestank von dem Zeug bekomme ich nie wieder raus.« Wütend schleuderte er die Flasche gegen die Mauer, wo sie klirrend zerschellte. »Ich gehe eine andere Flasche holen. Wenn Joe mit dem Wagen kommt, pack den Goldjungen hinten rein und wart auf mich.« Dann schlug eine Tür hinter ihm zu.

Bis auf das Plätschern des Regens war es still, und Shane öffnete vorsichtig die Augen und sah sich um. Er lag in einem gepflasterten Hof, und wenige Schritte von ihm entfernt stand, der Tür zugewendet, ein Mann in einem Trenchcoat. Der Hof mußte irgendwo hinter dem Garland Club liegen.

Er fühlte sich sterbenselend. Der Kopf drohte ihm zu platzen, und im Magen verspürte er eine Übelkeit, daß er jeden Augenblick fürchtete, sich zu übergeben.

Er war völlig erschöpft, und seine letzten Kräfte schienen ihn verlassen zu haben, aber er war sich dessen deutlich bewußt, daß er in tödlicher Gefahr schwebte. Falls er noch hilflos hier am Boden lag, wenn Frenchy zurückkam, würde ihn nichts mehr retten können.

Der Mann vor der Tür zog eine Zigarettenpackung aus der Tasche und nahm eine zwischen die Lippen. In diesem Augenblick schloß Shanes Hand sich um einen lockeren Pflasterstein. Verzweifelt grub er mit den Fingern in den umgebenden Fugen, um ihn ganz zu lösen. Der Stein kam so plötzlich frei, daß er gegen die Wand zurückfiel. Er holte tief Luft und stemmte sich an der Wand hoch.

Der Mann an der Tür riß gerade ein Zündholz an, um seine Zigarette anzuzünden, und schützte die Flamme mit den hohlen Händen gegen den Luftzug. Dabei neigte er sich vor, und Shane taumelte auf ihn zu, schmetterte mit dem Rest seiner Kräfte den Pflasterstein dem sich vorbeugenden Mann in den ungeschützten Nacken. Der Mann brach lautlos zusammen, und Shane floh mit schleppenden Schritten über den Hof und durch eine schmale Öffnung in der Mauer davon.

Er gelangte in die Seitengasse, die an dem Clubgelände entlangführte, und als er plötzlich hinter sich einen wütenden Aufschrei hörte, hatte er gerade den Platz erreicht. Schwankend hastete er über den Bürgersteig und bog in die erste Querstraße ein, die er erreichte. Schließlich hielt er aus purer Erschöpfung irgendwo inne, nachdem er zehn oder fünfzehn Minuten lang durch ein Gewirr von schmalen und gewundenen Nebenstraßen und Hintergassen, so schnell seine Kräfte es zuließen, gehetzt war. Er suchte Zuflucht in der Einfahrt zu einem Schrottplatz und sank in deren Deckung auf die Knie. Sein Magen revoltierte, und er mußte sich übergeben.

Es dauerte einige Zeit, bis er wieder klar denken konnte. So gut er es vermochte, säuberte er sich und zündete sich dann mit zitternden Händen eine Zigarette an. Er fühlte sich wie von seiner Umgebung ausgestoßen, und als er schließlich weiterschwankte, schienen die Häuser ringsum im dünnen Nebel und dichten Regen zu schweben.

An der Stelle am Hals, wo Steele ihn mit seinem Tritt getroffen hatte, verspürte er einen dumpfen Schmerz, und sein Kopf schien anzuschwellen wie ein Ballon, der aufgeblasen wird. Vor seinen Augen begannen farbige Lichter zu tanzen. Er hielt an, klammerte sich an einen Laternenpfahl, sank daran zu Boden und blieb im Regen liegen. Nach einer Weile fühlte er sich etwas besser.

Für den Weg zurück zu Jenny Wohnung brauchte er über eine halbe Stunde, und als er das Haus schließlich erreichte, parkte vor dem Eingang eine dunkle Limousine. Ein unbestimmter Verdacht ließ ihn stehenbleiben und den Wagen genau in Augenschein nehmen, doch dann betrat der das Haus und schleppte sich die Treppe hinauf.

Als er oben durch den Korridor auf Jenny Greens Tür

zuging, vernahm er einen schwachen Schmerzensschrei, der unterdrückt und wie aus weiter Ferne klang. Einen Augenblick lang blieb Shane bewegungslos lauschend stehen, eilte dann lautlos den Korridor entlang bis zum Fenster an seinem Ende und öffnete es.

Ein nicht sehr breites Sims führte gut einen halben Meter unter der Fensterkante an dem Haus entlang auf Jenny Greens Wohnzimmerfenster zu.

Regen trommelte ihm ins Gesicht, und jeder Muskel in seinem Körper schien zu zittern, als er sich vorsichtig vorwärts bewegte, bis er schließlich durch das Fenster spähen konnte.

Neben der Tür stand ein Mann in einem schmutzigen braunen Regenmantel, die Arme unbeteiligt über der Brust gekreuzt und ohne jeden Ausdruck in seinem hölzernen Gesicht. Jenny Green kauerte nahe dem Kamin auf dem Fußboden, ihr fassungsloses Gesicht war tränenüberströmt. Sie hatte nichts außer einem knappen schwarzen Slip am Leib; ihre übrigen Kleidungsstücke lagen im Zimmer verstreut.

Vor ihr saß Frenchy in einem Sessel neben dem Feuer, in dem er einen Schürhaken erhitzte. Ein lüstern-bösartiges Grinsen verzerrte sein Gesicht, als er Jenny mit der Fußspitze anstieß und etwas sagte. Sie schüttelte heftig den Kopf, worauf er ihr mit der flachen Hand ins Gesicht schlug.

Shane tastete sich auf dem schmalen Sims weiter zum Schlafzimmerfenster, während eine unbändige, haßerfüllte Wut in ihm aufstieg. Er erinnerte sich, daß Jenny das Fenster in der vergangenen Nacht einen Spaltbreit hatte offenstehen lassen, und hoffte, daß es noch immer so war.

Einmal rutschte er beinahe aus, er preßte sich verzweifelt gegen die Hauswand und konnte sein Gleichgewicht gerade noch wahren.

Endlich bekam er mit der rechten Hand den Fensterrahmen zu fassen, klammerte sich mit beiden Händen an dem ersehnten Spalt fest, und dann gelang es ihm, das Fenster fast lautlos zu öffnen und ins Zimmer zu klettern.

Neben dem Bett stand eine Stehlampe, deren Fuß aus einer kunstvoll geformten Kognakflasche bestand. Er entfernte Schirm und Birne, nahm die Flasche als Keule in die Hand und näherte sich der Tür zum Wohnzimmer. Lautlos öffnete er sie und spähte hinein.

Frenchy hatte das Schüreisen gerade aus dem Feuer genommen. Es war rotglühend. Er wandte sich dem Mädchen zu und sagte rauh: »Jetzt pack endlich aus. Ich weiß, daß du dich mit diesem Shane eingelassen hast. Du brauchst mir nur zu sagen, wo er sich versteckt halten kann, dann brauche ich das Ding hier nicht an dir auszuprobieren.«

Der andere Mann an der Tür trat einen Schritt vor, um besser sehen zu können. Shane drang mit einem Sprung in das Zimmer ein und schleuderte die Flasche mit aller Kraft gegen ihn. Sie traf den Mann unmittelbar unter dem rechten Ohr am Hals. Er stieß einen unterdrückten Schrei aus und stürzte rückwärts zu Boden. Seine Finger suchten kratzend Halt an der Wand, dann glitt er vollends zu Boden und blieb bewegungslos liegen.

Shane hörte Jennys Warnschrei und duckte sich noch rechtzeitig, als das Schüreisen zischend über seinen Kopf sauste. Als Frenchy auf ihn zukam, rammte Shane ihm das Sofa gegen die Beine und schickte ihn taumelnd zu Boden. Mit einem Sprung setzte Shane über das Sofa hinweg und führte einen wuchtigen Tritt nach Frenchys ungeschütztem Kopf, doch der wälzte sich rechtzeitig zur Seite, bekam ihn am Knöchel zu fassen und riß ihn zu sich herunter.

Ringend wälzten sie sich auf dem Boden hin und her, schlugen mit Armen und Beinen um sich, während Shane versuchte, seinen Gegner an der Kehle zu packen, doch dann schaffte es Frenchy, ihm einen Faustschlag gegen das Kinn zu versetzen.

Shane wälzte sich zur Seite, aber es gelang ihm, auf die Beine zu kommen und das Sofa zwischen sich und seinen Gegner zu bringen. Frenchy sprang wie eine Katze auf und ging ihn wieder mit triumphierend funkelnden Augen an.

Shanes Müdigkeit und Erschöpfung waren verflogen. Er fühlte sich kalt und beherrscht und von dieser Lust zum Töten getrieben, die ihn in Korea so oft aus höchster Gefahr gerettet hatte. Als Frenchy vor ihm stand und zu einem mörderischen Schlag nach seinem Kopf ausholte, duckte Shane sich und rammte die durchgedrückten, steifen Finger seiner Hand unmittelbar über dem Adamsapfel gegen die Kehle seines Widersachers.

Mit einem gräßlichen Aufschrei stürzte Frenchy der Länge nach zu Boden, zuckte krampfhaft und stöhnte unter dem unerträglichen Schmerz. Shane blickte ohne Mitleid auf ihn hinunter, dann kam Jenny um das Sofa herumgestürzt und warf sich ihm in die Arme. »Gott sei Dank«, schluchzte sie. »Gott sei Dank, daß du gekommen bist. Noch nie in meinem Leben habe ich solche Angst gehabt.«

Er drückte sie besänftigend an sich, dann schob er sie von sich fort zum Schlafzimmer hinüber. »Du solltest dir wieder etwas anziehen«, sagte er. »Inzwischen schaffe ich die beiden hier fort.«

Nachdem Jenny die Schlafzimmertür hinter sich geschlossen hatte, lud Shane sich Frenchy auf die Schultern, trug ihn zu dem Wagen hinunter und warf ihn auf den Rücksitz. Als er wieder in die Wohnung kam, schlug ihm das Herz bis zum Hals, und er fühlte sich schwindlig. Er erinnerte sich an den Sherry im Küchenschrank. Er ging hinüber und füllte sich ein Wasserglas halbvoll, das er langsam in kleinen Schlucken austrank. Nach einer Weile fühlte Shane sich wieder besser. Der Mann an der Tür stöhnte leise auf und versuchte sich aufzurichten. Shane zündete sich eine Zigarette an und ging ins Schlafzimmer. Jenny saß vor ihrem Toilettentisch und machte sich mit zitternden Händen etwas zurecht.

»Wie fühlst du dich?« fragte Shane.

Sie wandte sich mit einem zaghaften Lächeln zu ihm um. »Nicht besonders gut. Es war schlimmer als der schrecklichste Alptraum. Ich wage fast nicht zu glauben, daß es wirklich vorbei ist.«

Shane drückte sie begütigend an sich. »Es wird dich niemand mehr belästigen. Das verspreche ich dir. Übrigens, hast du eine Ahnung, wo Hampton liegt?«

Sie nickte. »Ja. Das ist ein Dorf etwa neun Meilen nördlich von der Stadt an der Hauptstraße.«

»Was könnte Reggie Steele dort verloren haben?«

Sie hob die Schultern. »Das ist einfach erklärt. Etwas außerhalb von Hampton hat er ein Haus am Fluß. Es heißt Garth Cottage.«

Shane nickte zufrieden. »Sehr gut. Und wie kommt man dorthin?«

Sie dachte nach. »Kein Problem. Vom zentralen Busbahnhof fährt stündlich ein Bus in diese Richtung. Du steigst bei Five Lane Ends aus, das ist gleich hinter dem Dorf. Ganz in der Nähe der Haltestelle zweigt ein Feldweg ab. Das Haus liegt etwa zweihundert Meter weiter an diesem Weg, unter einer Baumgruppe, ganz nah am Fluß.«

Shane sah sie im Spiegel an. »Du siehst recht angegriffen aus«, sagte er. »An deiner Stelle würde ich den Klub heute Klub sein lassen und zu Hause bleiben.«

Sie nickte und legte den Kamm fort, mit dem sie sich gerade das Haar kämmte. »Ich glaube, das werde ich auch tun«, antwortete sie. »Ehrlich gesagt, ich habe überhaupt keine Lust, überhaupt jemals wieder dahin zu gehen.«

Er trat hinter sie und legte ihr ermutigend eine Hand auf die Schulter. »Wir werden eine Lösung finden, Jenny. Mach dir keine unnötigen Sorgen.« Er ging zur Tür. »Ich habe noch eine kleine Angelegenheit zu regeln. Ich komme zurück, sobald ich kann. Es wird nicht lange dauern.«

Sie war zu erschöpft, um ihn aufzuhalten, sondern nickte nur ergeben. Er schloß leise die Tür hinter sich und nahm sich des Mannes an, den er am Boden liegend zurückgelassen hatte. Er hatte sich inzwischen aufgerichtet und lehnte leise stöhnend an der Wand. Shane zerrte ihn vollends auf die Beine und schob ihn vor sich her aus der Wohnung und die Treppe hinunter.

Frenchy lag noch bewußtlos auf dem Rücksitz des Autos, und Shane zwängte den anderen ebenfalls hinein, setzte sich ans Steuer und fuhr los. Er brachte den Wagen in die Stadt zurück und parkte ihn in einer abgelegenen Straße hinter dem Busbahnhof. Als er durch das Rückfenster noch einen Blick in den Wagen warf, war Frenchy noch immer nicht zu sich gekommen und sein Kumpan kauerte, den Kopf in die Hände gestützt, in seiner Ecke. Shane wandte sich ab und ging mit schnellen Schritten davon.

Als er den Busbahnhof erreichte, fuhr dort gerade ein Bus in Richtung Hampton ab. Er rannte hinterher und konnte gerade noch auf die Plattform aufspringen, als der Bus aus der Parkbucht ausscherte. Er stieg zum Oberdeck hinauf und setzte sich in die vorderste Reihe, rauchte und dachte über Steeles mögliche Absichten nach. Was auch geschehen würde, er hatte die feste Absicht, Laura Faulkners Briefe an sich zu bringen und Antworten auf ein paar weitere Fragen zu erhalten.

Es war annähernd halb zehn, als er aus dem Bus stieg und den Feldweg einschlug, den Jenny ihm beschrieben hatte. Er konnte Licht durch die Bäume schimmern sehen, als er sich dem Haus näherte. Es war eine einsame, gespenstische Gegend. Der Fluß rauschte nur wenige Meter entfernt unterhalb eines niederen Steilufers an dem Grundstück vorüber.

Shane folgte dem Weg um das Haus auf die Rückseite und fand dort auf einem gepflasterten Hof einen Daimler vor. Hinter dem Küchenfenster brannte kein Licht, und er griff nach der altmodischen Türklinke und öffnete die Hintertür. Leise schlich er durch einen kurzen, mit Steinplatten ausgelegten Gang. Unter der Tür an dessen Ende war ein Lichtschein zu sehen. Shane zögerte kurz, dann stieß er die Tür entschlossen auf und trat schnell ein.

13

Steele saß vor einem lodernden Kaminfeuer. Auf einem Tischchen neben ihm stand eine halbgeleerte Flasche Whisky. Über seinen Knien lag eine kostbare Doppelflinte, die er mit einem öligen Lappen reinigte.

Auf dem Sofa ihm gegenüber lag eine Frau, die sich rasch aufrichtete und die Beine auf den Boden schwang, als Shane auftauchte. Auch sie hielt ein Glas in der Hand. Ihre Bluse war vorn aufgeknöpft und gab den Blick frei auf ihre nackten Brüste. Sie griff nach der Flasche, und ihr Blick begegnete dem Shanes. Sie öffnete erstaunt den Mund und sagte mit empörtem Ton zu Steele: »Heh, Reggie, ich dachte, wir sind heute abend unter uns!«

Auch Steele sah überrascht auf, dann zwang er sich zu einem schiefen Lächeln. »Hallo, Shane. Welch unerwartete Freude.« Der Blick seiner Augen war glasig, und seine Worte kamen schleppend und angetrunken undeutlich.

Shane lehnte sich gegen die Tür und zündete sich eine Zigarette an. »Wir hatten leider keine Möglichkeit, unser Gespräch zu Ende zu führen, als wir uns das letzte Mal sahen.«

Steele griff nach der Flasche und schenkte sich sein Glas halb voll. »Wie ist es dir gelungen, meine kleine Zufluchtsstätte zu finden?« Shane hob die Schultern. »Ich habe Freunde. Das ist mehr, als du von dir behaupten kannst.«

Steele nahm einen Schluck und stellte das Glas dann vorsichtig auf das Tischchen zurück. »Was ist aus Frenchy geworden?«

Shane lachte grimmig. »Er wurde mir lästig«, erwiderte er. »Aber ich glaube nicht, daß er so bald wieder jemandem lästig werden wird.«

Es folgte ein kurzes Schweigen, das nur von dem Geräusch der gegen die Scheiben prasselnden Regentropfen gebrochen wurde. Steele sagte mit trunkener Stimme: »Ich erkenne langsam, daß wir dich unterschätzt haben, Shane.«

»Das kann man wohl sagen«, meinte Shane, aber ein sechster Sinn veranlaßte ihn, schnell hinter sich nach der Klinke der Tür zu greifen.

Steele lächelte liebenswürdig. »Ich sehe schon, daß es mir nicht erspart bleiben wird, drastische Maßnahmen zu ergreifen.« Er hob die Doppelflinte und feuerte den einen Lauf auf Shane ab.

Shane hatte sich schon halb durch die Tür in den Gang zurückgeworfen und sich geduckt, dennoch spürte er den scharfen Schmerz, als einige weitstreuende Schrotkörner ihr Ziel fanden. Er rannte durch den Gang nach hinten in den Regen hinaus. Steele folgte ihm dicht auf den Fersen.

Wieder knallte ein Schuß, doch Shane hatte sich zu Boden geworfen, und die Ladung zischte wirkungslos über seinen Kopf hinweg. Steele schrie hinter ihm her: »Warte nur, du Bastard. Ich erwische dich noch. Ich habe reichlich Munition.« Jetzt klang seine Stimme gar nicht mehr betrunken.

Shane rannte in die Deckung der Bäume. Er kauerte sich nieder, als die Flinte wieder losging, verlor aber den Halt unter seinen Füßen und rollte über den kurzen Uferhang zum Wasser hinunter. Er versuchte sich irgendwo anzuklammern, fand aber keinen Halt. Er rutschte über die Uferkante und stürzte mit einem unterdrückten Schrei in den Fluß.

Gut zwanzig Meter flußabwärts tauchte er wieder auf. Die kräftige Strömung zog ihn mit eisernem Griff mit sich. Shane ließ sich widerstandslos treiben, bemüht, den Kopf über Wasser zu halten, und dann fand er Grund unter den Füßen. Ein plötzlich und unerwartet auftretender Strudel warf ihn gegen eine Sandbank, und taumelnd watete er aus dem Wasser, krallte die Finger in die zähen Grasbüschel am steilen Uferhang und zog sich mühsam zu den Uferbäumen hinauf.

Er befand sich auf einer Wiese und konnte rechts von sich in etwa hundert Metern Entfernung die Lichtes des Hauses wahrnehmen. Völlig durchnäßt bewegte er sich im Laufschritt, um wieder warm zu werden, darauf zu. Verstohlen näherte er sich der Hintertür, und dann nahm er in seinem

Rücken ein Geräusch wahr. Es war Steele, der vom Flußufer zurückkam mit geschulterter Flinte. Shane drückte sich in den Schatten des Hauses und wartete.

Als Steele den Fuß auf die Türschwelle setzte, schlug Shane zu und traf ihn wuchtig im Nacken. Steele gab ein gequältes Stöhnen von sich und sank in sich zusammen. Shane lehnte sich gegen die Hauswand, nach Atem ringend, packte Steele schließlich am Kragen und schleifte ihn durch den Gang in Richtung Wohnzimmer.

Die Frau stand mit ihrem Glas in der Hand vor dem Kamin. Als sie Shane bemerkte, stürzte sie sich mit wütenden Schreien auf ihn und versuchte, ihm das Gesicht zu zerkratzen. Er umklammerte sie, hob sie hoch, stieß mit dem Fuß die Schlafzimmertür auf und warf sie dort aufs Bett. Als er hinausging, zog er den Schlüssel von der Tür ab und verschloß sie von außen.

In der Küche fand er eine Wäscheleine, fesselte damit Steele die Hände fest im Rücken und hob ihn auf einen der Sessel neben dem Kamin. Dann schenkte er sich selbst einen Schluck Whisky ein, machte es sich in dem anderen Sessel bequem und wartete.

Anfangs trommelte die Frau wütend mit den Fäusten gegen die Schlafzimmertür, doch nach einer Weile gab sie es auf. Steele stöhnte ein paarmal auf, und Shane beugte sich vor und schlug ihn ins Gesicht. Steele riß den Kopf zurück und öffnete langsam die Augen.

Sein Blick wanderte ziellos im Zimmer umher und richtete sich schließlich auf Shane. Einen Augenblick lang blieb sein Gesicht ausdruckslos und leer, dann blitzte Haß in seinen Augen auf.

Shane füllte ein Glas mit Whisky und schüttete es Steele ins Gesicht. »So ist es besser«, sagte er. »Jetzt können wir reden.«

Steeles Augen funkelten haßerfüllt, und seine Zunge zuckte über seine trockenen Lippen. »Ich wüßte nicht, was ich dir zu sagen hätte«, brachte er mühsam hervor.

Shane zündete sich eine Zigarette an. »Ich bin da anderer

Meinung. Ich habe mit Laura Faulkner gesprochen. Ich habe dich neulich nachts mit ihr zusammen gesehen. Sie hat mir gesagt, warum sie bei dir war.«

In Steeles Augen regte sich etwas, aber er zuckte nur mit den Schultern und sagte abweisend: »Ich habe keine Ahnung, wovon du redest.«

Shanes Faust traf ihn voll am Kinn und schleuderte seinen Kopf gegen die Rückenlehne des Sessels. »Ich habe nicht viel Zeit«, sagte er drohend. »Du Ratte hast Laura Faulkner jahrelang erpreßt. Du hast da einen bestimmten Umschlag, der an ihren Vater adressiert ist, frankiert und fertig zum Absenden, für den Fall, daß sie dir nicht gehorcht und sich deinen Wünschen nicht fügt. Den will ich haben.«

Blut rann Steele über das Kinn, befleckte sein weißes Hemd, und seine Wangen waren weiß vor Haß. »Das zahle ich dir heim, du verdammter Bastard«, keuchte er. »Du und dieses eingebildete Weib könnt zur Hölle fahren.«

Shane ergriff das Schüreisen und schob es in die feurige Glut im Kamin. »Ich habe schon gesagt, daß ich nicht viel Zeit habe.« Er lehnte sich in seinem Sessel zurück. »Es ist schon komisch, wie sich im Leben alles im Kreis bewegt, findest du nicht? Hier sitze ich und bin genau in der gleichen Lage wie Colonel Li. Auch er hatte es sehr eilig. Erinnerst du dich?«

Steele starrte schreckensbleich auf das Schüreisen im Feuer. Sein Gesicht hatte jede Farbe verloren. Er versuchte zu lachen. »Das wirst du nicht wagen.«

Shane zog die Augenbrauen in die Höhe. »Und warum nicht? Dein Freund Frenchy hat mich auf die Idee gebracht. Er hat das heute abend auch bei einer Person versucht, mit der ich befreundet bin.« Seinen drohenden Worten folgte Schweigen, dann beugte Shane sich vor und zog das Schüreisen aus dem Feuer. Es war an der Spitze weißglühend, und er wandte sich mit einem grimmigen Lächeln Steele zu. »Hast du es dir noch nicht überlegt, Reggie?«

Steele schleuderte ihm einen Fluch entgegen und versuchte sich aus dem Sessel aufzurichten. Shane stieß ihn hart zurück, richtete das Schüreisen gegen Steele und bewegte es langsam auf ihn zu. Schweiß strömte Steele über die Stirn, und er bewegte mit krampfartigen Zuckungen den Kopf nach rechts und links. Einen Augenblick lang zögerte Shane noch, doch dann nahm sein Gesicht einen Ausdruck grausamer Entschlossenheit an. Langsam und überlegt streckte er den Arm aus, und Steele schrie von Entsetzen gepackt schrill auf wie ein verängstigtes Kind: »Nimm das weg, um Gottes willen, nimm das weg!«

Mit grimmigem Gesicht senkte Shane das Schüreisen. »Der Umschlag«, drängte er. »Wo ist er?«

»Im Safe in meinem Büro«, stammelte Steele. »Großer weißer Umschlag unter der Geldkassette im obersten Fach. Die Schlüssel sind in meiner rechten Tasche.«

Shane schob seine Hand in die bezeichnete Tasche und zog den Schlüsselbund heraus. Er betrachtete die Schlüssel prüfend und steckte sie ein. Dann packte er Steele bei den Haaren, zerrte ihn hoch und hielt ihm das heiße Schüreisen dicht vors Gesicht. »Sagst du auch die Wahrheit, du Schweinehund?« knurrte er drohend.

Steele nickte heftig. Auf seine Lippen trat dünner, weißer Schaum. »Ich schwöre es«, keuchte er verstört.

Einen Augenblick noch hielt Shane ihm das Schüreisen drohend vor die Stirn, wandte sich dann ab und warf es ins Feuer zurück. Steele schauderte erleichtert zusammen und verlor das Bewußtsein.

Shane ging zur Schlafzimmertür hinüber und schloß sie auf. Die Frau hockte zusammengekauert auf dem Bett. Als er das Licht einschaltete, setzte sie sich auf.

»Ich gehe jetzt«, verkündete er. »Sie sollten sich vielleicht um Ihren Freund kümmern. Er bedarf sicher Ihrer Hilfe.«

»Was haben Sie mit ihm gemacht?« fragte sie ängstlich.

Shane zuckte nur mit den Schultern. »Er wird sich bald wieder erholen, wenn Sie sich um ihn kümmern.«

Er ging ins Wohnzimmer zurück, und sie folgte ihm langsam. Auf einem Tisch neben der Tür stand ein Telefon. Shane riß das Kabel aus der Wand und warnte noch einmal die Frau. »An Ihrer Stelle würde ich nicht versuchen, die Polizei zu alarmieren. Das würde Reggie sicher nicht gefallen. Und ich nehme mir den Wagen; sagen Sie ihm, daß ich ihn vor dem Klub abstelle.« Sie nickte nur stumm, und Shane schloß leise die Tür hinter sich und verließ durch den dunklen Korridor das Haus.

Auf den Straßen herrschte kaum Verkehr, und er kam zügig voran, in Gedanken versunken und nur vom Surren des Motors begleitet. Shane verspürte Schmerzen im Rücken und beugte sich tief über das Lenkrad, um sie zu lindern. Während er die Hauptstraße entlang Richtung Stadtzentrum fuhr, wurde ihm plötzlich bewußt, daß er durch das Stadtviertel kam, in dem die Faulkners wohnten. Er verlangsamte sein Tempo und suchte nach der richtigen Kreuzung. Als er sie erkannte, bog er scharf von der Hauptstraße ab.

Er ließ den Wagen am Bürgersteig stehen und ging die Auffahrt hinauf auf das Haus zu. Es lag völlig im Dunkeln, und er folgte dem Weg an einer Seite des Hauses entlang in den dahinterliegenden Garten.

Als er sich dem Atelier näherte, bemerkte er ein Licht und dann schlug der Dobermann an. Das Bellen klang Shane hohl und einsam und wie aus weiter Ferne in den Ohren. Er stieg die Stufen hinauf, blieb oben stehen und schüttelte heftig den Kopf, als das Bellen des Hundes erstarb und Laura Faulkner, von der Tür eingerahmt, vor ihm stand, ihm forschend entgegenblickte und die Lippen bewegte, ohne daß er einen Laut vernahm.

Panik wollte sich seiner bemächtigen, und er streckte eine Hand nach ihr aus. Sie zog ihn ins Atelier hinein und führte ihn zu dem Diwan. Er ließ sich niedersinken, stützte den Kopf in die Hände, und nach einer Weile begann er, wieder Geräusche wahrzunehmen. Langsam richtete er sich auf und blickte in ihr besorgtes Gesicht.

»Nur ein leichter Schwindelanfall«, erklärte er. »Wirklich kein Grund zur Beunruhigung.«

Sie legte eine Hand auf seine Schulter. »Aber Sie sind ja völlig durchnäßt, Martin. Was ist denn geschehen?«

Vorsichtig streifte Shane sich das nasse Jackett ab. »Ich hatte einen kleinen Unfall. Verbandszeug wäre vielleicht ganz nützlich, wenn Sie welches haben.«

Er zog auch das Hemd aus, und Laura schrie erschreckt auf, als sie seinen Rücken sah. »Martin, Sie bluten ja.«

»Es ist nichts«, versicherte er, »ein paar Schrotkügelchen, die ich abbekommen habe. Eine Pinzette und etwas Pflaster werden genügen.«

Sie verschwand in der kleinen Küche neben ihrem Atelier und kam bald mit einer Schüssel heißen Wassers und einem kleinen Blechkasten zurück. Sie setzte sich neben ihn auf den Diwan. »Das sieht aber böse aus, Martin. Sie brauchen einen Arzt.«

Er schüttelte den Kopf. »Es sieht bestimmt schlimmer aus, als es ist. Holen Sie die Schrotkugeln raus und kleben Sie ein Pflaster drüber. Das genügt schon. Viele können es nicht sein. Ich habe noch Glück gehabt.«

Vorsichtig säuberte sie die Wunden mit einem Wattebausch und fragte: »Was ist Ihnen denn nur passiert?«

Er hob abwehrend die Schultern. »Ach, ich hatte eine Meinungsverschiedenheit mit Reggie Steele. Er hatte sich in sein Nest am Fluß in Hampton zurückgezogen. Als ich ihn dort aufstöberte, war er ziemlich betrunken. Ich sagte ihm, daß ich Ihre Briefe haben wolle, und er schien das für keine besonders glückliche Idee zu halten. Es kam zu einem Wortwechsel, und dabei spielte dann diese Flinte eine gewisse Rolle, aber am Ende ist es mir dann doch gelungen, ihn zu meiner Meinung zu bekehren.«

Einen Augenblick lang schien sie zu zögern. »Haben Sie die Briefe jetzt bei sich?«

Er schüttelte den Kopf. »Noch nicht, aber ich werde sie sehr bald haben.« Er drehte sich um und lächelte sie über die Schulter an. »Keine Bange, Engel. Ihre Sorgen haben bald ein Ende.«

Sie sah ihn mit tränenfeuchten Augen an, dann atmete sie tief ein und sagte: »Ich versuche jetzt, die Schrotkugeln zu entfernen. Ich will mir Mühe geben, Ihnen dabei nicht weh zu tun.« Als er den ersten scharfen Schmerz spürte, konnte er nur mühsam ein Stöhnen unterdrücken. »Ist es schlimm?«

»Sie haben recht gehabt«, antwortete sie. »Es sah auf den ersten Blick schlimmer aus, als es ist. Drei Kügelchen haben Sie getroffen, ziemlich nahe beieinander, aber sie sitzen dicht unter der Haut.« Er nahm den Zipfel eines Kissens zwischen die Zähne, während sie die Schrotkugeln ausgrub. Als sie die Wunden säuberte, fragte sie: »Und was wurde aus Reggie? Wo ist er jetzt?«

»Noch in seinem Haus am Fluß«, antwortete er mit einem verkrampften Lachen. »Als ich ihn zuletzt sah, wirkte er nicht mehr ganz so gepflegt wie sonst.«

Mit flinken, geschickten Bewegungen klebte sie Heftpflaster über die Wunden und stand dann auf. »Sie sehen aus, als ob Sie total erschöpft wären«, sagte sie. »Sie sollten sich eine Weile hinlegen. Inzwischen mache ich Ihnen eine Tasse Kaffee und hole dann eins von Vaters Hemden für Sie.«

Plötzlich fühlte Shane sich sehr müde und erledigt. Vorsichtig ließ er sich mit dem Rücken auf die Kissen sinken und zündete sich eine Zigarette an. Er konnte Laura in der kleinen Küche hantieren hören, und irgendwie waren diese Geräusche tröstend und beruhigend.

Nach einer Weile kehrte sie mit einem Tablett zurück und setzte es auf einem Hocker neben dem Diwan ab. Während sie Kaffee in zwei Tassen eingoß, fragte sie: »Und was beabsichtigen Sie nun weiter zu tun?«

Er zuckte mit den Schultern. »Zunächst werde ich in den Klub gehen und diese Briefe holen. Wollen Sie nicht mitkommen?«

Sie schüttelte den Kopf. »Das täte ich gern, Martin, aber es geht nicht. Ich wage nicht, meinen Vater sich selbst zu überlassen. Es ist ihm in den letzten Tagen gar nicht gut gegangen.«

Während sie Sahne zu dem Kaffee in die Tassen goß, fuhr sie fort: »Und was wollen Sie weiter unternehmen – in dieser Angelegenheit, meine ich?«

Shane trank einen Schluck Kaffee und seufzte dann. »Ich weiß es nicht, Laura, ich weiß es wirklich nicht. Die Zeit entschwindet mir, und irgendwie erscheinen mir die Dinge, die einmal wichtig waren, mehr und mehr bedeutungslos.«

»Und was ist Ihnen wichtig, Martin?« fragte sie leise.

»Sie«, antwortete er.

Laura saß am Fußende des Diwans und blickte zum Fenster hinaus. Dann drehte sie ihm langsam ihr Gesicht zu und blickte ihn fest an. Einen Augenblick sahen sie einander an, dann setzte sie ihre Tasse ab und stand auf. Sie trat näher zu ihm heran, blieb vor ihm stehen, streckte dann die Hand nach der Lampe aus, und gleich darauf lag der Raum im Dunkeln.

Er lag auf dem Diwan und lauschte dem Rascheln ihrer Kleidungsstücke, als sie sich auszog. Denn lag sie in seinen Armen und ihr leidenschaftlicher Körper verschmolz mit dem seinen, und als er ihr Gesicht mit Küssen bedeckte, schmeckte er das Salz ihrer Tränen auf seinen Lippen.

Shane wurde bewußt, daß er geschlafen hatte, aber wie lange, konnte er unmöglich sagen. Der Raum lag im Dunkeln, und er war allein, doch ein schwacher Hauch ihres Parfüms hing noch in der Luft.

Seine Hand fand den Schalter der Stehlampe. Shane setzte sich auf und gähnte. Er hatte einen schalen Geschmack im Mund, und sein Rücken bereitete ihm Schmerzen. Er sah auf seine Uhr. Es war erst wenige Minuten nach Mitternacht. Er konnte also nicht lange geschlafen haben.

Er stand auf, zog sich an, ging zur Tür und öffnete sie. Als er die Stufen hinunterstieg und zum Haus hinüberging, spürte er die Nachtluft kalt in seinem Gesicht. Er schauderte und beschleunigte seinen Schritt.

In der Küche brannte Licht. Der Dobermann lag zusammengerollt auf einer Matte in einer Ecke beim Herd. Er öffnete ein Auge und sah Shane einen Augenblick fest an und schloß es dann wieder beruhigt.

Ein Wäschetrockner mit verschiedenen Wäschestücken hing an Drähten von der Decke herab. Shane nahm ein Hemd von einer Leine und streifte es über. Er öffnete die andere Tür und ging durch den dunklen Korridor, der zur Vorderseite des Hauses führte.

In der Diele war alles still, und er ging auf die Wohnzimmertür zu, unter der ein schmaler Lichtschein schimmerte. Vorsichtig drückte er die Türklinke nieder und öffnete die Tür.

Sie stand mit dem Rücken zu ihm auf der anderen Seite eines Tisches und hielt einen Telefonhörer an ihr Ohr. Als er langsam auf sie zuging, schüttelte sie den Kopf und sagte mit gedämpfter Stimme: »Nein, als ich ihn verließ, schlief er.« Dann blickte sie auf und bemerkte Shane.

Ihr Gesicht wurde leichenblaß, und schnell legte sie den Hörer auf die Gabel und zwang sich zu einem Lächeln. »Nanu, Martin, ich dachte, du schläfst noch.«

Er ging um den Tisch herum und blieb dicht vor ihr stehen. »Mit wem hast du telefoniert?«

Sie zuckte mit den Schultern. »Nur mit einer Bekannten. Es war weiter nichts.«

Sie drehte sich zur Seite, doch Shane packte sie am Arm und zog sie zu sich heran. »Du hast mit jemandem über mich gesprochen. Mit wem?«

Plötzlich wurde sie wütend und machte sich ungehalten von seinem Griff frei. »Du tust mir weh«, sagte sie.

Er ließ sie so unvermittelt los, daß sie gegen den Tisch taumelte.

Sie massierte mit der einen Hand ihren Arm und sah ihn dabei wütend an. »Wenn du es unbedingt wissen mußt, ich habe mit Charles Graham über dich gesprochen.«

Eine plötzliche kalte Wut explodierte in ihm, eine Wut, in die sich Abscheu, Verachtung und verbitterte Kränkung mischten. »Du lügst«, schrie er. »Du lügst mich an.«

Er schlug sie voll ins Gesicht, und als sie gegen den Tisch zurücktaumelte, folgte er ihr und packte sie bei den Schultern. »Du wirst mir jetzt die Wahrheit sagen«, forderte er. »Ich habe genug von dem verdammten Versteckspiel.«

Sie wehrte sich, ihre Finger griffen wie Krallen nach seinem Gesicht, doch dann ging plötzlich die Tür auf und ihr Vater erschien. Er trug einen Hausmantel und hielt in der Hand einen Krückstock. Den Stock über dem Kopf schwingend schlurfte er näher, und dann, als er zu einem Schlag gegen Shanes Kopf ausholte, gaben seine Knie unter ihm nach, und er sackte in sich zusammen.

Shane hob ihn auf, nahm ihn in die Arme und trug ihn zur Couch. Seine Wut war plötzlich verflogen. Als er sich aufrichtete, versetzte Laura ihm einen heftigen Stoß gegen die Brust. »Geh!« schrie sie ihn an. »Geh fort und komme nie mehr her. Ich will dich nie wiedersehen.«

Einen langen Augenblick stand er regungslos vor ihr und starrte sie an, dann drehte er sich ohne ein weiteres Wort um und ging durch die Diele hinaus zur Haustür. Sie folgte ihm, und als er draußen auf der obersten Stufe des Vorplatzes stand, schlug sie die Tür hinter ihm zu und schob hörbar den Sicherheitsriegel vor.

Er blieb noch eine geraume Weile stehen und lauschte auf ihr hemmungsloses Schluchzen, während sie sich wohl innen gegen die Tür lehnte. Dann ging er über die Auffahrt zu dem Daimler hinunter. Sein Geist war wie benommen, und er war nur von dem einen Gedanken bestimmt: Er würde zu Ende bringen, was er begonnen hatte.

Den Weg zum Stadtzentrum legte er in rascher Fahrt zurück, und als er den Daimler auf den Platz lenkte und wenige Schritte von dem Garland Club entfernt anhielt, schlug es von einem Kirchturm irgendwo in der Nähe ein Uhr.

Der Nebel war wieder dichter geworden, als er in die Seitengasse neben dem Klub einbog und auf die Tür des Personaleingangs zuging. Als er sie öffnete, lag der Korridor verlassen vor ihm. Er konnte Stimmen und Geschirrklappern aus der Küche hören, doch es klang irgendwie gedämpft und fern. Einen Augenblick lang blieb er lauschend stehen und stieg dann die Stufen der Hintertreppe zum ersten Stockwerk hinauf.

Auch dieser Korridor lag verlassen, und er legte eilig den Weg zu Steeles Büro zurück. Die Tür war verschlossen. Er zog den Schlüsselbund, den er Steele abgenommen hatte, aus der Tasche und probierte einen Schlüssel nach dem anderen. Hinter ihm öffnete sich unerwartet eine Tür, und er hörte ein ausbrechendes Gelächter. Schnell trat er in den abzweigenden Nebengang und drückte sich eng an die Wand. Es klang so, als ob einige Mädchen der Show aus ihrer Garderobe kämen, und er lauschte ihren Stimmen nach, die durch den Korridor verklangen. Als alles wieder ruhig war, ging er zu der Bürotür zurück und probierte weiter die Schlüssel. Diesmal paßte schon der zweite, mit dem er es versuchte, und einen Augenblick später befand er sich in dem Büro.

Er schaltete das Licht ein und trat vor den Safe, der hinten in einer Ecke neben dem Fenster stand. Er schob den Schlüssel in das Schloß, der der passendste zu sein schien, drehte ihn um, und die Tür öffnete sich widerstandslos. Im obersten Fach befand sich eine Geldkassette. Shane schob sie beiseite und hielt dann den weißen Briefumschlag in seinen Händen.

Er war in einer sauberen, feminin wirkenden Handschrift an Henry Faulkner adressiert, und Shane schob den Daumen unter die Klappe, um ihn aufzureißen. In diesem Augenblick vernahm er Schritte, die sich draußen auf dem Gang näherten. Schnell steckte er den Brief in die Tasche und drückte sich dann im Schutz der Tür fest gegen die Wand, gerade noch rechtzeitig, bevor es an der Tür klopfte und sie gleich darauf geöffnet wurde.

Der Mann, der am ersten Abend, als Shane in den Klub kam, unten im Foyer Dienst gehabt hatte, trat in das Büro ein. Er trug einen Smoking und hatte einen Stapel Papiere in der Hand. Er runzelte die Stirn, als er niemanden sah und wollte sich schon umwenden, als Shane einen Schritt vortrat und ihm die Faust gegen den ungeschützten Kiefer schmetterte. Als der Mann mit einem leisen Stöhnen zu Boden sank, schloß Shane rasch die Tür hinter sich, eilte mit schnellen Schritten durch den Korridor und verließ unbemerkt das Haus.

Als er auf die Nebengasse hinauskam, hatte sich der Regen zu einem regelrechten Wolkenbruch verstärkt. Er eilte weiter zu dem Platz und blieb unter der Laterne stehen, die den Zugang zu der Seitengasse beleuchtete. Sein Herz klopfte vor Erregung, und er empfand ein Gefühl des Triumphes. Er zog den Umschlag aus der Tasche und riß ihn auf.

Er enthielt mehrere zusammengefaltete Blätter. Er zog sie heraus, entfaltete das erste und hielt es in den Lichtschein der Laterne. Es war eng von der gleichen femininen Handschrift beschrieben, die ihm schon auf dem Umschlag aufgefallen war, und das Blatt trug am oberen Rand eine Überschrift: »Die wahren Fakten über den Tod von Simon Faulkner.«

Überrascht hob Shane das Papier dichter an die Augen. Als er zu lesen begann, nahm er eine Bewegung hinter sich wahr, und noch ehe er sich umdrehen konnte, traf ihn ein Schlag in den Nacken, der ihm eine Welle des Schmerzes ins Gehirn jagte, wo sie mit einer Kaskade grellfarbiger Lichter barst.

Das Pflaster stürzte ihm entgegen, und er hob die Hände, um sein Gesicht zu schützen, doch es erfolgte kein weiterer Schlag. Statt dessen beugte sich jemand über ihn und riß ihm die Papiere aus der Hand. Als Shane versuchte, sich wieder aufzurichten, verschwand sein Angreifer bereits im Nebel, wobei er seinen Klumpfuß auf dem nassen Pflaster schlurfend hinter sich herzog.

Ächzend richtete Shane sich an dem Laternenpfahl auf und suchte daran Halt. Vor seinen Augen flimmerte alles. Doch eines bahnte sich den Weg in sein Bewußtsein: Der Mann mit dem Klumpfuß war Wirklichkeit. Er existierte, war kein Alptraum, der sich in den Jahren seines Leidens in seiner Phantasie festgesetzt hatte. Er taumelte auf das Ende der Seitengasse zu, als draußen auf dem Platz ein Motor ansprang und gleich darauf ein Wagen durch den Nebel davonraste. In ohnmächtiger Wut schlug er mit der flachen Hand gegen die Mauer, blieb gegen sie gelehnt eine Weile stehen, bis er sich besser fühlte.

Er begann sich an der Mauer entlang vorzutasten, während eine merkwürdige Leere langsam durch sein Bewußtsein kroch und die Umgebung im Nebel mehr und mehr versank, und ihn allein in einer stillen Leere zurückließ. Als er um die Ecke in die Hauptstraße einbog, flammte plötzlich der Schmerz in seinem Kopf unerträglich auf, so daß er gequält laut aufschrie und an einem eisernen Gitter Halt suchte.

Der Schmerz war heftig – erdrückender, als er ihn je erlebt hatte, und er erinnerte sich daran, was der Spezialist im Krankenhaus ihm gesagt hatte: starke Schmerzen, die zunehmend schlimmer wurden, kündeten die endgültige Krise an. Von Angst geschüttelt stöhnte er laut auf und taumelte über die Straße auf einen Taxistand zu.

Er gab dem Fahrer Jenny Greens Adresse an und kauerte sich, den Kopf in die Hände gestützt, auf den Rücksitz. Als sie das Ziel erreichten, drückte er dem Fahrer eine Pfundnote in die Hand und wankte über den Gehweg zur Haustür hinauf.

Die Treppe schien sich ins Unendliche zu erstrecken, und er schleppte sich von Schmerzen gepeinigt mühsam auf Händen und Knien die Stufen hinauf. Als er den Treppenabsatz zu Jenny Greens Wohnung erreichte, richtete er sich mit letzter Kraft auf und schwankte zur Wohnungstür.

Sie gab seinem Druck widerstandslos nach, und es gelang ihm den Mund zu öffnen und »Jenny!« zu krächzen.

Eine Hand packte ihn an der Schulter und stieß ihn in den Raum hinein. Er stolperte über einen Sessel und stürzte schwer zu Boden, und als er gegen den lähmenden Schmerz die Augen fest zupreßte, um ihn zu unterdrücken, der weißglühend hinter seiner Stirn brannte, vernahm er das langsame Schlurfen des Klumpfußes. Dann schloß sich mit einem leisen Klicken die Tür hinter dem Unbekannten, und einen Augenblick später hörte Shane ihn die Treppe hinabsteigen.

Er lag mit dem Kopf auf dem Teppich, die Hände fest vor

das Gesicht gepreßt, und es kostete ihn große Mühe, schließlich doch die Augen zu öffnen.

Da war Blut auf dem Teppich vor ihm, eine große, unregelmäßig geformte Lache. Er starrte benommen darauf und richtete sich mühsam auf die Knie auf. In seinem Kopf hetzten sich seine Gedanken in einem tollen Wirbel. Er konnte sich nicht konzentrieren, aber hier stimmte etwas nicht. Hier stimmte irgend etwas ganz entsetzlich nicht.

Er drehte langsam den Kopf. Überall war Blut verspritzt, selbst an den Wänden, so als ob ein Tier abgeschlachtet worden wäre. Er versuchte aufzustehen, fiel wieder vornüber aufs Gesicht und schlug mit der Hand gegen einen harten Gegenstand. Vor ihm lag ein rasiermesserscharfer Kukri, der Dolch der Ghurkas, und er erinnerte sich, daß er ihn als Dekorationsstück an der Wand über dem Kamin hatte hängen sehen. Seine Finger schlossen sich um den Griff, und er starrte dumpf auf die blutbesudelte Klinge. Dann dämmerte ihm eine entsetzliche Erkenntnis. Laut schrie er auf: »Jenny, Jenny! Wo bist du!«

Er fand sie im Schlafzimmer auf dem Bett liegend, mit durchschnittener Kehle. Ihr Körper war furchtbar verstümmelt worden. Er stand neben dem Bett, sah auf sie hinunter, und dann wurde er von einer gräßlichen Schmerzwelle überflutet, und er fiel neben sie quer über das Bett.

So lag er noch da, den Kukri in der rechten Hand fest umklammert, als die Polizei ihn fand.

14

Der Regen ging unaufhörlich nieder, als der Polizeitransporter durch das Tor zur Annahme von Frachtgütern des Bahnhofs fuhr. Der Fahrer stieß den Wagen gegen den Bahnsteig zurück, und Lomax sprang aus dem Führerhaus, ging nach hinten und schloß die rückwärtige Tür des Transporters auf.

Von zwei Detektiven flankiert stieg Shane aus. Er war mit der rechten Hand an einen der Beamten gefesselt und trug seinen Mantel leicht um die Schultern gelegt. Der Zug stand bereits an dem Bahnsteig, und sie befanden sich unmittelbar vor dem Wagen mit dem Abteil für Gefangenentransporte. Shane lächelte ironisch und wandte sich an Lomax. »Wie lange dauert es noch?«

Lomax blickte auf seine Uhr. »Etwa zehn Minuten. Wie fühlen Sie sich?«

Shane grinste. »Mir ist nach einer Zigarette.«

Im Licht der Bahnsteiglampe war sein Gesicht bleich, und er sah erschöpft aus. Dankbar zog er an der Zigarette, die Lomax ihm zwischen die Lippen schob, und seufzte. »Das tut gut.« Er lachte rauh auf. »Vermutlich tut einem alles gut, wenn man das Stadium erreicht hat, in dem ich mich befinde.«

Lomax sagte begütigend: »Ich würde an Ihrer Stelle nicht zuviel darüber nachdenken. Vielleicht hat die Operation Erfolg. Sir Georg Hammond gilt als einer der besten Gehirnchirurgen in Europa. In einer Woche werden Sie quicklebendig und munter in Ihrem Hospitalbett liegen und sich fragen, weshalb Sie sich so viele Sorgen gemacht haben.«

»Und danach werden Sie in der Lage sein, mich vor Gericht zu stellen und mich für einen Mord hängen zu lassen, den ich nicht begangen habe«, entgegnete Shane. »Erfreuliche Aussichten.«

Lomax schüttelte den Kopf. »Ich glaube nicht, daß diese Gefahr für Sie besteht.«

Mit bleichem, wütendem Gesicht fuhr Shane zu ihm herum. »Weil ich geistesgestört, weil ich unzurechnungsfähig bin?« entfuhr es ihm unbeherrscht. »Wollen Sie das damit sagen? Halten Sie die Aussicht, lebenslänglich in Broadmoor zu sitzen, für verlockender?«

Dem jungen Detektiv, an den Shane gefesselt war, schien diese Auseinandersetzung peinlich, und er räusperte sich vernehmlich. Lomax griff nach Shanes Ellbogen und sagte ruhig. »Nun fangen Sie nicht wieder an, sich aufzuregen. Ich habe Ihnen doch klar und deutlich gesagt, daß Sie meiner Meinung nach in eine elende Situation geraten sind, und ich habe nach Kräften versucht, Ihnen Ihre Lage zu erleichtern. Ich habe alles getan, um Ihnen zu helfen.«

»Sie können mir nur auf eine Weise helfen. Klären Sie auf, wer Jenny Green ermordet hat.«

Lomax seufzte. »Davon sollten wir nicht noch einmal anfangen. Das war alles, was ich in den vergangenen zwei Tagen von Ihnen zu hören bekommen habe. Sie sind ein kranker Mann, Shane. Sie brauchen Hilfe – ärztliche Hilfe.«

Shane sah ihn voller Verachtung an. »Das ist wohl so ein Fall, wie Ihr Bullen ihn am liebsten habt. Alles eindeutig geklärt und belegt. Kein Grund, sich weiter die Hacken abzulaufen.«

Er wollte sich abwenden, aber Lomax faßte ihn am Arm und hielt ihn zurück. Das Gesicht des Inspektors war blaß, und seine Augen funkelten wütend. »Jetzt hören Sie mir mal zu«, sagte er, »und hören Sie mir genau zu. Es sollte Sie interessieren, daß ich die letzten zwölf Stunden damit zugebracht habe, Ihre Darstellung persönlich zu überprüfen. Ich habe jede Person aufgesucht, mit der Sie in Kontakt gekommen sind, seit Sie hier in der Stadt eingetroffen waren.«

»Und was haben Sie herausgefunden?« fragte Shane begierig.

Lomax zog seine Pfeife aus der Tasche und stopfte sie. »Daß Reggie Steele sich noch in seinem Haus in Hampton aufhielt, als der Mord geschah. Seine Freundin hat das beschworen.«

In ohnmächtiger Wut hob Shane eine geballte Faust. »Die würde das Leben ihrer Mutter aufs Spiel setzen, wenn man ihr genug dafür bietet. Haben Sie ihr das nicht angesehen?«

»Wenn es Steele gewesen wäre, wie hätte er so schnell nach Ihnen in die Stadt zurückkommen können«, entgegnete Lomax. »Sie hatten ihm doch seinen Wagen weggenommen.«

»Haben Sie mit Adam Crowther gesprochen?« fragte Shane.

Lomax nickte. »Er hat zugegeben, daß er Sie angelogen hat. Er hat Reggie Steele im Garland Club aufgesucht, aber nur um ihn zu warnen, daß Sie in der Stadt wären und wahrscheinlich Ungelegenheiten machen würden. Um ganz offen zu sein, Crowther erklärte mir, daß er zu der Überzeugung gelangt sei, daß Sie nicht zurechnungsfähig seien.«

»Crowther könnte es aber gewesen sein«, sagte Shane. »Alles trifft auf ihn zu. Er hinkt sogar mit einem Fuß – er hat in Korea durch Erfrierungen seine Zehen eingebüßt.«

Lomax schüttelte den Kopf. »An diesem Abend hat er in der Universität über einer dringenden Arbeit gesessen. Zugegeben, er hat dafür keine Zeugen, aber ich bin überzeugt, daß er die Wahrheit gesagt hat.«

»Wie beruhigend«, erwiderte Shane sarkastisch. »Das ist wirklich sehr beruhigend. Ihm glauben Sie also auf sein Wort hin, nicht wahr? Aber warum, zum Teufel, sollte er es nicht gewesen sein? Er hinkt, und der Mann, der mich in der Wohnung niedergeschlagen hat, hinkte auch. Wodurch ist Crowther so besonders glaubwürdig?«

Lomax seufzte tief auf. »Also gut, Shane«, sagte er. »Sie wollen es nicht anders, also sollen Sie es auch so haben. Ich habe Crowthers Darstellung erst akzeptiert, nachdem ich nicht nur mit Reggie Steele, sondern auch mit Charles Graham gesprochen hatte. Steele hat nicht sehr viel für Sie übrig – er war ehrlich genug, das einzugestehen –, ganz im Gegensatz zu Graham. Beide machten vor mir die gleiche Aussage, daß Sie seit Jahren von Halluzinationen heimgesucht würden, von der Erinnerung an einen Colonel Li. Das war der Mann, den Sie in der Nacht in der Wohnung gehört haben wollen, aber Colonel Li ist seit sieben Jahren tot.«

Mit einem scharfen Zischen stieß Shane den Atem zwischen den Zähnen aus. »Es geht nichts über gute Freunde, wenn man Hilfe braucht. Sie müssen Graham meinen Dank übermitteln, wenn Sie ihn das nächstemal sehen.«

Wieder funkelte Ärger in den Augen des Inspektors. »Es könnte Sie interessieren, daß es Charles Graham gewesen ist, der dafür gesorgt hat, daß Sir Georg Hammond es übernimmt, Sie zu operieren.«

Es folgte ein lastendes Schweigen. Anscheinend gab es nichts weiter zu sagen, doch dann erinnerte Shane sich an Simon Faulkners Schwester. »Eines würde ich gern noch wissen, Inspektor. Haben Sie auch mit Laura Faulkner gesprochen?«

Lomax nickte. »Wir haben sie nicht allzusehr belästigt. Ihr Vater hat gestern wieder einen Schlaganfall erlitten, und sie mußte ihn sofort ins Krankenhaus bringen. Wenn ich es richtig verstanden habe, ist es für ihn nur noch eine Frage von Tagen.«

Bevor Shane noch weitere Fragen stellen konnte, trat der ältere der beiden Kriminalbeamten näher, denn man konnte schon das dumpfe Zuschlagen der Abteiltüren des Zuges hören. Lomax nickte. »Ja, bringen Sie ihn jetzt in den Zug.«

Sie gingen auf den Waggon zu, doch als Shane seinen Fuß auf die erste Stufe setzte, hielt er inne. Plötzlich überkam ihn das dringende Bedürfnis, Lomax alles zu erklären, die letzten Lücken auszufüllen. Der eine der Detektive schob ihn weiter, und der Augenblick verstrich ungenutzt.

Als sie vor dem reservierten Abteil standen, zog der jüngere Detektiv einen Schlüssel aus der Tasche, befreite sich von der Handschelle und schloß dann Shane beide Hände vor dem Körper zusammen. Sie schoben ihn in dem Abteil auf einen Fensterplatz, und der eine stopfte seinen Mantel ins Gepäcknetz, während der andere vor ihm niederkniete und ihm die Schuhe aufschnürte. Lomax stand noch unter der Tür und vergewisserte sich, daß alles in Ordnung war. »Hat man Ihnen einen Schlüssel für die Abteiltür gegeben, Brown?« fragte er den älteren der beiden Detektive. Der Gefragte nickte und Lomax fuhr fort: »Halten Sie die Abteiltür ständig verschlossen. Sie werden in London erwartet. Ich sehe Sie dann beide morgen.«

Als er sich abwandte, um zu gehen, rief Shane ihn an: »Lomax!«

Der Inspektor blieb stehen und blickte über die Schulter zurück: »Was gibt es?«

Shane lächelte sanft. »Sie irren sich, das wissen Sie doch.«

Lomax setzte zu einer Antwort an, hob dann aber nur stumm die Schultern und ging durch den Seitengang davon. Einen Augenblick später kam er draußen an dem Abteilfenster vorüber und ging zu dem Transportwagen.

Irgendwo klang gellend ein Pfiff, und der Zug schien einen langen, verhaltenen Seufzer auszustoßen, und dann glitt er an dem Bahnsteig entlang, rollte hinaus in den Regen und in die Dunkelheit.

Ein Gefühl der Panik überwältigte Shane. Er starrte auf seine nur mit Strümpfen bekleideten Füße hinab, auf die Handschellen um seine Handgelenke, und völlige Hilflosigkeit ergriff von ihm Besitz. Das war das Ende. Wie auch immer die Würfel rollen würden, er war am Ende.

Unvermittelt wurde er in die Wirklichkeit zurückgerissen. Brown, der Detektiv, der den Schlüssel an sich genommen hatte, hatte versucht, die Abteiltür zu schließen, doch nun richtete er sich auf und drehte sich mit verärgertem Gesicht um. »Das verdammte Ding paßt nicht«, schimpfte er ungehalten.

Sein Kollege blickte zu ihm auf und legte die Zeitung beiseite, die er ausgebreitet hatte. »Und was sollen wir jetzt tun?« fragte er.

Brown schien unschlüssig. »Ich werde nach dem Schaffner suchen«, sagte er dann. »Der muß ja einen Hauptschlüssel haben.« Er deutete mit einem Kopfnicken auf Shane. »Paß gut auf unseren Freund hier auf. Bei diesen Typen weiß man nie, was sie im Sinn haben.«

Shane wandte sich ab und sah zum Fenster hinaus, als Brown im Gang davonging. Er verspürte einen leichten Schmerz hinter den Augen, und sein Magen krampfte sich zusammen, als ihm die Bedeutung von Browns Worten bewußt wurde. Sie hielten ihn für wahnsinnig. Alles war schon im voraus entschieden. Wenn er lange genug leben würde, um vor Gericht gestellt zu werden, würde es wahrscheinlich zum denkbar kürzesten Prozeß kommen.

Vor der Dunkelheit draußen spiegelte sich das Abteil hinter ihm. Der Detektiv beobachtete ihn scharf, aber nach einer Weile rutschte er auf der Sitzbank zur Seite und beugte sich über das Schloß an der Tür.

Shane nahm sich nicht einmal die Zeit, um zu überlegen. Blitzschnell drehte er sich um und warf sich mit hoch über dem Kopf geballten Fäusten vor. Gerade als der Detektiv sich erschrocken zu ihm umdrehen wollte, schmetterte Shane ihm die geballten Fäuste in den Nacken, und der Mann stürzte von der Sitzbank hinab und wälzte sich auf dem Boden. Shane riß die Abteiltür zur Seite und trat über den am Boden liegenden Detektiv hinweg in den Gang hinaus, gerade in dem Augenblick, als noch ein paar Wagen entfernt Brown auftauchte und mit einem erschreckten Aufschrei auf ihn zurannte.

Shane taumelte durch den Gang vorwärts, bog um die Ecke bei der Toilette und stand vor einer Tür, vor welcher der Griffbügel der Notbremse herabhing. Er zog mit aller Kraft daran, und während die Bremsen quietschend einsetzten, packte er den Griff der Waggontür und bemühte sich verzweifelt sie zu öffnen. Sie klappte mit einem plötzlichen Ruck weit auf, als der Fahrtwind sie zu fassen bekam. Einen Augenblick lang zögerte er, strengte die Augen an, um die nächtliche Dunkelheit zu durchdringen, versuchte, die Geschwindigkeit des Zuges abzuschätzen. Hinter sich vernahm er einen Schrei, als Brown die Ecke erreichte, und zögerte nicht länger. Als der Detektiv versuchte, ihn von hinten an seiner Jacke zu packen, sprang Shane in die Nacht hinaus.

Er zog den Kopf tief zwischen die Schultern ein und überschlug sich zweimal. Als er versuchte, auf die Füße zu gelangen, wurde er von seinem eigenen Schwung fortgerissen und stürzte vornüber aufs Gesicht. Hundert Meter weiter kam der Zug langsam zum Halten, und während Shane sich mühsam aufrichtete, hörte er durch die Nacht Rufe schallen und sah Lichter den Gleisen entlang auf sich zukommen.

In der Ferne konnte er in der Dunkelheit die Lichter des Bahnhofs ausmachen, und dann wurde ihm mit einem gewissen Schock bewußt, daß die gesamte Aktion kaum länger als eine Minute gedauert haben konnte.

Behutsam ertastete er sich den Weg über die Schienen. Die spitzen Schottersteine bohrten sich schmerzhaft in seine nur mit Strümpfen bekleideten Füße. Er kroch einen Abhang hinauf, überkletterte einen knapp zwei Meter hohen Bretterzaun und ließ sich auf der anderen Seite hinunterfallen. Er befand sich in einer engen Gasse, die auf der anderen Seite von einer niedrigen Häuserreihe begrenzt wurde, und begann zu laufen.

Dem Anschein nach befand er sich in einem heruntergekommenen Slumviertel, und er hetzte vorwärts, bog wieder und wieder um Ecken, bis ihm die keuchenden Lungen schmerzten und die Kehle völlig ausgedörrt war.

Er hatte Kopfschmerzen, und seine Füße waren zerschunden und bluteten aus zahlreichen Schrammen. Von irgendwo vor sich konnte er schwach Verkehrslärm hören, und er vermutete, daß er sich dem Stadtzentrum näherte. An einer Ecke hielt er schließlich an und sah sich ratlos nach allen Seiten um, ungewiß, in welche Richtung er sich wenden sollte, doch dann bog ein Wagen um eine Straßenecke und näherte sich in seiner Richtung.

In der Häuserwand auf der anderen Seite befand sich eine schmale Öffnung. Shane überquerte die Straße und sprang in Deckung, ehe der Wagen an ihm vorbeirauschte. Er wankte weiter, die gefesselten Hände vor sich ausgestreckt. Hoch oben an der Ziegelmauer befand sich eine Laterne, und aus der Ferne konnte er den Verkehr auf einer stark befahrenen Straße hören.

Er lehnte sich gegen die Ziegelmauer, seine gequälten Lungen rangen nach Luft, und als er zu der Laterne aufblickte, schien sie davonzuschweben, wurde kleiner und kleiner, bis völlige Dunkelheit herrschte und er langsam an der Mauer entlang zu Boden glitt und in Bewußtlosigkeit versank.

15

Tiefe Stille herrschte in der Sakristei, nachdem Shane geendet hatte, und er starrte aus dem Fenster in die Dunkelheit hinaus. Pater Costello hinter ihm hüstelte und fragte dann leise: »Und ist das alles?«

Shane nickte langsam und wendete sich dem Pater zu. »Das war alles, Pater«, bestätigte er. »Alles, bis zu dem Augenblick, in dem ich hinter dem Müllkübel in dieser Seitengasse wieder zu mir kam.«

Der Geistliche runzelte die Stirn. Seine schlanken Finger trommelten lautlos auf die Schreibtischplatte. »Das ist eine seltsame Geschichte«, sagte er, »eine sehr seltsame Geschichte.«

»Aber glauben Sie mir, Pater?« fragte Shane verzweifelt. »Das ist jetzt entscheidend für mich.«

Pater Costello blickte ihn forschend an und lächelte dann unvermittelt. »Ja, ich denke, ich kann Ihnen glauben. Fragen Sie mich nicht, warum, aber ich glaube nicht, daß Sie das Mädchen ermordet haben.«

Zutiefst erleichtert seufzte Shane auf. »Gott sei Dank, daß Sie das tun, Pater. Ich fing schon an, mich zu fragen, ob die Meinung, welche die anderen von mir haben, nicht doch zutrifft.«

Pater Costello nickte verständnisvoll und sagte dann nüchtern: »Das ist alles schön und gut, aber das führt uns noch zu keiner Lösung. Wenn Sie nicht der Täter gewesen sind, wer hat dann Jenny Green getötet?«

Shane schüttelte den Kopf und seufzte wieder. »Ich wünschte, ich wüßte es, Pater. Ich wünschte wirklich, ich wüßte es.« Er wollte sich schon abwenden, doch dann kam ihm unvermittelt eine Eingebung, und er schlug mit der Faust in die offene Hand. »Es gibt nur eine einzige Möglichkeit, wie ich die Lösung finden kann«, sagte er aufgeregt.

Der Geistliche neigte sich vor. Seine Augen verrieten sein Interesse. »Und welche wäre das?«

Mit zitternden Händen zündete Shane sich eine Zigarette an. »Wenn ich noch bei Verstand und einigermaßen ausgeglichen und normal bin, dann muß der Mann mit dem Klumpfuß existieren. Er war keine Ausgeburt meiner Phantasie. Er war Teil des vorsätzlichen Versuchs, mich glauben zu machen, daß ich nicht bei Verstand bin.«

»Aber wie soll Ihnen das weiterhelfen?« drängte Pater Costello.

Shane runzelte die Stirn. »Mir ist gerade eine ganz einfache Lösung eingefallen, wie ich feststellen kann, wer das gewesen ist.« Er drehte sich um und griff nach dem Notizblock und einem Bleistift, die auf dem Schreibtisch lagen. »Es steckt da einiges dahinter, aber zuviel, als daß ich es Ihnen jetzt erklären könnte. Sie müssen mir vertrauen, Pater.«

Er kritzelte einen Namen und eine Adresse auf den Block und schob ihn dem Geistlichen hin. »Ich möchte, daß Sie mir genau eine Stunde Zeit lassen, Pater. Nicht mehr und nicht weniger. Dann möchte ich, daß Sie Inspektor Lomax von der Kriminalpolizei anrufen und ihm sagen, daß ich unter dieser Adresse zu finden bin.«

Pater Costello las überrascht die Adresse, und als er den Kopf hob, stand Ratlosigkeit auf seinem Gesicht. »Wissen Sie wirklich, was Sie unternehmen wollen?«

Shane nickte nachdrücklich. »Wollen Sie das für mich tun, worum ich Sie bitte?«

Der Geistliche las die Adresse aufmerksam, schließlich seufzte er. »Eine Bedingung muß ich Ihnen stellen.« Er blickte Shane fest in die Augen. »Es darf niemand getötet werden. Darauf muß ich Ihr Ehrenwort haben.«

Shane zögerte. Er schien zu überlegen, schließlich hob er die Schultern. »Also gut, Pater. Ich akzeptiere Ihre Bedingung.«

Er öffnete schon die Tür der Sakristei, als der Geistliche sagte: »Noch einen Augenblick.« Er zog einen Schlüsselbund aus seiner Tasche und warf ihn Shane zu. »Im Hof hinter dem Haus finden Sie einen Wagen. Es ist kein sehr neues Modell, fürchte ich, aber wenn Sie ihn nehmen, haben Sie eine größere Chance durchzukommen als zu Fuß.«

Shane versuchte etwas zu erwidern, aber aus irgendeinem Grund konnte er keine Worte bilden, und der Geistliche sagte mit einem flüchtigen Lächeln und einer leichten Handbewegung: »Viel Glück.« Shane schloß schnell die Tür hinter sich und machte sich auf den Weg.

Er fuhr in schneller Fahrt durch die verlassenen Straßen zum Stadtzentrum, und wenige Minuten, nachdem er die Kirche verlassen hatte, parkte er den Wagen vor seinem Hotel. Der Empfang war unbesetzt. Shane trat schnell näher und hob leise die Klappe am Pult hoch. In dem winzigen Büro, das dahinterlag, summte jemand leise vor sich hin, und er drängte sich durch die halb offenstehende Tür und schloß sie hinter sich.

Vor dem Spiegel stand das Mädchen und zog mit einem Stift die Augenbrauen nach. Als es ihn wahrnahm, drehte es sich erschrocken und mit verstörtem Gesicht zu ihm um. Es öffnete schon den Mund, um zu schreien, doch Shane kam dem Schrei zuvor und preßte ihm eine Hand fest auf den Mund.

»Keinen Ton, oder es ist Ihr letzter«, fauchte er drohend. »Das verspreche ich Ihnen.« Er ließ die junge Frau los, und sie sank mit angstverzerrtem Gesicht gegen den Schreibtisch zurück.

Sie trug wieder das Kostüm, und Shane griff nach dem Revers ihrer Jacke und befühlte prüfend den Stoff. »Ich hätte es mir gleich denken können, als ich Sie neulich in diesem neuen Fummel sah«, sagte er knurrend. »Sie haben hier nie genug verdient, um sich das leisten zu können, und auch keiner dieser Freunde, die sich mit Ihnen abgeben.«

»Es war ein Mann. Ich habe ihn nie vorher gesehen«, gestand sie verängstigt. »Er war schon älter und hatte sehr viel Geld.«

Shane schlug ihr mit dem Handrücken ins Gesicht. »Sie lügen, Sie Miststück«, sagte er scharf. »Kein Mann mit viel

Geld würde einer kleinen Schlampe wie Ihnen auch nur einen zweiten Blick gönnen. Ich weiß, wie Sie zu dem Kostüm gekommen sind. Jemand hat Sie gekauft. Jemand, der in mein Zimmer eindringen wollte. Er verlangte den Hauptschlüssel von Ihnen und den haben Sie ihm gegeben.«

Ihre mühsame Beherrschung fiel unter der Anschuldigung völlig in sich zusammen, und Shane wußte, daß er recht hatte. Er packte sie an den Haaren und zog ihr den Kopf nach hinten. »Wer ist es gewesen?« forderte er rauh.

Sie versuchte sich freizukämpfen, und Tränen rannen ihr aus den Augen. »Ich weiß seinen Namen nicht«, flüsterte sie. »Er gab mir einfach nur viel Geld. Ich wollte nichts Unrechtes tun.«

Shane drängte sie gegen den Schreibtisch zurück. »Beschreiben Sie ihn«, verlangte er.

Langsam und zögernd kamen ihre gestammelten Worte, als sie Auskunft gab. Nachdem sie geendet hatte, griff er mißmutig nach einer Zigarette. Das Mädchen weinte hemmungslos. Ihr Schluchzen ließ ihren Körper erbeben, doch Shane musterte sie kalt. »Vielleicht ist Ihnen das für die Zukunft eine Lehre, Ihre Nase aus Dingen herauszuhalten, die Sie nichts angehen.« Er öffnete die Tür hinter sich und sagte über die Schulter mit schneidender Stimme: »Wenn Sie die Polizei alarmieren, dann komme ich wieder und bringe Sie um, und wenn es das Letzte wäre, was ich tue. Darauf können Sie sich verlassen.« Mit einem Stöhnen sank sie auf den Schreibtischstuhl, und er schloß die Tür hinter sich und ging zu seinem Wagen hinaus.

Er fuhr die Hauptstraße entlang, die vom Bahnhof fortführte, kam an zwei Polizisten vorüber, die an einer Ecke standen, und lenkte das Auto auf den St. Michaels Square. Der Garland Club lag im Dunkeln, und als er aus dem Wagen stieg und zum Eingang ging, fand er dort an der Tür eine Nachricht, die besagte, daß der Klub vorübergehend geschlossen sei.

Er ging durch die Seitengasse an dem Gebäude entlang

und versuchte die Nebentür zu öffnen, aber sie war verschlossen. Beunruhigt tastete er sich weiter zu dem Hinterhof des Gebäudes. Als er aufblickte, atmete er erleichtert auf, denn er nahm einen Lichtschimmer wahr, der durch einen Schlitz im Vorhang vor dem Fenster zu Steeles Büro drang.

Shane stieg auf einen Müllkübel, erfaßte die Kante des flachen Küchendachs und kletterte vorsichtig hinauf. Behutsam tastete er sich zu dem Fenster, hinter dem das Licht brannte. Das Fenster war bis auf einen schmalen Spalt geschlossen, und mit dem Ohr dicht an dieser Luke lauschte er einen Augenblick. Kein Laut war zu vernehmen. Leise schob er seine Finger in den schmalen Spalt, holte tief Atem und stieß das Fenster auf. Im gleichen Augenblick riß er den Vorhang beiseite und stürzte sich kopfüber in den Raum.

Steele saß an seinem Schreibtisch und drehte sich erschrokken um. Seine Hand griff in eine halb offenstehende Schublade, doch Shane warf sich vorwärts, stieß die Schublade wuchtig zu und klemmte dabei Steeles Hand ein. Steele schrie auf und versuchte aufzustehen. Shane zog die Schublade wieder auf, rammte Steele gleichzeitig die Faust ins Gesicht und warf ihn damit zu Boden.

In der Schublade lag seine eigene Pistole. Er nahm sie heraus und wog sie, seinen Blick auf Steele gerichtet, in der Hand. »Du hast wohl fest damit gerechnet, mich nie wiederzusehen, du Mistkerl, oder etwa doch?«

Steele erhob sich taumelnd vom Boden, strich über seine eingequetschte Hand mit angstverzerrtem Gesicht. »Du kannst alles von mir haben«, flehte er beschwörend, »alles, was du willst. Ich kann dir helfen abzuhauen. Auch ins Ausland. Ich habe Freunde, die mich unterstützen. Aber bring mich nicht um, bring mich bitte nicht um.«

Stammelnd redete er weiter, während Shane ihn verächtlich musterte, und er verstummte schließlich hoffnungslos. Shane stieß ihn grob auf die Tür zu. »Wir machen jetzt eine kleine Fahrt«, sagte er rauh. »Du sollst mit mir einen meiner Freunde besuchen. Einen sehr guten Freund von mir, und ich glaube, gemeinsam wird es uns gelingen, von dir die Wahrheit zu erfahren.«

Als sie zu dem Wagen kamen, befahl Shane ihm, sich ans Steuer zu setzen, und nahm selbst auf dem Beifahrersitz Platz. Eine Zigarette zwischen den Lippen, beobachtete er Steele.

Steele machte nicht den geringsten Versuch, sich zu widersetzen, während er den Wagen durch die Vororte steuerte und sie die Lichter der Stadt im Regen hinter sich zurückließen. Er befolgte Shanes Anweisungen widerspruchslos, und als er vor ihrem Ziel den Motor des Wagens abstellte, blieb er stumm hinter dem Lenkrad sitzen und wartete auf weitere Befehle.

Shane öffnete die Wagentür und zerrte ihn mit sich hinaus. Gemeinsam stiegen sie die Stufen zur Haustür hinauf. Steele sah gespenstisch aus. Seine Oberlippe war aufgeplatzt und blutete stark, und sein Hemd war blutbefleckt. Der Ausdruck seiner Augen war hoffnungslos. Er lehnte sich gegen die Hauswand, sein Atem ging flach und unregelmäßig, und er wartete teilnahmslos, als Shane auf den Klingelknopf drückte.

Die Tür wurde geöffnet und warf durch den Spalt einen gelben Lichtkeil ins Dunkle, und Charles Graham blickte in die Nacht hinaus. Shane stieß Steele vor sich her ins Haus und folgte ihm.

Nur die Augen in Grahams verunstaltetem Gesicht verrieten ein gewisses Erschrecken, dann schloß er schnell die Tür hinter ihnen. »Shane!« rief er überrascht aus. »Was ist denn geschehen. Ich dachte, du wärest mit dem Zug unterwegs nach London.«

Shane nickte grimmig. »Das haben sich sicher eine Menge Leute gedacht, aber ich hatte andere Pläne.« Er schob Steele weiter. »Ich brauche Antwort auf ein paar Fragen, und dieser Saukerl hier wird sie uns geben.« Er wandte sich Graham mit einem gezwungenen Lächeln zu. »Ich ziehe dich nicht gern in diese Geschichte rein, Graham, aber ich brauche dringend deine Hilfe. Können wir nach oben gehen?«

Graham nickte. »Selbstverständlich, Shane. Ich hoffe aber, daß du genau weißt, was du tust.«

Er stieg ihnen voraus die Treppe zum Dachgarten hinauf. Shane folgte ihm und schob Steele vor sich her. Der schwere Duft der Orchideen und die schwüle Wärme wirkten betäubend, und als sie in das weitläufige Gewächshaus kamen, traten Shane dicke Schweißperlen auf die Stirn und rannen ihm in die Augen.

Graham trug ein leichtes Nylonhemd und einen seidenen Schal. Er wirkte entspannt und ausgeglichen, während er durch die schmale Gasse zwischen den Pflanzen zum Ende des Dachgartens vorausging. Er ließ sich auf der Kante des Tisches nieder und sah ihnen entgegen. Sein zernarbtes Gesicht zeigte keinerlei Ausdruck, aber seine Augen waren wachsam. »Nun gut«, begann er herausfordernd, »ich nehme an, daß du Steele beschuldigen willst, er hätte das Mädchen umgebracht, aber jetzt würde ich gern von dir hören, wie du das beweisen willst.«

Shane lächelte flüchtig und griff nach einer Zigarette. Er zündete sie an und stieß den Rauch genußvoll aus. Er war völlig entspannt und fühlte sich seiner Sache sicher. Er schob die Hand in die Tasche und zog die Pistole.

»Aber ich bin ja gar nicht der Meinung, daß Steele das Mädchen ermordet hat«, entgegnete er lauernd. »Ich glaube vielmehr, daß du es gewesen bist.«

Irgendwo in der Ferne grollte bedrohliches Donnern, und der Regen schwoll zu einem plötzlichen Guß an, der auf das gläserne Dach des Gewächshauses trommelte. Grahams Gesicht zeigte keinerlei Wechsel im Ausdruck an. Auch er zündete sich eine Zigarette an, bevor er gelassen entgegnete: »Bist du dir eigentlich im klaren darüber, was du da sagst?«

Steele trat einen Schritt vor, und seine Stimme klang schrill und krächzend vor Angst. »Ich hab' dich gewarnt«, schrie er, »ich hab' dir gesagt, daß er gefährlich ist.«

Damit war Grahams eiserne Selbstbeherrschung überfordert. Er fuhr auf und schlug Steele brutal ins Gesicht. »Reiß dich zusammen, du dummer Hund«, schrie er ihn an.

Steele brach vollkommen zusammen. Er fuhr herum und stürzte mit vorquellenden Augen auf Shane zu, wobei ihm Schaum vor dem Mund stand. Shane wich einen Schritt zurück und trat ihn in den Unterleib.

Während Steele sich vor Schmerzen auf dem Boden wand, kam Graham näher und blickte voller Verachtung auf den sich Krümmenden hinunter. »Ich hätte ihn mir längst vom Hals schaffen sollen.«

Shane richtete seine Pistole auf Graham. »Setz dich«, befahl er bedächtig. Plötzlich schrillte die Klingel von der Haustür her. Das Gehäuse der Glocke war an einem in der Nähe befindlichen hölzernen Pfosten montiert, und mit einem hämischen Grinsen riß Graham das Kabel, das zu ihr führte, mit einem raschen Griff ab. »Jetzt können wir ungestört miteinander reden«, sagte er.

Graham setzte sich in einen der Korbsessel und kreuzte die Arme vor der Brust. Er wirkte völlig ruhig und selbstsicher. »Es würde mich schon interessieren, wie du auf mich verfallen bist.«

Shane lehnte sich gegen einen der gußeisernen Pfeiler, die das Glasdach trugen. »Anfangs hatte ich jeden in Verdacht. Crowther, Steele, sogar Laura Faulkner, aber die einzelnen Puzzleteile paßten nicht zusammen. Die Wahrheit dämmerte mir erst vor einer Stunde. Ich ging in Gedanken alles noch einmal durch, suchte verzweifelt nach einem Hinweis – nach irgend etwas, was mir helfen konnte, aufzudecken, was hinter all dem steckte. Dabei erinnerte ich mich dann an zwei bedeutsame Punkte, und beide brachten dich mit Steele in Verbindung.«

Graham griff nach einer neuen Zigarette. »Und was ist das gewesen?«

»Eigentlich war es Steele, der mich darauf gebracht hat«, erwiderte Shane. »An jenem ersten Abend, als ich ihn im Garland Club aufsuchte, erwähnte er die Tatsache, daß ich in einer Anstalt gewesen war. Als ich ihn bedrohte, warnte er mich, ich solle vorsichtig sein, oder ich würde mich sehr bald wieder im Irrenhaus befinden. Darüber hatte ich nur mit zwei Personen gesprochen – mit dir und mit Laura Faulkner.«

»Sehr interessant«, warf Graham ein, »aber kaum sehr beweiskräftig.«

»Für sich allein noch nicht, doch ich erinnerte mich an eine andere merkwürdige Tatsache. In der Nacht, als ich in Steeles Büro eindrang, um nach dem Umschlag zu suchen, der angeblich Laura Faulkners Briefe enthielt, lauerte er mir in der Dunkelheit mit zwei seiner Komplizen auf. Dafür gab es nur eine mögliche Erklärung. Er erwartete mich, weil jemand ihn gewarnt hatte, daß ich kommen würde. Du warst der einzige, der davon etwas wußte.«

Graham schüttelte den Kopf, und so etwas wie ein Lächeln spielte um seinen verstümmelten Mund. »Höchst interessant«, entgegnete er, »aber auch im höchsten Maß an den Haaren herbeigezogen. Vor Gericht würde keine dieser Vermutungen bestehen können. Schließlich hoffte Laura Faulkner darauf, daß du in den Besitz des Umschlages gelangen würdest.« Er schüttelte den Kopf. »Nein, nein. Du mußt schon Besseres bieten.«

»Das kann ich auch«, erwiderte Shane gelassen. »Mein Trumpf-As habe ich noch in der Hinterhand. Noch heute abend hatte ich ein kleines Tête-à-tête mit dem Mädchen am Empfang in meinem Hotel. Plötzlich konnte sie viel Geld für ihre Garderobe ausgeben – sehr viel Geld, wie mir schien. Ich stellte mir die Frage, ob zwischen diesem Aufwand und der Tatsache, daß jemand in der Lage gewesen ist, in den Besitz des Schlüssels zu meinem Zimmer zu kommen, nicht ein Zusammenhang bestand. Wer es auch gewesen war, diese Person hatte meine Luger gestohlen. Ich habe sie in Steeles Büro wiedergefunden.«

»Und was soll das mit mir zu tun haben?«

»Ganz einfach. Nachdem ich das Mädchen ein bißchen hart angefaßt hatte, gab sie mir eine perfekte Beschreibung deiner Person«, erwiderte Shane. »Und darüber sollten wir uns doch klar sein: Das ist nicht allzu schwierig.«

»Folglich habe ich also Jenny Green umgebracht?« fragte Graham.

»Du warst die einzige Person, der ich gesagt habe, daß ich mich in Jenny Greens Wohnung versteckt hielt«, erwiderte Shane. »Steeles Handlanger wußten Bescheid, weil du Steele informiert hattest, aber sie waren außer Gefecht gesetzt. Der Zustand, in dem ich Steele zurückgelassen hatte, mußte es ihm unmöglich gemacht haben, rechtzeitig in die Stadt zurückzukommen. Ich habe sogar Adam Crowther in Betracht gezogen, aber der wußte nichts von meiner Beziehung zu Jenny Green. Nur du konntest es gewesen sein, Graham. Eine ganz simple Rechnung. Du warst der einzige, der noch übrigblieb.« Shane verzog das Gesicht, als er hinter seinem rechten Auge einen leichten Schmerz wahrzunehmen begann. »Das einzige, was ich noch nicht begreife, ist, warum?«

Graham seufzte auf und erhob sich von seinem Sessel. Steele nutzte den Augenblick, um sich auf die Seite zu wälzen und Shanes Beine zu umklammern. Shane kam aus dem Gleichgewicht und sank auf ein Knie. Graham sprang vor und wand Shane mit einem geschickten Griff die Luger aus der Hand. Shane griff vergeblich nach seinem Arm, doch seine Finger krallten sich in Grahams Ärmel, und als der zurückwich, riß das dünne Nylongewebe und der ganze Ärmel blieb in Shanes Hand zurück.

In der Stille, die folgte, stieß Shane mit einem lauten Zischen die Luft zwischen den Zähnen aus, und die warme, stickige Luft des Treibhauses schien sich mit einem schrecklichen, gewichtslosen Druck auf ihn zu legen.

Graham hielt die Luger in Hüfthöhe, sein entblößter rechter Arm hob sich klar von dem Blau seines Hemdes ab. Und etwas war besonders auffällig. Um seinen Unterarm wand sich in Rot und Grün eine tätowierte Schlange und darunter die Schrift: Simon und Martin – Freunde fürs Leben.

In die herrschende Stille schrie Steele mit schwacher Stimme: »Gib's ihm, Faulkner. Entweder ist er dran – oder wir!«

Shane richtete sich auf und lehnte sich wieder gegen den

eisernen Pfeiler. Der Schmerz in seinem Kopf war inzwischen sehr viel stärker geworden, und als er sich mit der Hand über das Gesicht strich, war sie naß von Schweiß. Als er schließlich das Wort ergriff, klang seine Stimme, als käme sie aus sehr weiter Ferne. »Was ist geschehen, Simon«, fragte er. »Was ist wirklich geschehen?«

»Meinst du in Korea?« Simon Faulkner hob die Schultern und ließ sie wieder sinken. »Ich war derjenige, den Colonel Li sich für seine Schießübungen ausgesucht hatte. Ich aber wollte leben – das war alles. Er hatte sein Erschießungskommando schon draußen antreten und die Gewehrsalve abfeuern lassen, um euch zu täuschen, doch er ließ mich in meine Zelle zurückbringen. Vorher hatte er mir mitgeteilt, daß er noch weitere Verwendung für mich hätte. Ich sollte in den Gefangenenlagern im Norden als Spion für ihn arbeiten.«

»Und hattest du dagegen keine Bedenken?« fragte Shane.

Faulkner zuckte wieder mit den Schultern. »Ich hatte nicht viel Zeit, darüber nachzudenken, denn gleich darauf fingen die Amerikaner an, den Tempel zu bombardieren.«

»Und wie gelang es dir, zu entkommen?« fragte Shane.

Auch darauf reagierte Faulkner mit einem Schulterzucken. »Genauso, wie ich es dir geschildert habe, als du das erste Mal bei mir warst.« Er lachte unvermittelt auf. »Für mich schien alles vollkommen glattzugehen, und dann stolperte ich über diese Tretmine.«

»Und wie konntest du deine Identität mit der von Charles Graham vertauschen?«

Faulkner grinste und steckte sich eine neue Zigarette zwischen seine deformierten Lippen. »Dafür brauchte ich überhaupt nichts zu tun«, antwortete er. »Das ergab sich ganz einfach. Als ich im Lazarett wieder zu mir kam, konnte ich nicht sprechen, konnte nichts mehr sehen. Dann geschah es, daß mich jemand mit Charles Graham ansprach. Zunächst war ich zu geschwächt, um zu widersprechen. Ich wußte, daß Graham tot war, denn ich hatte gesehen, was nach dem Bombardement von ihm übriggeblieben war. Nach einer Weile durchschaute ich, was passiert war. Die Uniform, die ich mir in Colonel Lis Büro ergriffen hatte, war die von Graham, und danach hatten sie mich identifiziert.«

Er lachte rauh. »Etwas später brachten sie dann den Oberst von unserem Regiment. Als er mich nicht wiedererkannte und damit zu prahlen anfing, welche Wunder sie schon damals mit plastischer Chirurgie vollbrachten, wurde mir plötzlich klar, wie einfach für mich alles war. Da waren das Geld und das Geschäft, die Grahams Onkel ihm hinterlassen hatte, und andere Verwandte hatte Graham nicht. Die Operationen an meinem Gesicht würden die Veränderung meines Aussehens erklären, und ihr anderen lagt alle tot unter den Ruinen von diesem verdammten Tempel.«

Shane begann sich müde zu fühlen – sehr müde, und seine Kopfschmerzen wurden immer stärker. Es machte ihm Mühe zu sprechen, und er schüttelte den Kopf, als er sagte: »Du bist trotzdem ein teuflisches Risiko eingegangen.«

Simon Faulkner nickte. »Aber es lohnte sich. Verstehst du, ich mußte mit mindestens fünf Jahren rechnen, wenn ich nach Hause zurückkam. Ich hatte sehr gewagt mit Geldern der Firma an der Börse spekuliert. Ich wußte, daß das nach wenigen Wochen aufgedeckt werden würde. Deshalb hatte ich mich freiwillig nach Korea gemeldet.«

»Ich weiß«, erwiderte Shane. »Deine Schwester hat mir das alles erzählt.« Plötzlich kam ihm ein Gedanke, und er fragte mit einem leichten Stirnrunzeln: Aber sage mir noch – hat Laura über all das Bescheid gewußt?«

Faulkner nickte. »Ja, ich habe da einen sehr dummen Fehler gemacht. Als die Chirurgen mit ihren Operationen an meinem Gesicht fertig waren, war ich fest überzeugt, daß nicht einmal meine Mutter in der Lage sein würde, mich von dem Mann zu unterscheiden, der dort wirklich entlassen wurde. Ich entschloß mich, eine Probe aufs Exempel zu machen und schrieb an Laura, setzte ihr auseinander, daß ich mit ihrem Bruder zusammen in Korea gewesen sei, und sie forderte mich daraufhin auf, sie aufzusuchen.«

»Und sie hat dich erkannt?« fragte Shane ungläubig.

»Glaub mir, oder auch nicht – es war meine Handschrift, die sie erkannt hat.« Faulkner lachte. »Eine kleine hübsche Ironie des Schicksals.«

»Und du hast ihr gegenüber alles eingestanden?«

Faulkner nickte. »Es schien keinen Sinn zu haben, irgend etwas abzustreiten, und außerdem war ich vollkommen sicher. Sie wollte keinen weiteren Skandal. Er hätte meinen Vater umgebracht.«

»Und wann fing es damit an, daß wirklich etwas schiefging?« fragte Shane.

Faulkner hob wieder die Schultern. »Als der Krieg beendet wurde und die Chinesen anfingen, die Kriegsgefangenen zu entlassen. Ich entschloß mich, den Stier bei den Hörnern zu packen, und suchte als erstes Crowther auf, als ich nach Hause kam. Er hegte keinen Augenblick auch nur den geringsten Verdacht. Reggie Steele suchte mich auf, noch ehe ich ihn einladen konnte. Er ließ mich fünf oder zehn Minuten lang eine ziemliche Schau abziehen und erklärte mir dann, er wüßte verdammt genau, wer ich wirklich sei. Er war von den Trümmern halb verschüttet worden; seine Beine waren eingeklemmt, aber er hatte gesehen, daß ich unverletzt aus dem Tempel entkommen war.«

»Und du mußtest ihn dafür bezahlen, daß er dichthielt?«

Faulkner nickte bestätigend. »Zunächst suchte ich nach einer Möglichkeit, wie ich ihn mir vom Hals schaffen könnte, doch dann eröffnete er seinen Klub, und ich erkannte die Möglichkeiten, die sich aus einer Zusammenarbeit mit ihm boten. Er fungierte als Strohmann, und ich hatte das Kommando. Während der letzten Jahre haben wir eine ganze Menge Geld gemacht.«

»Ist dir bekannt, daß er deine Schwester erpreßt hat?« fragte Shane.

Faulkner schüttelte den Kopf. »Ich fürchte, Laura hat sich da sehr töricht verhalten. Steele drohte ihr, mich bei meinem Vater zu verraten, wenn sie sich nicht auf sein Spiel einließ.

Sie hat jahrelang sinnlos darunter gelitten, und ich hätte dem mit einem Telefongespräch ein Ende gemacht. Andererseits wußte sie aber auch nichts von meiner Verbindung zu Steele.«

Shane hatte mittlerweile Mühe, sich zu konzentrieren. Er schloß die Augen und wischte sich mit der Hand über die Stirn. »Was war dann mit Wilby? Welche Rolle hat er gespielt?«

Faulkner seufzte. »Das war einer von Steeles Fehlern. Ich nehme an, er bildete sich etwas darauf ein, daß er den großen Boß spielen und für einen alten Kameraden etwas tun konnte, der ihn anbettelte.«

»Vermutlich ist er hinter dein Geheimnis gekommen.«

Faulkner nickte zur Bestätigung. »Er belauschte uns eines Abends, als ich mit Steele in dessen Büro sprach. Es war leicht, ihm den Mund zu stopfen. Zunächst einmal hatte er eine Todesangst vor mir, und außerdem war er glücklich und zufrieden, solange er genug Geld hatte, um sich vollaufen zu lassen. Bedauerlicherweise änderte sich das zu meinem Nachteil, als du auf der Bildfläche auftauchtest.«

»Und du hast ihn dann in diesen Gasofen gesteckt.«

Faulkner nickte ungerührt. »Plötzlich hatte er mehr Angst vor dir als vor mir. Er schrieb mir einen Brief, in dem er gestand, daß er es nicht mehr ertragen könne und daß er dir alles gestehen wolle. Ich ging zu ihm in seine Wohnung mit der Absicht, ihm so viel Geld zu bieten, daß er den Mund hielt, bis ich mir dich auf die eine oder andere Weise vom Hals geschafft hatte.«

»Und was hat dabei dann nicht geklappt?«

Mit einem schiefen Grinsen antwortete Faulkner: »Ich fand ihn betrunken in seiner Küche. Die Gelegenheit war zu günstig, um sie mir entgehen zu lassen. Ich zerrte ihn zu dem Gasofen und steckte seinen Kopf hinein.«

»Und wie war das mit dem Abschiedsbrief?« fragte Shane.

»Ja, das war das Tüpfelchen aufs i. Ich ließ das zweite Blatt des Briefes, den er mir geschrieben hatte, zurück. Das sah ganz nach einem Abschiedsbrief aus und belastete dich sehr.«

»Und wie war es mit all dem anderen?« fragte Shane weiter. »Die Schritte, der Vorfall im Nebel, als ich Laura in das Hotel gehen sah? Hast du auch hinter all dem gesteckt?«

»Den Klumpfuß hielt ich für einen gelungenen Gag«, räumte Faulkner ein. »Es schien ja doch so, als ob du von Colonel Li völlig besessen wärest, und deshalb schien es nicht unbedingt notwendig zu sein, dich umzubringen. Du würdest ohnehin sterben. Ich rechnete damit, daß du verschwinden würdest, wenn es mir gelang, dich davon zu überzeugen, daß du deinen Verstand verloren hast.«

»Aber wie ist das in dem Hotel zugegangen, als Laura so plötzlich verschwand?«

»Ich wollte nicht, daß sie zu mir in mein Haus kam, weil du womöglich unerwartet hier auftauchen konntest«, antwortete Faulkner. »Ich verabredete mich mit ihr in diesem Hotel. Ich beobachtete sie vom Zimmerfenster aus, als sie kam, und sah, daß du ihr folgtest. Ich rief beim Empfang unten an und erklärte dem Portier genau, was er zu tun hätte. Ich sagte ihm, ich hätte eine Affäre mit der Dame und du wärst ein schnüffelnder Privatdetektiv, der sie im Auftrag ihres Mannes beobachtet.«

»Damit ist aber noch nicht geklärt, wie ich von dort mit ihr zu Hause telefonieren konnte.«

Faulkner lachte amüsiert. »Aber sie war ja gar nicht zu Hause. Der Portier hat doch für dich das Gespräch vermittelt. Er hat dich einfach mit dem Apparat in dem Zimmer verbunden, in dem sie sich mit mir getroffen hatte.«

Alles paßte nahtlos zusammen, aber das Bild war noch immer unvollständig. Lauernd fragte Shane: »Und wie war das mit Jenny Green? Warum mußtest du sie umbringen?«

Faulkner hob die Schultern. »Ist denn das nicht offensichtlich? Ich wollte dich ein für allemal loshaben. Nachdem du Steele in Hampton verlassen hattest, gelang es ihm, mich von einer Telefonzelle an der Hauptstraße aus anzurufen. Er sagte mir, daß du in den Klub wolltest, um dir diesen Umschlag zu holen, und er sagte mir auch, was sich darin befand. Keine an ihn gerichteten Briefe von Laura, wie sie dir gesagt hatte, sondern die Wahrheit über meine Identität. Wenige Minuten später rief auch Laura mich an, um mir das gleiche zu sagen. Sie sagte mir auch, daß es ihr gelungen sei, dich bei sich zu Hause aufzuhalten. Sie sagte mir, ich solle den Umschlag in meinen Besitz bringen, bevor du ihn öffnen könntest.«

Diese Enthüllung verletzte Shane nicht, sie erfüllte ihn nur mit einer gewissen Trauer und etwas, das einem tiefen Bedauern nahekam. Er schluckte schwer, als er langsam sagte: »Ich verstehe.«

Faulkner schüttelte den Kopf. »Nein, Martin, das verstehst du bestimmt nicht. Ich wußte, daß Laura von dir tief beeindruckt war, aber stärker als das war ihre verzweifelte Entschlossenheit, daß die Wahrheit über mich niemals offenbar werden durfte. Sie wußte, daß das für meinen Vater tödlich sein würde.«

»Das alles erklärt aber noch nicht, warum du Jenny umgebracht hast«, beharrte Shane.

»Nachdem ich dich in der Nebengasse niedergeschlagen hatte, wurde mir klar, daß du anschließend in die Wohnung des Mädchens gehen würdest, und da sah ich plötzlich den Weg vor mir, wie ich dich endgültig beiseite schaffen konnte. Du warst jahrelang in einer geschlossenen Anstalt gewesen, und verschiedene Personen wußten von deiner Wahnidee, daß einer deiner Kameraden in Korea an dir zum Verräter geworden sei. Du warst sogar von dem Richter während der Untersuchung der Todesursache von Wilby öffentlich gerügt worden. Ich brauchte doch nur vor dir in die Wohnung zu gelangen, das Mädchen zum Schweigen zu bringen und dich unschädlich zu machen, sobald du kamst.«

»Aber du Mistkerl hast sie nicht nur einfach umgebracht«, entgegnete Shane, »du hast sie regelrecht zerfleischt.«

»Das mußte ich doch so machen, um es glaubwürdig erscheinen zu lassen«, erklärte Faulkner geduldig. »Du standest im Verdacht, wahnsinnig zu sein. Danach mußte auch die Tat aussehen.«

Steele war es inzwischen gelungen, sich wieder aufzurichten, und er hatte sich in einen der Korbsessel fallen lassen. Sein Gesicht war totenbleich und schmerzverzerrt. »Was machen wir jetzt mit ihm?« fragte er haßerfüllt.

Faulkner grinste hämisch. »Ich werde ihn erschießen«, erklärte er gleichmütig. »Es ist alles ganz einfach. Er hatte eine Waffe. Es kam zu einem Handgemenge, und mir ist es gelungen, ihn in Notwehr zu erschießen.«

Shane atmete schwer und versuchte, seinen erschöpften Körper gerade aufzurichten, als er plötzlich eine Bewegung zwischen den Gewächsen hinter sich wahrnahm. Lomax erschien und blieb an seiner Seite stehen.

Shane empfand eine ungeheure Erleichterung und ließ sich gegen den Pfeiler zurücksinken. »Wo sind Sie so lange geblieben?« fragte er. »Ich fing schon an, mir Sorgen zu machen.«

Lomax lächelte. »Ich bin schon eine ganze Weile hier«, antwortete er . »Als ich an der Haustür klingelte, öffnete mir niemand, und ich mußte gewaltsam ein Fenster öffnen, um ins Haus zu gelangen. Sie waren so sehr in ihr Gespräch vertieft, daß Sie mich nicht kommen hörten.«

»Haben Sie alles mitbekommen?«

Lomax nickte. »Es ist ausreichend. Ich entschuldige mich bei Ihnen später.« Er wandte sich an Faulkner und sagte grimmig: »Sie händigen mir das Ding besser aus. Das Haus ist ohnehin umstellt. Sie würden nicht sehr weit kommen.«

Steele stieß einen Schreckensschrei aus und versuchte aufzustehen. Faulkner drehte sich schnell um und schlug ihm mit dem Lauf der Pistole über den Kopf, dann wich er zurück, bis er mit dem Rücken vor der Tür stand, die auf die Terrasse hinausführte.

»Der erste, der eine Bewegung macht, bekommt eine Kugel zwischen die Augen«, drohte er verbissen. »Das ist mein Ernst. Ich habe nichts zu verlieren, und ich habe nicht die Absicht, zu hängen.«

Er öffnete die Tür zur Terrasse und trat rückwärts hinaus, ohne seine Blicke von ihnen abzuwenden. Shane sagte geduldig: »Du wirst aber hängen, Simon. Ich habe heute abend einem Freund versprechen müssen, daß ich dich nicht töten würde. Ich konnte mir selbst aber nicht so recht trauen, ob ich nicht doch abdrücken würde, wenn ich die Waffe auf dich gerichtet hielt, darum hielt ich es für ratsam, auf Nummer Sicher zu gehen.« Er griff in eine Tasche seines Jacketts und hielt in der ausgestreckten Hand das Magazin der Luger.

Faulkner schien einen Augenblick zu erstarren, und sein verstümmeltes Gesicht verzerrte sich vor Wut. »Du lügst!« schrie er wild und drückte ab. Das leere metallische Klicken der Waffe hallte in der plötzlichen Stille, und dann ging Shane langsam auf Faulkner zu.

Lomax hinter ihm stieß einen warnenden Ruf aus und packte ihn an der Schulter, doch Shane schüttelte ihn ab. Er nahm nichts anderes mehr wahr als die Augen Faulkners, die haßerfüllt in seinem jetzt von Wut noch mehr entstellten Gesicht brannten. Hier ging es um eine persönliche Abrechnung, etwas, das zwischen ihnen beiden ausgetragen werden mußte.

Faulkner wich auf der Terrasse langsam vor Shane zurück, die nutzlose Pistole hoch erhoben. Er warf einen kurzen Blick zurück über die Schulter, und als er sich wieder Shane zuwandte, schien ein Hoffnungsschimmer in seinen Augen aufzuglimmen. Shane bemerkte die eiserne Feuerleiter hinter Faulkner und schüttelte langsam den Kopf. »Du entkommst mir nicht, Simon«, sagte er. »Jetzt sind wir am Ende der Geschichte. Jetzt kommt der Augenblick, in dem alle Schulden beglichen werden.«

Plötzlich schleuderte Faulkner die Pistole mit aller Wucht nach ihm. Shane versuchte, sich zu ducken, aber sie traf ihn mit einem harten Schlag gegen die Stirn. Er stieß einen lauten Schmerzensschrei aus. In seinem Kopf schien etwas zu bersten, farbige Lichter zerfetzten die Nacht.

Er taumelte vorwärts, die Hände blindlings weit vor sich ausgestreckt. Faulkner schwang sich auf das Geländer und umfaßte die Feuerleiter. Shanes Hand schloß sich um einen

Knöchel und versuchte ihn zurückzuzerren. Er blickte auf und nahm noch das monströse Gesicht wahr, das auf ihn hinabstarrte. Dann trat Faulkner mit seinem freien Fuß wild nach ihm aus.

Shane taumelte zurück, prallte gegen Lomax, und Faulkners Fuß glitt ab. Er machte einen Schritt rückwärts in den leeren Raum. Einen Augenblick lang schien er dort frei zu schweben, ehe er mit einem schrecklichen Aufschrei verschwand.

Der Schrei schien Shanes Gehirn zu durchdringen, begann dort in immer enger werdenden Kreisen umherzuwirbeln, und dann verschmolzen die Lichter der untenliegenden Stadt zu einer ständig wachsenden Kugel, die vor seinen Augen zu rotieren begann, bis sie schließlich explodierte und er in tiefe Finsternis versank.

16

Als Shane erwachte, war es still um ihn – sehr still, und er fand sich in einer ihm fremden Umgebung wieder. Er lag in einem schmalen Hospitalbett, und die Wände und sämtliche Möbel in dem kleinen Raum waren weiß gestrichen.

Nach einer Weile versuchte er sich aufzusetzen. Aus einem unerklärlichen Grund fühlte sein Kopf sich wie losgelöst von seinem übrigen Körper an, und als er mit der Hand nach seiner Stirn griff, spürte er einen dicken Verband.

Er versuchte sich noch weiter aufzurichten, doch in diesem Augenblick wurde die Tür geöffnet und eine Krankenschwester betrat den Raum. Sie war eine große Frau in mittleren Jahren mit einem freundlichen Gesicht und großen kräftigen Händen. Sie trat rasch an sein Bett und schob ihn sanft in die Kissen zurück. »Sie dürfen das nicht tun«, sagte sie besänftigend. »Sie sollten sich überhaupt nicht bewegen.«

»Wo bin ich?« fragte Shane. »Was ist passiert?«

»Sie sind in einem Privatzimmer im General Hospital in Burnham«, antwortete die Krankenschwester. »Sie befinden sich seit fünf Tagen hier.«

Shane runzelte die Stirn. »Seit fünf Tagen? Das verstehe ich nicht.«

Mit flinken Bewegungen zog sie seine Decke glatt und griff dann nach einer Fieberkurve, die an einem Haken über dem Bett hing. »Sie haben eine sehr schwere Operation überstanden«, erklärte sie. »Es ist ein Wunder, daß Sie überhaupt noch da sind.«

Für einen Augenblick schien ihm ihre Stimme in der Ferne zu verklingen, überließ ihn sich selbst, während er über die mögliche Bedeutung ihrer Worte nachdachte. Doch dann holte er tief Atem und fragte: »Wollen Sie damit sagen, daß ich die Operation hinter mir habe, die erforderlich war, um die Granatsplitter aus meinem Gehirn zu entfernen?«

Sie nickte. »Ganz richtig. Sie wurden in einem schrecklichen Zustand zu uns gebracht. Sir George Hammond kam extra mit dem Flugzeug von London hergeflogen, um die Operation auszuführen. Er hoffte, daß Sie wieder zu Bewußtsein kommen würden, bevor er abreisen mußte, aber er hatte gestern einen anderen wichtigen Operationstermin in Deutschland, darum mußte er wieder fort.«

»Dann werde ich also doch nicht sterben«, sagte Shane nachdenklich.

Sie lachte fröhlich auf. »Lieber Himmel, nein. Sie werden vielleicht noch eine oder zwei Wochen hier bleiben müssen, aber Sie werden wieder völlig gesund sein, wenn Sie entlassen werden.«

Sie verließ das Zimmer, und er legte sich wieder in die Kissen zurück und blickte zur Decke auf, plötzlich leer, ausgehöhlt und ohne jede Empfindung. Später würde er sich vielleicht erleichtert fühlen, doch im Augenblick empfand er gar nichts. Nur eine Leere, eine Kälte, die ihn erfüllte und die unbeschreiblich war.

Kurz darauf erschien ein Arzt, der ihn einer Routineuntersuchung unterzog, und anschließend brachte ihm die Krankenschwester etwas zu essen. Als sie ihm ein Tablett über die Knie stellte, entdeckte er in einer Vase nahe dem Fenster einen Blumenstrauß, und er fragte, woher die Blumen stammten. Sie lächelte. »Eine junge Dame hat sie gebracht«, antwortete sie, »eine Miß Faulkner, soviel ich weiß.«

Shane bemühte sich, beiläufig und unbefangen zu klingen. »Ist sie hier gewesen?«

»Sie war jeden Tag hier«, antwortete die Schwester. »Ich mußte ihr versprechen, sie sofort anzurufen, sobald sie aufwachen würden.«

Nachdem sie das Tablett wieder fortgetragen hatte, legte er sich wieder in die Kissen zurück, blickte durch das Fenster hinaus und dachte an Laura Faulkner. Seine Sinne schienen ihm schärfer zu sein, klarer und deutlicher als ihm früher je bewußt gewesen war. Er konnte von den Blumen auf der anderen Seite des Zimmers her sogar ihren Duft wahrnehmen, und eine schmerzhafte Sehnsucht nach Laura erfaßte ihn. Als unerwartet die Tür plötzlich wieder geöffnet wurde, wandte er sich ärgerlich danach um.

Lomax stand mit einem verlegenen Lächeln auf dem Gesicht im Zimmer. »Sie scheinen enttäuscht zu sein. Haben Sie jemand anderen erwartet?« fragte er.

Shane antwortete: »Ich dachte, es könnte Laura Faulkner sein.«

Lomax schüttelte den Kopf. »Ihr Vater wurde am gleichen Tag wie Sie hier eingeliefert«, erklärte er. »Er ist gestern gestorben. Soviel ich weiß, ist heute vormittag die Beerdigung. Miß Faulkner wird sehr in Anspruch genommen sein.«

Shanes Hand schloß sich fest um den Saum seiner Bettdekke, und bei dem Gedanken, daß sie völlig auf sich selbst gestellt war, fluchte er lautlos vor sich hin. Er schob den Gedanken bewußt von sich und fragte: »Haben Sie eine Zigarette?«

Lomax reichte ihm die Packung und sagte: »Diese Frau hat sehr viel Kraft. Ihr Bruder wurde vor drei Tagen begraben, und sie folgte seinem Sarg bis ans Grab. Unter den gegebenen Umständen gehörte dazu schon etwas. Nach allem, was ich in Erfahrung bringen konnte, hat er nie etwas für sie oder den alten Herrn getan.«

Lomax gab ihm Feuer. Dankbar zog Shane den Rauch ein und seufzte. »Ich hätte nie gedacht, daß ich es noch einmal genießen könnte.« Er deutete auf einen Stuhl in der Nähe des Bettes. »Setzen Sie sich und klären Sie mich darüber auf, was alles geschehen ist.«

Lomax zog seine Pfeife aus der Tasche. »Da gibt es nicht viel zu berichten. Faulkner war nach seinem Sturz auf der Stelle tot. Steele ist in Haft. Wir beschuldigen ihn der Beihilfe bei der Vorbereitung eines Verbrechens und bei mindestens einem Mord sowie einer ganzen Reihe anderer Straftaten. Bei der Durchsuchung seines Büros fanden wir eine ganze Menge interessanter Dinge. Er und Faulkner hatten die Finger in ungefähr allem drin, von organisierter Prostitution bis zum Rauschgifthandel.«

Shane runzelte die Stirn und schloß die Augen. Er versuchte angestrengt, sich Simon Faulkner vorzustellen. Simon, den guten Kameraden, sicher und zuverlässig in jeder gefährlichen Situation, immer vergnügt und lächelnd. Aber es war vergeblich. Die Erinnerungen waren verschwommen und unwirklich geworden, als ob sie nicht mehr als fragwürdige Gebilde seiner Phantasie wären.

Hilflos schüttelte er den Kopf. »Das zeigt wieder einmal, wie wenig man einen anderen Menschen kennen kann – selbst wenn es der engste und vertrauteste Freund ist.« Mit einem halben Lächeln fuhr er fort: »Und was wird aus mir? Keine Anklage wegen Widerstand? Was ist mit dem jungen Konstabler in der Hintergasse und mit dem Detektiv im Zug? Ich fürchte, ich hatte nicht die Zeit, behutsam mit ihnen umzugehen.«

»Juristisch gesehen könnte ich Anzeige gegen Sie erstatten, aber unter den gegebenen Umständen...« Lomax hob die Schultern und stand auf.

»Ich sehe Sie hoffentlich noch einmal, bevor ich abreise«, sagte Shane.

Lomax nickte. »An dem Tag, an dem Sie hier herauskommen, können Sie mir ein Bier ausgeben.« Er grinste. »Ich muß weiter. Sie können nach Ihrem Belieben hier ruhig im Bett liegen, aber für mich gilt, sobald ein Verbrechen aufgeklärt ist, liegt das nächste schon vor.«

Als er die Tür öffnete, sagte Shane: »Lomax – dieser Faulkner.« Der Inspektor drehte sich zu ihm um und sah ihn neugierig an, und Shane fuhr fort: »Er war nicht durch und durch übel, müssen Sie wissen. Er hat mir einmal das Leben gerettet. Ich bekam einen Granatsplitter in den Fuß, und er trug mich unter schwerem Beschuß auf seinem Rücken zurück zu den eigenen Linien.«

Lomax zuckte mit den Schultern. »Wie Sie selbst ganz richtig gesagt haben: Wer weiß schon, was im Kopf eines anderen Menschen vorgeht?« Mit einer knappen Handbewegung bekundete er seine Ratlosigkeit und faßte damit alles zusammen. Dann schloß sich die Tür hinter ihm.

Shane lag in seinem Bett, starrte an die Decke und dachte über Simon Faulkner nach. Nach einer Weile öffnete sich wieder leise die Tür und Pater Costello erschien. Er hatte einen dunklen Regenmantel an und trug in der rechten Hand eine schwarze Tasche. Er lächelte Shane herzlich an und setzte sich zu ihm auf die Bettkante. »Es tut meinem Herzen wohl, Sie zurück im Land der Lebenden zu sehen, Martin.«

»Das danke ich Ihnen, Pater«, antwortete Shane. »Wenn Sie kein Vertrauen in mich gehabt hätten...« Er verstummte, ohne seinen Satz zu beenden.

»Unsinn«, widersprach Pater Costello. »Die Wahrheit tritt am Ende immer zutage, wenn man ein wenig Glauben hat.« Er stand wieder auf. »Tut mir leid, daß ich nicht länger bleiben kann. Laura Faulkners Vater ist gestern gestorben. Heute vormittag ist die Beerdigung, und sie hat mich gebeten, den Trauergottesdienst abzuhalten.«

Shane schluckte mühsam. »Wie geht es ihr, Pater?«

»Dieses Ereignis hat sie härter getroffen, als alles andere, Martin. Erst ihr Bruder und der Skandal, der damit verbunden war, und jetzt ihr Vater.« Er seufzte auf und ging zur Tür. »Ich werde ihr sagen, daß ich Sie besucht habe, Martin. Falls sie zu Ihnen kommen sollte, seien Sie freundlich zu ihr. Das arme Mädchen ist sehr einsam.«

Nachdem Pater Costello gegangen war, starrte Shane aus dem Fenster und dachte an Laura Faulkner. Nach einer Weile warf er die Bettdecke zur Seite und schwang seine Füße auf den Boden. Als er sich aufrichtete und zu dem Schrank hinüberging, hatte er das Gefühl, daß er schweben würde, und verspürte leichtes Ohrensausen.

Seine Kleidung hingen ordentlich auf einer Reihe Bügel in dem Schrank, und so schnell er konnte, kleidete er sich an. Es dauerte eine ganze Weile, bis er mit den Knöpfen fertig war, da seine Hände noch stark zitterten, und er entschloß sich, darauf zu verzichten, sich den Schlips umzubinden. Schließlich zog er seinen Trenchcoat über und ging zur Tür.

Der Korridor lag verlassen, und er durchschritt ihn schnell zur Haupttreppe am anderen Ende. Im Erdgeschoß hielten sich sehr viele Leute auf, manche davon in Uniform, aber es befanden sich auch zahlreiche Patienten darunter. Unbeirrt ging er weiter durch eine Korridor, der zu einem freundlichen, mit Fliesen ausgelegten Foyer mit einer breiten Glastür führte.

Auf dem überdachten Vorplatz stand ein Pförtner in blauer Uniform und blickte in den Regen hinaus.

Shane sprach ihn an. »Entschuldigen Sie, ich habe erfahren, daß ein verstorbener Patient heute morgen beerdigt werden soll – ein Mr. Faulkner. Ist der Sarg schon fortgebracht worden?«

Der Pförtner wandte sich ihm zu und sah ihn neugierig an. »Vor etwa fünfzehn Minuten, Sir.«

»Wissen Sie vielleicht auch, wo er beerdigt werden wird?«

»Auf dem Augustinus-Friedhof, soviel ich weiß«, antwortete der Pförtner. Als Shane die Augen schloß und leicht schwankte, wurde er plötzlich aufmerksam. »Ist Ihnen nicht wohl, Sir?«

Shane wehrte ab. »Kein Grund zur Sorge. Ich bin noch nicht lange wieder auf den Beinen, das ist alles.« Schnell ging er die Stufen hinunter, bevor der Pförtner weiter in ihn dringen konnte, und winkte aus der wartenden Reihe ein Taxi zu sich heran.

Als der Wagen bei der Augustinuskirche angekommen war, bat er den Fahrer, auf ihn zu warten, ging langsam durch das Tor und den schmalen, von Pappeln gesäumten Weg entlang zum Friedhof.

Als er näher kam, konnte er Pater Costellos Stimme hören, und dann sah er auch die Trauergemeinde. Es waren nicht mehr als ein halbes Dutzend Leute, die um das Grab standen, und die Stimme des Geistlichen klang klar und deutlich zu ihm herüber.

Shane bog von dem Weg ab und blieb hinter einem hohen Grabstein aus Marmor stehen. Laura stand auf der anderen Seite des offenen Grabes. Sie trug ein schwarzes, eng anliegendes Kostüm, und unter ihren Augen waren dunkle Ringe. Der Dobermann saß neben ihr, und Shane sah, daß sie ihn mit einer Hand am Halsband festhielt, als ob er der einzige Freund wäre, der ihr auf Erden geblieben war.

Bei dem dumpfen Poltern, mit dem die ersten nassen Erdschollen auf den Sargdeckel fielen, zuckte Shane unwillkürlich zusammen. Ihn schauderte, und er wandte sich ab und ging schnell im Schutz der aufragenden Grabsteine zum Tor zurück.

Er setzte sich in das Taxi und wartete, und nach einer Weile kamen Trauergäste durch das Tor. Pater Costello sprach noch kurz mit Laura Faulkner, hielt sie mit freundlichem Gesicht sanft an der Hand, und dann stieg sie mit dem Hund in einen Mietwagen und fuhr davon.

Shane befahl dem Taxifahrer, ihr zu folgen, lehnte sich in die Polster zurück und zündete sich eine Zigarette an. Er zitterte leicht am ganzen Körper, und von dem Zigarettenrauch wurde ihm übel. Er warf die Zigarette aus dem Seitenfenster hinaus und wischte sich mit dem Handrücken kalten Schweiß von der Stirn. Er hatte keine Ahnung, was er ihr sagen würde. Nur eines wußte er gewiß: Er brauchte sie mehr dann je, mehr als er zuvor in seinem Leben irgend etwas oder irgend jemanden gebraucht hatte.

Der Mietwagen setzte sie vor dem Gartentor zu ihrem Haus ab, und Shane wartete, bis sie durch das Tor gegangen war, ehe er den Fahrer bezahlte und ihr folgte.

Der Garten erschien ihm noch vernachlässigter zu sein als je zuvor. Die Vorhänge vor den Fenstern waren zugezogen, und das verlieh ihnen irgendwie den Ausdruck großer, blickloser Augen, die blind auf ihn hinabstarrten.

Er ging um das Haus herum und schlug den Weg zu ihrem Atelier ein. Shane stieg die Stufen zum Studio hinauf und öffnete die Tür.

Wie ein dunkler Schatten schoß der Dobermann durch den Raum auf ihn zu, doch das Knurren in seiner Kehle erstarb und unerwartet schob er schnüffelnd seine Schnauze in Shanes Hand. Laura Faulkner hatte vor dem großen Fenster gestanden und drehte sich überrascht um.

Ihre Augen wirkten in ihrem verhärmten Gesicht zu groß. Sie blickte ihm ungläubig entgegen, und dann entrang sich ihrem Mund ein leises Stöhnen, und sie machte zögernd einen Schritt auf ihn zu.

Einen Augenblick später lag sie in seinen Armen, und er drückte sie fest an sich, während sie von einem Weinkrampf geschüttelt wurde.

Nach einer Weile faßte sie sich und blickte mit einem unsicheren Lächeln zu ihm auf. »Weshalb bist du nicht im Krankenhaus in deinem Bett?«

Er lächelte. »Dort spielen sie jetzt wahrscheinlich verrückt, aber das ist mir gleichgültig. Ich mußte dich einfach sehen.« Nach einer kurzen Pause fügte er noch hinzu: »Es tut mir leid wegen deinem Vater.«

Sie seufzte und löste sich von ihm. »Mir eigentlich nicht, nachdem nun alles vorüber ist. Er hat in den vergangenen Jahren nicht mehr viel von seinem Leben gehabt.«

»Und du selbst wohl auch nicht«, ergänzte Shane.

Sie atmete schwer.

»Bevor wir weiter darüber reden, es gibt ein oder zwei Dinge, die du wissen solltest. Mir war bekannt, daß Charles Graham in Wirklichkeit Simon war.«

»Das weiß ich schon«, erwiderte er. »Simon gestand es mir, kurz bevor er starb.«

»Aber noch etwas anderes mußt du erfahren«, fuhr sie mit tonloser Stimme fort. »In der Nacht, als du hier warst, nachdem du Steele gezwungen hattest, dir seine Schlüssel auszuhändigen, und in sein Büro gehen wolltest, um dir dort diese Briefe zu holen, habe ich Simon gewarnt. Das tat ich gerade, als du mich am Telefon überraschtest.«

»Auch das weiß ich«, entgegnete Shane.

Einen Augenblick lang schien sie überrascht zu sein, doch dann ließ sie die Schultern sinken und sagte erschöpft: »Ich erwarte nicht, daß du mir glaubst, aber von all den anderen Dingen weiß ich nichts. Ich hatte keine Ahnung, daß er versuchte, dich in den Wahnsinn zu treiben.«

Shane nahm sie wieder fest in die Arme. »Aber ich glaube dir doch«, versicherte er.

Sie blickte verwundert zu ihm auf und fragte dann bekümmert: »Aber warum solltest du das?«

»Weil ich dich liebe. Ich glaube, ich habe dich vom ersten Augenblick an geliebt. Und ich brauche dich so dringend, ebenso dringend, wie du mich brauchst. In gewisser Weise wurden wir beide neu geboren, und eine Geburt ist ein schmerzvoller Prozeß. Es wird für keinen von uns beiden leicht, die Fäden unseres Lebens neu zu knüpfen.«

Für einen unendlich langen Augenblick schaute sie ihn mit Tränen in den Augen an, dann lächelte sie plötzlich, faßte ihn bei der Hand und zog ihn zur Tür.

»Wo willst du denn hin?« fragte er überrascht.

»Den Wagen holen«, antwortete sie fest. »Du mußt sofort wieder ins Krankenhaus und ins Bett.«

Sein erster Impuls war, ihr zu widersprechen, aber sie blickte ihn energisch an. Zum erstenmal seit Jahren fühlte er sich glücklich, und zusammen gingen sie zum Haus hinüber, während der Dobermann ihnen auf den Fersen folgte.